"十四五"国家重点出版物出版规划项目
现代土木工程精品系列图书

基于模糊综合评价的桥梁检测评估研究

张学军 肖新科 著

哈尔滨工业大学出版社

内容简介

本书运用向量的相似性理论、随机理论、模糊理论,将模糊层次分析法用于桥梁安全性评估的专家可信度、指标相对重要性、权重系数等参数的计算中,通过对混凝土桥梁的外观检测数据和无损检测数据进行模糊化处理,利用模糊数学理论建立桥梁模糊评估模型,将该模型应用到简支梁桥、箱涵、拱桥、斜拉桥等四类桥梁的安全性评估中,得到了较好的评估结果。

本书适合于高等学校研究生及土木工程领域的研究人员参考阅读。

图书在版编目(CIP)数据

基于模糊综合评价的桥梁检测评估研究/张学军,肖新科著. —哈尔滨:哈尔滨工业大学出版社,2024.3
ISBN 978—7—5767—1296—4

Ⅰ.①基… Ⅱ.①张… ②肖… Ⅲ.①桥梁结构—检测—评估—研究 Ⅳ.①U443

中国国家版本馆 CIP 数据核字(2024)第 073596 号

策划编辑	杨秀华
责任编辑	杨秀华
封面设计	刘 乐
出版发行	哈尔滨工业大学出版社
社　　址	哈尔滨市南岗区复华四道街 10 号　邮编 150006
传　　真	0451—86414749
网　　址	http://hitpress.hit.edu.cn
印　　刷	哈尔滨市工大节能印刷厂
开　　本	787mm×1092mm　1/16　印张 19.5　字数 483 千字
版　　次	2024 年 3 月第 1 版　2024 年 3 月第 1 次印刷
书　　号	ISBN978—7—5767—1296—4
定　　价	138.00 元

(如因印装质量问题影响阅读,我社负责调换)

前　言

经过多年的大规模基础设施建设,20世纪七八十年代所建桥梁仍在服役,在风、雨、洪水、冰冻等自然因素侵蚀下,甚至在地震、撞击和超载营运的严重损害下,有些桥梁已出现不同程度的损伤,甚至其承载力已大大降低而逐渐变为危桥。通过对桥梁进行定期的检测和评估,可以建立和健全桥梁技术状况的相关档案,检查桥梁的健康状况,对桥梁进行技术状况评价,及时发现桥梁的安全隐患,为桥梁的维修、加固和技术改造等提供重要的参考资料,因此,对在役桥梁结构安全进行准确评估尤其重要。

然而,影响桥梁安全性的众多因素中,有的因素可以定量描述,而有的影响因素却不能定量描述,模糊理论(Fuzzy Logic)是美国加州大学伯克利分校电气工程系的 A. Zadeh(扎德)于1965年在创立的模糊集合理论的数学基础上发展起来的,主要包括模糊集合理论、模糊逻辑、模糊推理和模糊控制等方面的内容,针对桥梁安全性评估的模糊综合评估方法能够在不完全信息的情况下进行评估,在缺乏完整信息的情况下得出相对准确的评估结果。在桥梁安全性评估中把不明确、不确定的影响因素模糊处理,通过对混凝土桥梁的各种因素进行模糊化处理,利用模糊数学理论进行综合评估,得出较为准确、可信、合理的评估结果。

因此需要进一步完善评估指标体系,解决模糊数学理论在应用中的问题,选择合适的综合评价方法,本研究针对简支梁桥、箱涵、拱桥、斜拉桥等四类桥梁,把层次分析法、模糊综合评判理论和相似性分析结合起来建立了各类桥梁的模糊评估分析模型,将该模型应用到桥梁安全评价中,对各类桥梁进行了安全性评估。基于层次分析理论,构建了桥梁评价体系结构图,使评价过程更具目的性,也使得评价更有科学性、有效性。主要研究工作体现在以下几个方面:

(1)对桥梁进行了现场检测,主要包括外观检测(桥面系检测、上部结构检测、下部结构检测)、桥梁无损检测(混凝土强度检测、混凝土碳化深度检测、钢筋保护层厚度检测、混凝土氯离子含量检测、钢筋锈蚀电位检测、混凝土电阻率检测)。

(2)针对简支梁桥、拱桥等不同结构类型的桥梁,基于模糊评判理论建立了多指标测度矩阵,对各外观检测和桥梁无损检测指标的权重进行了修正,得到了模糊评判的指标权重系数,并对桥梁无损检测结果进行了评定,得到了各检测标度出现的概率,对桥梁进行安全性评定。

(3)对各类桥梁进行了静载实验,得到控制截点的静态变形及应变,与数值仿真计算得到的变形及应变的相关性进行了计算,对桥梁承载能力进行了评估。

(4)对各类桥梁进行了动载实验,对桥梁结构的整体性能进行了评估。

作者
2023年11月

目 录

第1章 引 言 ··· 1
   1.1 研究的目的与意义 ··· 1
   1.2 桥梁检测内容 ··· 2
   1.3 桥梁安全性评估方法 ·· 4
   1.4 桥梁安全性评估存在的主要问题 ···································· 23
   1.5 研究的主要内容 ··· 23

第2章 基于模糊综合评价的桥梁安全性评估理论 ··················· 25
   2.1 多因素模糊综合评判理论 ·· 25
   2.2 未确知测度理论 ··· 26
   2.3 基于AHP中群组评判的桥梁安全性评估模型 ················· 30
   2.4 多指标桥梁安全性评估综合测度法 ······························ 32
   2.5 桥梁安全性评估中权重计算方法研究 ··························· 32
   2.6 桥梁结构技术状况检测 ··· 34
   2.7 桥梁技术状况评定和评分 ·· 37

第3章 基于模糊评判理论的简支梁桥检测及安全性评估 ········· 45
   3.1 工程概况 ··· 45
   3.2 外观检测 ··· 50
   3.3 桥梁材质状况检测与评定 ·· 58
   3.4 基于模糊评判理论的简支桥梁安全性评定 ···················· 86
   3.5 桥梁静载试验 ··· 93
   3.6 桥梁动载试验 ··· 107
   3.7 桥梁结构检算 ··· 113
   3.8 结论和建议 ·· 116

第4章 基于模糊评判理论的箱涵安全性评估 ························· 119
   4.1 工程概述 ··· 119
   4.2 桥梁外观检测结果 ··· 121
   4.3 桥梁无损检测结果 ··· 126
   4.4 基于模糊评判理论的箱涵安全性评定 ·························· 147
   4.5 桥梁结构技术状况评定 ··· 151
   4.6 桥梁静载试验 ··· 153
   4.7 桥梁动载试验 ··· 162
   4.8 桥梁结构检算 ··· 168
   4.9 结论和建议 ·· 171

第5章 基于模糊评判理论的拱桥安全性评估 ... 174
5.1 工程概述 ... 174
5.2 桥梁外观检测结果 ... 176
5.3 桥梁无损检测结果 ... 186
5.4 基于模糊评判理论的拱桥安全性评定 ... 203
5.5 桥梁结构技术状况评定 ... 206
5.6 桥梁静载试验 ... 208
5.7 桥梁动载试验 ... 215
5.8 桥梁结构检算 ... 222
5.9 结论和建议 ... 224

第6章 基于模糊评判理论的斜拉桥安全性评估 ... 227
6.1 工程概况 ... 227
6.2 北侧孔桥检测 ... 233
6.3 主桥检测分析 ... 247
6.4 南侧孔桥检测 ... 256
6.5 基于规范的桥梁结构技术状况评定 ... 276
6.6 基于层次分析法的桥梁结构技术状况模糊评定 ... 284
6.7 结 论 ... 293
6.8 建 议 ... 293

第7章 结 论 ... 295

参考文献 ... 296

第1章 引　　言

1.1　研究的目的与意义

随着科技的进步，现代工业的发展及未来的人类需求，工程结构正朝着高层次、大型化方向发展。大型复杂结构如飞机、高层建筑、离岸结构、新型桥梁、大跨度网架等结构，在复杂的服役环境中，受到设计载荷的作用、材料的老化及各种突发性外在因素的影响，使结构的损伤不可避免并且不断地积累，从而威胁到结构的安全。为了保证结构的安全，研究识别和检测结构损伤的理论和方法，建立结构损伤识别系统，对结构进行在线监测和损伤识别研究，对结构的安全可靠性及结构的剩余寿命进行科学、准确的评估具有重要的科学意义和很强的工程实际应用背景，已成为广为关注的研究热点。

1.1.1　我国桥梁发展现状

经过多年的大规模基础设施建设，当前步入维修期的桥梁数量日益增多。尤其是二十世纪七八十年代所建桥梁，已经运营了四五十年，这些桥梁设计荷载标准较低，而且大部分桥梁仍在服役，大量的低标准公路桥梁已达到或接近桥梁的设计基准期。在风、雨、洪水、冰冻、温度变化和湿度等自然因素侵蚀下，甚至在地震、撞击和超载营运的严重损害下，许多桥梁的结构发生劣化，有些桥梁已出现不同程度的损伤，甚至其承载力已大大降低而逐渐变为危桥。特别是早期所修建的桥梁没有完善的技术档案，每座桥梁的关键性技术资料，特别是隐蔽性工程的技术资料难以查找。这些桥梁病害和缺陷累累，桥梁运行中出现一些小的病害得不到及时有效的治理，从而诱发大的病害，危及桥梁自身的安全，影响道路的畅通。

《2021—2027年中国公路桥梁行业市场深度分析及投资决策建议报告》显示：交通工程是我国社会主义初期阶段最受重视、投入最多、收益最好的事业之一，2016～2020年中国交通固定资产投资完成额呈逐年稳定增长趋势，2020年中国交通固定资产投资完成额3.48万亿元，同比增长8.05%。

随着经济社会的发展，交通运输量大幅度增长，行车密度及车辆载重越来越大，如何保障桥梁的安全性、耐久性和使用功能已成为目前桥梁工程界的巨大挑战。桥梁工程技术发展也面临以建设为主向建养并重转型，需要我们在桥梁养护理念、方式、设备与材料及养护设计方法等方面进行创新与改进。

为了较为客观地对桥梁进行技术状况评定，桥梁定期检测是消除交通安全隐患，测试桥梁承载能力的有效途径，是获得桥梁实际工作状态的唯一方法。通过对桥梁进行现场检测，掌握既有桥梁的基本状况、查明缺陷或潜在损伤的部位、性质、严重程度及其发展变化，对桥梁技术状况、承载能力进行评估，采取针对性较强的维护对策，对有缺陷或损伤的桥梁采取相应的检测或监测手段。

1.1.2 桥梁检测评价的目的和意义

通过对在役桥梁实际承载能力的检测评定,为在役桥梁使用的安全可靠及维修加固提供必要的依据和积累必要的技术资料,建立桥梁数据库,检验桥梁结构的质量,确定工程的可靠度,推动和发展在役桥梁评定及新结构的设计计算理论。

对于运营三四十年的旧桥,由于当时桥梁设计荷载等级标准低,随着经济发展,交通量不断增加、车辆载重量不断加大,对桥梁承载能力要求不断提高。桥梁经过多年的运营,一些构件出现损伤和缺陷,如裂缝、错位、沉降等;现役桥梁遭遇自然灾害时,如发生泥石流、地震、洪水等,桥梁的某些构件会遭到严重破坏,通过桥梁结构现场实际检测,可以对桥梁的实际承载能力进行评估、确定桥梁实际承载等级,可以对桥梁进行技术状况评价,建立和健全桥梁技术状况的技术资料,及时发现病害或控制病害发展的安全隐患,对桥梁承载能力进行评估和判断,并根据需要判定是否要对桥梁进行加固或进行特载通行能力的提高,从而可以为桥梁的维修、加固和技术改造等提供重要的参考资料,有效防止安全事故的发生。

公路桥梁评定是对桥梁的使用功能(宏观)、使用价值(微观)、承载能力(微观)进行的综合评价。通过旧桥评定,可鉴定其是否仍具有原设计的工作性能及承载能力,进而为桥梁的维修、改造、加固提供决策性的意见。公路桥梁评定是一个综合评价的问题,涉及评定方法与评定标准(依据相关标准、规范、试验结果及专家经验等所制定的分类等级)。桥梁状况评定,涉及许多相关因素:一条线路包括许多桥梁,一座桥梁包括上部、下部和基础,每部分又包含许多基本构件,一个基本构件,因设计、施工、使用中的多种原因可能存在一种或多种缺损,可见公路旧桥评定是十分复杂的过程。

总之,桥梁定期检测可以全面了解桥梁实际受力状态,根据静载和动载试验结果进行全桥施工质量、整体承载能力以及运营过程对桥梁造成的损害等综合评价,为进行桥梁的修复加固提供可靠依据。

1.2 桥梁检测内容

根据《城市桥梁养护技术标准》(CJJ 99—2017)的要求,常规定期检测包括桥面系检测、上部结构检测、下部结构检测。

1.2.1 外观检测

直接观察是结构损伤检测最常用的方法。通过对桥梁的技术状况及缺陷损伤的性质、部位、严重程度及发展趋势的检查,可以发现钢筋混凝土梁出现的各种裂缝及其他病害,以便能分析和评价既存缺陷对桥梁质量和使用承载力的影响,并为桥梁维修和加固设计提供可靠的技术数据和依据。

外观检查主要是对结构各部件表面缺损状况进行检查评估。检查范围包括桥面系、上部结构、支座、下部结构、涵洞结构及附属结构等。检查是以人工、目力检查为主,辅以力锤、钢卷尺、游标卡尺、望远镜和照相机等检查工具进行。

1. 桥面系检查

桥面系坑槽、开裂、松散、积水等现象；护栏松动、破损、露筋、锈蚀和变形等；检查桥面防撞装置是否完好，应特别注意其锚固螺栓、立柱和横档；排水系统是否畅通，包括桥面泄水管、排水管有无破坏、损伤、脱落、堵塞等；伸缩缝破损、结构脱落、淤塞等；桥头搭板沉降、断裂、脱空等；桥面铺装平整度、磨耗及损坏等。

2. 连接部位检查

检查主梁与横梁连接部位、横梁与横梁连接部位的混凝土及连接部件的情况，对主梁之间连接处进行检查，例如工字梁横隔板、盖板、翼板之间连接是否有混凝土破损、漏水等现象；检查混凝土结构几何尺寸变化的连接部位。

3. 桥墩、台检查

检查桥墩、台与基础是否存在不均匀沉降的现象；检查圬工墩台身是否存在大面积松动、灰浆脱落；混凝土墩台身是否存在裂缝等病害；基础下是否发生不许可的冲刷或掏空现象。扩大基础的地基有无侵蚀。桩基顶段在水位涨落、干湿交替变化处有无冲刷磨损、颈缩、露筋，有无环状冻裂，有无受到污水、咸水或生物的腐蚀。

4. 桥梁支座状况检查

检查在墩台帽顶面支座附近混凝土开裂、劣变、积水情况。橡胶支座是否脱空、松动、滑移、老化、严重变形；钢板是否外露；四氟板是否脱落，位置是否正确；支座处是否被异物填塞，滑动支座能否正常滑动；盆式橡胶支座有无严重锈蚀及明显损坏，特别是其锚固螺栓有无松动、剪断变形、螺母是否松动等；支座垫石是否开裂、破碎。

5. 结构开裂状况检查

对桥梁结构开裂状况进行详细检查，覆盖所有外露表面，包括桥面铺装、上部主要承重构件、盖梁、墩柱，查明裂缝的分布位置、长度、宽度及数量等，采用裂缝观测仪测量裂缝宽度，采用裂缝测深仪测量典型裂缝的深度。

1.2.2 结构定期检测

结构定期检测主要包括混凝土强度检测、混凝土碳化深度检测、钢筋位置及混凝土保护层厚度检测、钢筋锈蚀电位检测等。

1. 混凝土强度检测

混凝土强度检测采用回弹法。

测试面应清洁、平整、干燥，不应有接缝、饰面层、浮浆和油垢，并避开蜂窝、麻面部，必要时可用砂轮片清除杂物和磨平不平整处，并擦净残留粉尘。每构件跨均匀布置 10 个测区，相邻两测区的间距不宜大于 2 m，测区尺寸为 200 mm×200 mm；按《回弹法评定混凝土抗压强度技术规程》的要求，对构件上每一测区各弹击 16 点，相邻两测点间距一般不小于 30 mm；测点距构件边缘或外露钢筋、铁件的距离不小于 50 mm。

2. 混凝土碳化深度检测

混凝土碳化深度测试对象为主梁和墩台，每构件选取 3 个回弹测区进行测试，每测区呈品字形布置 3 个测点。

3. 钢筋锈蚀电位检测

混凝土中钢筋锈蚀电位检测宜采用半电池电位法。

混凝土中钢筋锈蚀影响结构耐久性和结构的安全性。钢筋锈蚀电位直观反映了混凝土中钢筋锈蚀的活动性。通过测试钢筋/混凝土与参考电极之间的电位差，可判断钢筋发生锈蚀的概率。采用电位等值线图表示被测结构及构件中钢筋的锈蚀性状，掌握目前结构内部钢筋锈蚀程度。在混凝土桥梁主要构件或主要受力部位，布设测区检测钢筋锈蚀电位，每一个测区的测点数不宜少于 20 个。

1.2.3 结构承载能力鉴定

1. 静载试验

通过静力荷载试验，测试桥梁整体结构在静荷载作用下的应变、挠度，并观察裂缝的展开情况，通过对试验观测数据的综合分析，评价桥梁结构在试验荷载作用下的工作性能，据此判断桥梁的承载能力。

通过静荷载试验，基于检测数据经计算得出评价结构构件的强度、刚度和抗裂性能。

2. 动载试验

通过动载试验，测定结构在动荷载作用下的动应变、冲击系数、自振频率、阻尼比，并对结构的动力性能进行评价。动载试验内容分别进行脉动试验、跑车试验。观测截面与静载截面相同，脉动工况测试环境激励下的桥梁试验截面挠度的时间历程，分析桥跨的固有频率；跑车试验工况测试试验截面在不同车速下的应变、挠度，分析试验截面的最大动应变、动挠度、振动速度和振动加速度，确定该桥的振动频率、冲击系数。

1.3 桥梁安全性评估方法

结构安全性评估就是通过对结构的关键性能指标的测试和分析，判断结构是否受到损伤；如果结构受到损伤，则损伤位置、损伤大小如何；为判断结构能否继续使用及其剩余寿命估计提供决策依据。结构的安全性评估主要包含 4 个层次：一是结构是否发生损伤；二是对损伤的定位；三是对结构损伤大小进行评价；四是对结构的剩余寿命进行估计。目前关于结构安全性评估的第一层次（即结构是否发生损伤）的研究基本已经成熟，而关于损伤定位与损伤大小识别方面的研究既是研究的核心问题，也是难点问题。在损伤定位的研究中，很多专家提出了运用振型曲率、模态柔度、振型变化及单元应变能法等指标对结构损伤定位的方法。

桥梁工程是公路交通网的重要组成部分，我国早期修建的混凝土桥梁已进入老化阶段，有相当一部分已满足不了使用要求，迫切需要加固和改造。对在役混凝土桥梁结构进行耐久性评估，一方面可以揭示潜在的危险，为业主提供准确的信息以便及时做出维修加固或拆除的决策,避免重大事故的发生;另一方面,其研究成果可以直接用于指导桥梁结构的设计和维护。然而,由于影响在役混凝土桥梁结构耐久性评估的因素众多,如混凝土损伤、混凝土碳化、钢筋锈蚀、混凝土裂缝等,同时由于检测信息的不完备性与模糊性,以至于迄今为止,尚未有较为理想的在役混凝土桥梁结构耐久性评估模式。

现有安全性评估采用载荷实验评定法、外观检查法、动载实验法、模糊评判法、层次分析法、模糊层次分析法等,载荷实验评定法主要是采用静载实验和动载实验对桥梁载荷作用下的变形、应变、频率等参数进行测试,根据测试数据对桥梁的损伤进行评价。由于影响桥梁耐久性的因素与耐久性之间不存在确定的、一一对应的关系以及因素之间相互作用、相互影响,很难用精确的数学、力学函数来表达它们之间的关系,一些学者采用模糊综合评价方法来评估桥梁的耐久性。基于静态测量数据的结构安全性评估方法是以静态测量数据(如静态位移、静态应变等)对损伤进行识别,而基于动态测量数据的结构安全性评估方法则是运用动态测量数据(如固有频率、模态振型、柔度等)对损伤进行识别。

1.3.1 荷载实验评定法

桥梁荷载实验是一种比较直观评定桥梁承载力的方法,而且为广大工程技术人员所接受。根据加载方式及响应参数的不同,可分为静力荷载实验和动力荷载实验。

1. 静力荷载实验

在桥梁结构上施加与设计荷载或使用荷载相当的外载荷,通过分级加载,利用位移计、应变仪、全站仪等测试设备对桥梁结构的挠度、应力、裂缝、横向分布系数等参数进行测量,比较结构在相应荷载作用下的实测值与理论计算值,根据相关规范评定出桥梁结构的承载能力。

结构在发生损伤时,结构上各点的静态位移、静态应变也将随之发生变化,而结构的静态参数(静态位移、静态应变)的变化可以反映结构的工作状态。对于大型复杂结构,影响结构静态行为的因素很多,而在对其进行损伤识别时的测量信息量十分有限,尤其大型结构的自由度通常可以达到几千甚至几万,要想对所有的自由度进行测量是不可能的,也是不现实的。因此,寻求一种只运用有限的静态测量数据,并且对损伤十分敏感的定位参数和定位方法是提高损伤识别效率及损伤识别精度的有效方法。

系统是复杂的、多层次的子系统的集合,这些子系统的关系决定了系统的性能,当系统受到外界作用的影响,系统的性能就会发生变化。描述和研究系统的理论很多,人们常用颜色的深浅来表示系统信息的完备性。通常把内部特性已知的信息系统称为白色系统,把未知的或非确知的信息系统称为黑色系统;把既有已知信息又有未知信息的系统称为灰色系统。

邓聚龙于1982年正式发表了《灰色系统的控制问题》一文,创立了灰色系统理论。该理论是一种运用特定的方法描述信息不完全的系统并进行预测、决策、控制的崭新的系统理论。灰色系统理论认为任何随机过程都是在一定的幅值和一定时区变化的灰色量,并把随机过程看成灰色过程,其是控制论观点和方法的延伸,它从系统的角度出发来研究信息间的关系,即研究如何利用已知信息去揭示未知信息,也即系统的"白化"问题。

灰色关联分析是灰色系统理论的基础,是灰色系统理论中一个重要的组成部分,灰色关联分析(亦称关联度分析)是一种因素分析方法,是各因素间发展态势的量化比较分析,它通过对系统统计数列几何关系的比较来分析系统中多因素间的关联程度,认为刻画因素的变量之间所表示的曲线的几何形状越接近,因素发展变化态势越接近,它们之间的关联程度就越大,反之越小。

灰色关联分析是在由系统因素集合和灰色关联算子集合构成的因子空间中来进行研究的,灰色关联是指事物之间的不确定关联,是系统因子之间、因子对主行为之间的不确定关联。由于这种方法对样本量的大小没有太高的要求,分析时也不需要典型的分布规律,计算量小,而且定量分析的结果一般与定性分析相吻合,因此它已成为一种实用的系统分析工具。灰色关联分析已成功地应用于决策、预测、控制、模式识别、综合评估、建模精度检验及识别等方面,是灰色系统理论中应用最广、成果最多的内容之一,目前在经济、社会、农业、工业、交通、矿业等领域中广泛应用。

灰色关联分析作为一种技术方法,是分析系统中各因素关联程度的方法。作为一种数学理论,这种方法实质上是将无限收敛问题转化为近似收敛问题来研究:将无限空间的问题转化为有限数列的问题来解决,将连续的概念用离散的数据取代的一种分析方法。自从灰色系统理论诞生以来,灰色关联分析理论作为其中最重要的一部分受到学术界的广泛关注并且展开了相应的理论模型和实际应用方面的研究。

关联分析是否能真实反映一个系统中各种因素相互影响的关系,关键是如何计算关联系数,目前关于关联系数的量化模型很多,判断因素序列间灰色关联程度的方法主要有7种:邓氏关联系数及关联度、绝对关联系数及关联度、T型关联系数及关联度、斜率关联系数及关联度、改进的关联系数及关联度、B型关联系数及关联度、C型关联系数及关联度。

(1)邓氏关联系数及关联度。

若将参考序列表示为 x_0,比较序列表示为 x_i,且 $x_0=(x_0(1),x_0(2),\cdots,x_0(k))$,$x_i=(x_i(1),x_i(2),\cdots,x_i(k))$,$k=1,2,\cdots,n$。则称 $\xi_i(k)$ 为曲线 x_0 和 x_i 在第 k 点的关联系数

$$\xi_i(k)=\frac{\min\limits_{i}\min\limits_{k}|x_0(k)-x_i(k)|+\rho\max\limits_{i}\max\limits_{k}|x_0(k)-x_i(k)|}{|x_0(k)-x_i(k)|+\rho\max\limits_{i}\max\limits_{k}|x_0(k)-x_i(k)|} \tag{1.1}$$

式中,$|x_0(k)-x_i(k)|$ 称为第 k 点 x_0 和 x_i 的绝对差;$\min\limits_{i}\min\limits_{k}|x_0(k)-x_i(k)|$ 为两级最小差;$\min\limits_{k}|x_0(k)-x_i(k)|$ 是第一级最小差,表示在 x_i 曲线上找各点与 x_0 的最小差,$\min\limits_{i}\min\limits_{k}|x_0(k)-x_i(k)|$ 为第二级最小差,表示在各曲线上找出最小差的基础上,找出所有曲线 x_i 中的最小差;$\max\limits_{i}\max\limits_{k}|x_0(k)-x_i(k)|$ 是两级最大差,其意义与最小差相似;ρ 是分辨率,是 0 和 1 之间的数,一般取为 0.5。

综合各点的关联系数,即得曲线 x_i 与参考曲线 x_0 的关联度 γ。

$$\gamma=\frac{1}{n}\sum_{k=1}^{n}\xi_i(k) \tag{1.2}$$

(2)绝对关联系数及关联度。

绝对关联度按照曲线变化趋势的接近程度来计算关联度。对于离散数据列,所谓两曲线的接近程度,是指两序列在对应段上曲线的斜率的接近程度,若两曲线在各段上斜率

相等或相差较小,则二者的关联系数就大;反之,就小。其计算方法如下:

$$\xi(k+1) = \frac{1}{1+|\Delta y_0(k) - \Delta y_i(k)|}, \quad k=1,2,\cdots,n-1, \quad \gamma(x_0,x_i) = \frac{1}{n-1}\sum_{k=1}^{n-1}\xi(k) \tag{1.3}$$

其中,$\Delta y_0(k) = y_0(k+1) - y_0(k), y_i(k) = x_i(k) - x_i(1), k=1,2,\cdots,m$。

(3)T 型关联系数及关联度。

T 型关联系数及关联度表示如下:

$$\xi(k) = \begin{cases} \mathrm{sign}(\Delta y_0(k) \cdot \Delta y_i(k)) \cdot \dfrac{\min(\Delta y_0(k) \cdot \Delta y_i(k))}{\max(\Delta y_0(k) \cdot \Delta y_i(k))} \\ 0, \quad \Delta y_0(k) \cdot \Delta y_i(k) = 0 \end{cases} \tag{1.4}$$

$$\gamma(x_0, x_i) = \frac{1}{n-1}\sum_{k=1}^{n-1}\xi(k) \tag{1.5}$$

式中,$y_i(k) = x_i(k)/D_i, D_i = \dfrac{1}{n-1}\sum_{k=1}^{n-1}|\Delta x_i(k)|, i=1,2,\cdots,m$。

(4)斜率关联系数及关联度。

斜率关联系数及关联度分别表示如下:

$$\xi(k) = \frac{1}{1 + \left| \dfrac{x_0(k+1) - x_0(k)}{x_0(k+1)} - \dfrac{x_i(k+1) - x_i(k)}{x_i(k+1)} \right|}$$

$$\gamma(x_0, x_i) = \frac{1}{n-1}\sum_{k=1}^{n-1}\xi(k), i=1,2,\cdots,m \tag{1.6}$$

(5)改进的关联度。

改进的关联度表示如下:

$$\gamma(x_0, x_i) = \frac{1}{n-1}\sum_{j=1}^{n-1}\omega_j c / [c + \tan(\beta_j/2)] \tag{1.7}$$

其中,$\omega_j = 1 - |\Delta x_{0i}(j)| / \sum_{i=1}^{n}|\Delta x_{0i}(k)|, \Delta x_{0i}(j) = x_i(j) - x_0(j), \beta_j = \arctan\dfrac{k_{ij} - k_{0j}}{1 + k_{ij}k_{0j}}$,
$\beta_j \in (0, \pi), k_{ij} = x_i(j+1) - x_i(j), k_{0j} = x_0(j+1) - x_0(j)$。

(6)B 型关联系数及关联度。

B 型关联系数综合考虑总体位移差、总体一阶斜率差与总体二阶斜率差而提出的。

$$\gamma(x_i, x_j) = D_{ij} = \frac{1}{1 + \dfrac{1}{n}d_{ij}^{(0)} + \dfrac{1}{n-1}d_{ij}^{(1)} + \dfrac{1}{n+1}d_{ij}^{(2)}} \tag{1.8}$$

其中

$$d_{ij}^{(0)} = \sum_{k=1}^{n}d_{ij}^{(0)}(k) = \sum_{k=1}^{n}|x_i(k) - x_j(k)|$$

$$d_{ij}^{(1)} = \sum_{k=1}^{n-1}d_{ij}^{(1)}(k) = \sum_{k=1}^{n}|x_i(k+1) - x_j(k+1) - x_i(k) + x_j(k)|$$

$$d_{ij}^{(2)} = \sum_{k=1}^{n-1}d_{ij}^{(2)}(k) = \frac{1}{2}\sum_{k=1}^{n-1}|[x_i(k+1) - x_j(k+1)]$$

$$-2[x_i(k)-x_j(k)]+[x_i(k-1)-x_j(k-1)]|$$

式中,$d_{ij}^{(0)}$、$d_{ij}^{(1)}$、$d_{ij}^{(2)}$ 分别称为离散函数 $x_i(k)$、$x_j(k)$ 的位移差、一阶斜率差、二阶斜率差。

(7) C 型关联系数及关联度。

为了使关联分析在保持原有功能的基础上使之既适合于动态分析,又适合于总体分析,在"同异反动态关联分析"中提出了一种在分析对象与标准事物之间的关联分析方法——C 型关联分析。

$$\gamma(x_i+x_j)=D_{ij}=\frac{1}{K}\sum_{k=1}^{K}D_{ij}(t_k), k=1,2,\cdots,K$$
$$D_{ij}(t_k)=[d_{ij}^{(0)}(t_k)+d_{ij}^{(1)}(t_k)+d_{ij}^{(2)}(t_k)]/3 \tag{1.9}$$

式中,$d_{ij}^{(0)}=\frac{x_i(t_k)}{x_j(t_k)}$,$d_{ij}^{(1)}=\frac{x_i(t_{k+1})-x_i(t_k)}{x_j(t_{k+1})-x_j(t_k)}$,$d_{ij}^{(2)}=\frac{x_i(t_{k+1})-2x_i(t_k)+x_i(t_{k-1})}{x_j(t_{k+1})-2x_j(t_k)+x_j(t_{k-1})}$;$D_{ij}$ 为 $x_i(t_k)$ 与 $x_j(t_k)$ 的总体综合关联度;$D_{ij}(t_k)$ 为 $x_i(t_k)$ 与 $x_j(t_k)$ 在 t_k 时刻的综合关联度;$d_{ij}^{(0)}(t_k)$ 是 $x_i(t_k)$ 与 $x_j(t_k)$ 在 t_k 时刻的位移关联度;$d_{ij}^{(1)}(t_k)$ 是 $x_i(t_k)$ 与 $x_j(t_k)$ 在 t_k 时刻的速度关联度;$d_{ij}^{(2)}(t_k)$ 是 $x_i(t_k)$ 与 $x_j(t_k)$ 在 t_k 时刻的加速度关联度。

这些关联系数、关联度的计算运用不同的量化模型讨论了参考序列与比较序列间的关联程度,根据各数据点的关联系数的大小可以判断各点的相关程度。

(8) 位移曲率关联系数。

令 X 为灰色关联因子集,$x_0 \in X$ 为未发生损伤时的节点位移,即参考序列;$x_i \in X$ 为结构发生损伤后的各节点的位移,即比较序列,$x_0=(x_0(1),x_0(2),\cdots,x_0(n))$,$x_i=(x_i(1),x_i(2),\cdots,x_i(n))$。则称 $\xi_i(k)$ 为比较序列 x_i 与参考序列 x_0 在 k 点的灰色曲率关联系数

$$\xi_i(t)=\frac{1}{1+\frac{|\rho_i-\rho_0|}{\max|\rho_i-\rho_0|}}=\frac{1}{1+\frac{|\Delta\Delta x_i(t)-\Delta\Delta x_0(t)|}{\max|\Delta\Delta x_i(t)-\Delta\Delta x_0(t)|}} \tag{1.10}$$

式中,$\Delta\Delta x_0$ 为参考序列的二次累减生成;$\Delta\Delta x_i$ 为比较序列的生成,可用下式表示:

$$\begin{cases} \Delta\Delta x_0(t)=a^{(2)}(x_0(t))=a^{(1)}(x_0(t+1))-a^{(1)}(x_0(t)) \\ a^{(1)}(x_0(t))=x_0(t+1)-x_0(t) \\ \Delta\Delta x_i(t)=a^{(2)}(x_i(t))=a^{(1)}(x_i(t+1))-a^{(1)}(x_i(t)) \\ a^{(1)}(x_i(t))=x_i(t+1)-x_i(t), t=2,\cdots,n-2 \end{cases} \tag{1.11}$$

式中,$\rho_0=\frac{\Delta\Delta x_0(t)}{\Delta t^2}$、$\rho_i=\frac{\Delta\Delta x_i(t)}{\Delta t^2}$ 分别为参考序列 x_0 与比较序列 x_i 在 t 时刻的曲率值,可以用中心差分法表示为

$$\begin{cases} \rho_0=\frac{\Delta\Delta x_0(t)}{\Delta t^2}=\frac{x_0(t+2)-2x_0(t+1)+x_0(t)}{\Delta t^2}=\frac{a^{(2)}(x_0(t))}{\Delta t^2} \\ \rho_i=\frac{\Delta\Delta x_i(t)}{\Delta t^2}=\frac{x_i(t+2)-2x_i(t+1)+x_i(t)}{\Delta t^2}=\frac{a^{(2)}(x_i(t))}{\Delta t^2} \end{cases} \tag{1.12}$$

$\max|\rho_i-\rho_0|$ 为 t 时刻参考序列 x_0 与比较序列 x_i 的最大曲率差,可用二次累减生成表达为

$$\max|\rho_i - \rho_0| = \max\left|\frac{a^{(2)}(x_i(t))}{\Delta t^2} - \frac{a^{(2)}(x_0(t))}{\Delta t^2}\right| \tag{1.13}$$

当参考序列 x_0 与比较序列 x_i 均为等时差数列时,曲率关联系数用二次累减数列表示为

$$\xi_i(t) = \frac{1}{1 + \dfrac{|a^{(2)}(x_i(t)) - a^{(2)}(x_0(t))|}{\max|(a^{(2)}(x_i(t)) - a^{(2)}(x_0(t)))|}} \tag{1.14}$$

(9)静态位移曲率置信因子。

由式(1.10)可知,灰色曲率关联系数的变化范围是 $0.5 \leqslant \xi_i(t) \leqslant 1$,为了使灰色曲率关联系数能更好地反应结构的损伤,对式(1.10)进行了修正,从而使反映损伤位置的参数变化区间为 $0.27 \sim 1.0$,通过该系数使损伤位置更加清楚地表达出来。

将 SDCAC_i 定义为结构节点的静态位移曲率置信因子,即

$$\text{SDCAC}_i = \frac{1}{1 + e^{\lambda_i}\lambda_i} \tag{1.15}$$

式中,$\lambda_i = \dfrac{|\rho_i^{(d)} - \rho_i^{(u)}|}{\max|\rho_i^{(d)} - \rho_i^{(u)}|}$,$\rho_i^{(u)}$、$\rho_i^{(d)}$ 为结构发生损伤前后第 i 节点的位移曲率值,分别可用下式进行计算:

$$\begin{cases} \rho_i^{(u)} = a^{(2)}(u_u(i))/\Delta x_i = (a^{(1)}(u_u(i+1)) - a^{(1)}(u_u(i)))/\Delta x_i \\ a^{(1)}(u_u(i)) = (u_u(i+1) - u_u(i))/\Delta x_i \\ \rho_i^{(d)} = a^{(2)}(u_d(i))/\Delta x_i = (a^{(1)}(u_d(i+1)) - a^{(1)}(u_d(i)))/\Delta x_i \\ a^{(1)}(u_d(i)) = (u_d(i+1) - u_d(i))/\Delta x_i, \quad i = 2, \cdots, n-2 \end{cases} \tag{1.16}$$

式中,$u_u(i)$、$u_d(i)$ 为损伤前、后的第 i 节点位移;$a^{(1)}(u_u(i))$、$a^{(1)}(u_d(i))$ 为损伤前、后节点 i 的位移的一次累减生成;$a^{(2)}(u_u(i))$、$a^{(2)}(u_d(i))$ 为损伤前、后节点 i 的位移的二次累减生成。

由式(1.15)可以看出,静态位移曲率置信因子 $0.27 \leqslant \text{SDCAC}_i \leqslant 1$。

由于静态位移曲率置信因子体现了结构损伤前、后各节点的相对接近程度,结构发生损伤时,未损结构的节点位移曲率作为参考序列,发生损伤后的各节点位移曲率作为比较序列,结构损伤时的静态特性表现为局部性,则在发生损伤的单元节点的位移曲率变化程度远大于未损伤的单元,未发生损伤的单元节点在损伤前后的相关性好,节点静态位移曲率置信因子必然较大,SDCAC_i 接近或等于1;反之,发生损伤的单元在损伤前、后的相关性差,节点静态位移曲率置信因子必然较小。因此,根据各节点静态位移曲率置信因子的大小就可以判断结构在损伤发生前、后该点的位移曲率相关性程度,从而可以判断结构在该点所在的单元是否发生了损伤,由式(1.15)可知 $0.27 < \text{SDCAC}_i \leqslant 1$,$\text{SDCAC}_i$ 越大,曲率相关程度也就越大,则发生损伤的可能性越小;反之,损伤越大,SDCAC_i 也就越小。当结构未发生损伤时,$\text{SDCAC}_i = 1$;当该节点处所连接的单元完全发生损伤时,$\text{SDCAC}_i = 0$。

2. 动力荷载试验

通过汽车的行车、跳车、刹车激振或其他方式的激振试验对测试桥梁结构上各控制截面的动挠度、动应变、自振频率、振型、振型阻尼比、应变等模态参数,识别结构损伤。

基于动态测量数据的结构安全性评估在结构健康监测中具备远程在线检测的潜在优点,在监测过程中不需中断正常的交通,尤其对于石油平台、大型桥梁等大型土木工程结构,可以利用环境激励引起的结构振动来对结构进行检测,从而实现实时监测。

常用的基于结构动态试验参数的损伤识别指标主要有:固有频率、位移模态振型、位移/加速度频响函数、曲率模态振型、应变模态振型和应变频响函数等。在损伤识别方法的研究方面,除了传统的灵敏度法以及优化算法,近年来还引入了小波分析、遗传算法、人工神经网络等方法,这些都为动力损伤识别的推广起到了积极的作用。

(1)基于固有频率变化的损伤识别技术。

固有频率是结构最基本的动态参数,由于固有频率是动态参数中最容易获得的一个参数,而且识别精度相对较高,因此基于固有频率的变化进行损伤识别有很多方法。

国外,Xia 等提出了一种基于频率的统计损伤识别算法,利用概率统计方法对悬臂钢梁及悬臂钢板进行了损伤识别。Cawley 等提出了一种根据频率的改变来检测复合材料损伤的方法,将不同阶的模态频率变化的比值 X_i 作为损伤指标。基于有限元模型,分析损伤指标值,并与测量数据计算的指标值进行比较,识别结构可能损伤的位置,但这种方法只考虑了单个损伤的识别。Juneja 等提出了一种对比最大化方法。该方法把各种损伤结构的响应数据库同实际结构响应对应起来,从而对损伤进行定位。Farrar 等的研究表明,频率变化对高速公路桥的损伤不灵敏,即使全桥截面刚度减少 21%,模态频率亦无显著变化,须求助于高精密测量仪器。Stubbs 等进一步提出了一种基于频率变化灵敏度的损伤识别方法,计算每阶模态的每一个结构单元 p 的误差函数 e_{ip},假定只有一个单元损伤,则使误差最小的单元就是损伤单元,该方法的缺点是计算量大且依赖准确的数值模型。Hearn 等提出一种利用多阶模态频率改变来识别结构刚度损伤的方法,先识别损伤位置再识别损伤大小。通过动力特征方程将第 X_i 阶模态频率改变的平方与单元刚度矩阵的改变以及单元刚度矩阵损伤指标联系起来,推导得到频率改变的平方是损伤指标和损伤位置的函数,其比值只与损伤位置有关。确定损伤位置后,计算损伤指标以确定损伤大小。

在国内,谢峻等通过改进迭代优化求解的优化方程,利用频率变化实现了钢筋混凝土三跨连续梁的损伤识别。张东利等利用频率变化比及频率变化的平方比两种固有频率特征量的谱线图对比识别混凝土构件的损伤位置。刘文峰等从理论上推导了损伤导致某阶频率降低与损伤位置的关系,提出了损伤状态下通过不同阶模态频率改变率比值来进行损伤定位的新方法,并通过频率改变率对钢梁进行损伤定位。郭国会等基于摄动理论,推导出结构的频率比是结构损伤位置的函数,利用梁损伤前后的频率比对一等截面简支梁的损伤进行了定位与定量分析。

(2)基于振型变化的损伤识别技术。

1984 年,West 首先提出了基于振型变化信息进行结构损伤位置诊断。近年来,很多学者在振型的基础上提取出许多其他特征量,如模态置信因子(MAC)、模态比例因子(MSF)、坐标模态置信因子(COMAC)等。这些参数都可以表征结构损伤前后的模态相关性。

①模态置信因子(MAC)

$$\text{MAC}_i = \frac{(\varphi_{iH}{}^T \varphi_{iA})^2}{\varphi_{iH}{}^T \varphi_{iH} \times \varphi_{iA}{}^T \varphi_{iA}} \tag{1.17}$$

②模态比例因子(MSF)

$$\text{MSF}_i = \frac{\varphi_{iH}{}^T \varphi_{iA}}{\varphi_{iA}{}^T \varphi_{iH}} \tag{1.18}$$

③坐标模态置信因子(COMAC)

$$\text{COMAC}_i = \frac{\sum |\varphi_{kiH}{}^T \varphi_{kiA}|^2}{\sum \varphi_{iH}{}^2 \sum \varphi_{iA}{}^2} \tag{1.19}$$

式中,φ_{iH}、φ_{iA} 为损伤后和损伤前结构的第 X_1 阶振型,当结构未发生损伤时 $\varphi_{iH} = \varphi_{iA}$。

以上3个参数的取值范围均为0~1,当其接近0时,说明损伤前后的模态不相关,即结构中有损伤;当其接近1时,说明损伤前后的模态相关性好,即结构中无损伤。但这些参数对损伤初始阶段识别能力较差。

④振型曲率指标。这种方法以振型曲率作为定位参数。振型曲率与梁截面的弯曲刚度有关,损伤使截面刚度减小,而使损伤截面的曲率增加。因此,可根据振型曲率的变化确定损伤发生的位置。

对于第 X_1 阶模态,振型曲率指标定义为

$$\text{index } C_j(i) = \frac{|C_j^d(i) - C_j^u(i)|}{\sum |C_j^d(i) - C_j^u(i)|} \tag{1.20}$$

式中,$C_j^u(i)$、$C_j^d(i)$ 分别为损伤前后第 j 阶模态在第 i 截面上的曲率,可由下式计算

$$\begin{cases} C_j^u(i) = \dfrac{\varphi_j^u(i-1) + \varphi_j^u(i+1) - 2\varphi_j^u(i)}{l_i^2} \\ C_j^d(i) = \dfrac{\varphi_j^d(i-1) + \varphi_j^d(i+1) - 2\varphi_j^d(i)}{l_i^2} \end{cases} \tag{1.21}$$

若结构的某一局部出现损伤,则结构上这一部位的曲率应明显大于其他部位的曲率。这正是利用振型曲率对结构进行损伤检测的出发点。

⑤振型变化率法。该方法是以振型的相对变化率作为定位参数。对于第 X_1 阶模态,振型变化率指标定义为

$$\text{index } \varphi_j(i) = \frac{\varphi_{dj}(i) - \varphi_{uj}(i)}{\varphi_{dj}(i)} \tag{1.22}$$

式中,$\varphi_{dj}(i)$、$\varphi_{uj}(i)$ 分别为损伤前后第 j 阶模态在第 i 截面上的模态振型。

发生损伤时,受到影响的自由度上振型的相对变化率在损伤区域内会出现比较大的值,在振型变化率曲线出现明显的尖点。所以,利用振型相对变化率图可以识别损伤的位置。

1984年,West首次利用模态信息根据飞机机翼各个部分服役前后的模态相关性确定飞机机翼的损伤位置。Parloo 等根据结构损伤前后模态振型对于结构质量或结构刚度的敏感性分析,对结构的损伤进行识别,并将其用于梁类结构及一座高速公路桥的损伤识别中。Lam 等利用振型测试数据及其敏感性分析对一个6层框架结构进行了损伤识别,

具有较高的精度。Hu等利用振型变化、频率变化对一个10跨的平面桁架进行了损伤识别。Rytter在其博士论文中提出了坐标模态置信因子(COMAC),比较两个模态振型中各点模态位移的相关性对结构的损伤进行识别,事实表明坐标模态置信因子比模态置信因子更容易对损伤位置进行识别。Abdel等利用模态曲率的变化对瑞士一座预应力桥梁进行了损伤识别。Pandy等利用结构损伤前后振型曲率的绝对差值进行损伤识别。Yuen则采用两个特征参数来反映结构的损伤,并成功地实现了悬臂梁损伤识别的有限元数值模拟分析。

朱四荣等以模态振型作为状态变量,利用最小二乘法建立目标函数,通过迭代运算识别出损伤大小。禹丹江等把曲率模态用于桥梁损伤识别中,通过研究发现曲率模态检测方法能准确判断出损伤的位置,具有很高的准确度和精度。郑明刚分析了曲率模态用于桥梁状态监测的可行性,并进行了有限元验证。研究表明:曲率模态对损伤较为敏感,能够反映桥梁的局部状态变化,可以用来检测损伤位置及损伤大小,且高阶的曲率模态对损伤的敏感性要优于低阶的曲率模态。张开鹏等通过振型测量数据,利用同伦延拓法成功地解决了梁的多损伤识别问题。

实际上,上述基于振型变化的损伤识别技术在应用中面临着测量振型不完整(通常只能测得前几阶振型)和噪声的影响问题,有时会缺少对损伤比较敏感的信息,而且测量的误差也很大。当缺少对损伤影响较大的测量模态时,该类技术将不能识别结构的损伤。

(3)基于柔度变化的损伤识别技术。

1994年,Pandy等提出了利用测量柔度对结构的完整性进行评估。

振型按质量归一化,模态柔度矩阵可以表示为

$$\boldsymbol{F} = \varphi \boldsymbol{\Lambda}^{-1} \boldsymbol{\varphi}^{\mathrm{T}} = \sum_{i=1}^{n} \frac{1}{\lambda_i} \boldsymbol{\varphi}_i \boldsymbol{\varphi}_i^{\mathrm{T}} \qquad (1.23)$$

式中,$\boldsymbol{F}$为结构的柔度矩阵;$\boldsymbol{\varphi}_i$为振型矩阵$\boldsymbol{\varphi}$的列向量;λ_i为对角矩阵$\boldsymbol{\Lambda}$的元素,即固有频率的平方;n为结构的自由度数。

结构发生损伤前后的柔度变化量表达为

$$\Delta F = F_u - F_d \qquad (1.24)$$

用$\bar{\delta}_j$表示结构发生损伤前后的柔度差矩阵中第X_1列元素中的最大值,即

$$\bar{\delta}_j = \max_j |\delta_{ij}| = \max_j |\Delta F| \qquad (1.25)$$

当结构发生损伤时,必然导致结构的局部刚度降低,因此,结构的局部柔度变化增大。因此通过各个节点所对应的$\bar{\delta}_j$值的变化情况就能对损伤进行定位。

柔度矩阵是静态刚度矩阵的逆矩阵,柔度矩阵不需要结构的分析模型,对于损伤状态的估计是根据实测模态数据做出的。低阶模态和频率信息在柔度矩阵中所占的影响成分很大,因此,可通过测试得到的结构前几阶固有频率和模态较为精确地构造。随着固有频率的增加,高阶模态对柔度矩阵的贡献将减少,甚至可以忽略。在实际应用中,一般只能测得结构的前几阶模态与频率,以此来近似得出实际的柔度矩阵。在利用结构刚度矩阵进行损伤识别的算法中,有限的低阶模态信息使刚度矩阵的近似误差变大,而利用柔度矩阵则可避免这一缺点。

Pandey 等提出了利用测量结构的频率和振型,通过柔度变化对梁的单损伤和多损伤进行损伤识别。数值模拟及试验研究结果表明:仅用前两阶模态就能够评估出结构的损伤位置和损伤大小,显示了方法的高效性。Li 等提出了一种利用动态参数识别结构损伤的柔度矩阵法,对剪切型和弯曲型悬臂结构模型进行了试验研究,表明该方法只需少数的几阶模态就可以识别损伤的存在,并对 7 层框架进行了数值研究和实验研究。Duan 等提出了运用比例柔度矩阵对结构损伤进行定位,并对七自由度的弹簧质量系统及 14 跨的平面桁架进行了损伤识别。

在国内,綦宝晖等利用试验获得的一阶模态参数,提出了一种平面桁架结构安全性评估的柔度矩阵法,对柔度矩阵做关于单元刚度(X_1)变化量的一阶泰勒展开,从而可以确定结构物理参数的变化量,达到识别结构损伤部位及损伤大小的目的,并对一个 41 杆桁架结构进行了损伤识别。结果表明:在测试自由度完备的情况下,可以非常准确地识别桁架结构的损伤部位及损伤大小。在测试数据不完备的情况下,只要测试数据能够反应结构整体动力特性,同时损伤区域内具有充分的测试信息,仍可获得可信的损伤识别结果,而且可以同时识别多个构件损伤。两种情况下,均只需一阶模态参数。孙国等提出以结构柔度矩阵中某些自由度对应的对角元素的变化率作为损伤指示函数,对多跨连续梁结构进行更为有效的损伤识别。胡宇宏提出了将动柔度映射到二维平面,得到灰度图,根据颜色的深浅来判断损伤的位置及损伤的大小,并应用到一简支梁的损伤识别中。

尽管基于柔度变化的损伤识别方法比基于刚度变化的损伤识别方法对结构损伤更为敏感,但是由于忽略高阶模态参数的影响,无法避免地存在着误差。当损伤区域较多时,该方法的有效性还有待于进一步研究。

(4) 基于能量变化的损伤识别技术。

利用能量变化的损伤识别技术,由于表达能量所用的参数不同,从而产生了多种方法。当模态对质量归一化时,单元模态应变能比为

$$\delta E_{ij} = \frac{\varphi_i^T K_j \varphi_i}{\omega_i^2} \tag{1.26}$$

式中,δE_{ij} 为第 X_1 阶模态第 j 单元的应变能与结构总应变能的比值;ω_i、φ_i 为结构第 i 阶固有频率及振型;K_j 为第 j 单元的扩阶单元刚度。

则以单元模态应变能比在结构损伤前后的变化率为定位参数,即

$$ID_{ij} = (\delta E_{dij} - \delta E_{uij})/\delta E_{uij} = \left(\frac{\varphi_{di}^T K_j \varphi_{di}}{\omega_{di}^2} - \frac{\varphi_{ui}^T K_j \varphi_{ui}}{\omega_{ui}^2} \right) \Big/ \frac{\varphi_{ui}^T K_j \varphi_{ui}}{\omega_{ui}^2} \tag{1.27}$$

式中,ID_{ij} 为损伤前后第 i 阶模态第 j 单元的应变能比变化率,单元发生损伤时 ID_{ij} 的绝对值就会大于未损伤单元的 ID_{ij} 的绝对值,从而对损伤位置进行识别。

Cornwell 等研究了基于应变能变化的结构安全性评估方法,将梁式结构模态应变能损伤识别方法推广到二维弯曲的板式结构的安全性评估中。这种方法仅需要结构损伤前后的振型,即可准确识别板上某个区域内最低到 10% 的损伤,并对梁类结构、板类结构进行单损伤及多损伤的识别。Shi 等利用损伤前后模态应变能变化对一个四层四跨框架结构的安全性评估进行了数值模拟,对一个两层单跨框架结构的安全性评估进行了试验研究,表明该方法能够识别较复杂结构的损伤位置。在这两个算例的损伤识别中考虑了环

境噪声、测量误差和模态测量不完整等不利因素的影响,证明了该方法容错性好、实用性强和对损伤的敏感。Stubbs等人提出了结构损伤前后欧位梁的应变能公式,推导了与损伤前后刚度变化有关的损伤指标,并从概率论的角度出发识别了结构的损伤位置,不足之处是只能对一维结构进行损伤识别。

在国内,史治宇等提出了结构单元模态应变能的概念,并导出了基于单元模态应变能变化率的结构损伤位置的识别方法,提出了仅用部分低阶模态来确定结构损伤位置和大小的修正方法,从而减小了模态截断对识别结果的影响。任淑芳等利用一个四跨连续梁桥有限元模型,对各单元损伤时前4阶弯曲振动的特征值灵敏度进行了分析,利用频率变化率法和单元模态应变能比法,对连续梁桥进行了损伤识别的数值模拟研究,结果表明:单元模态应变能比法能够更为准确地对损伤进行识别。袁明等研究了仅用部分低阶模态确定结构损伤位置和大小的方法,通过考虑高阶模态的近似贡献,得到了较满意的识别精度。通过悬臂梁和简支梁的数值仿真分析,验证了利用单元模态应变能进行结构安全性评估的有效性。

(5)基于传递函数(频响函数)变化的损伤识别技术。

对频响函数监测实现结构故障早期识别是结构安全性评估方法之一。Lee等利用频响函数对梁的单损伤和多损伤进行了识别,通过不断改变激励频率和激励点的位置,从频响函数中尽可能多地获得方程。Thyagajan运用结构损伤前的有限元模型和损伤后实测的部分频率和振型,对结构的频响函数矩阵进行分解,建立最小二乘函数,运用优化算法对结构的刚度和阻尼进行识别,并研究了一座桁架桥的单损伤识别和多损伤识别问题。Sampaio等也提出了一种传递函数识别损伤的方法,即频响函数曲率法,用于结构的安全性评估。证明频响函数曲率法可以很好地识别梁的损伤至少能识别杨氏模量降低25%这样的损伤量,并考虑了5%噪声的影响。Park等采用频响函数法利用不完备的测量数据对一个25单元的钢板进行了损伤识别,并讨论了达到最佳识别效果的频率范围。Mark等提出了另一种传递函数识别损伤的方法,即传递函数法。传递函数是结构上任意两点加速度的互谱与两点中任意一点的自谱的比值。对于相同均方根幅值的随机激励,传递函数是频响函数矩阵列的函数,结构的传递函数的最大变化反映了结构的损伤情况。因此,根据传递函数的变化就可识别结构早期损伤。

在国内,郑明刚等利用频响函数的曲率对一斜拉索进行了损伤识别,通过比较结构发生损伤前后的频响函数的曲率变化对结构进行损伤识别,其结果表明频响函数的曲率对损伤非常敏感,不仅反映出损伤位置,而且能够表示损伤大小。

频响函数法的优点:不需要数学模型(如有限元模型等);可以不需要先验的知识(如以往的数据等);可用于在线损伤监测。频响函数法的不足之处是测量点的数量和位置影响损伤识别的精度,同时由于环境变化导致结构的边界条件发生变化,使得频响函数测试精度不高;结构频响函数的测试需要知道结构的输入信息,同时需要大量的运算,这对于大型的土木工程结构而言难度较大。

(6)残余力向量法。

Chen等运用结构的各自由度在损伤前后的残余力向量对损伤位置进行识别,根据各节点的残余力的大小即可确定结构的损伤部位。Ricles等采用残余力法,同时考虑了由于结构损伤引起的结构质量的变化,先采用残余力向量确定可能发生损伤的位置,然后用灵敏度定量地分析刚度的变化大小。

湖南大学的周先雁等运用动态测试及分析方法对平面杆系结构进行损伤评估理论的研究,提出了用"残余力向量"判定结构损伤部位,用加权灵敏度分析评定结构损伤大小,并对混凝土平面框架结构的损伤评估进行了研究。刘济科等提出了一种基于残余力向量进行结构安全性评估的两步法,通过计算各单元体的损伤定位标准值(DLAC)判定可能出现损伤的单元,然后运用最佳逼近法对单元损伤的大小进行识别,并对一个弹簧系统的单损伤和多损伤进行了识别。王中要等基于结构损伤后残余力向量的计算,对连续梁进行损伤识别研究,并根据灵敏度分析来考虑结构物理参数误差对识别结果的影响。结果表明,结构存在一定损伤时,基于残余力向量法对连续梁结构的安全性评估仍非常有效,即使结构物理参数有一定的噪声污染,仍能给出比较准确的识别结果。

(7)柔度曲率法。

Lu等比较了柔度及柔度曲率对结构损伤的敏感性,并将柔度曲率法应用到梁的多损伤识别中,得到了很好的识别结果。通过对简支梁的单损伤和多损伤的识别,验证柔度曲率对结构损伤更为敏感,尤其是对多损伤的情况。

唐小兵等利用柔度曲率法进行损伤识别,只需结构损伤时的模态参数就可以识别结构的损伤位置,而且仅需要低阶模态信息即可获得很好的识别精度。通过对简支梁的损伤识别验证,高阶模态可能会引起柔度曲率产生小的突变,从而造成识别误差。

1.3.2 外观检查法

外观检查法是通过对桥梁总体与局部构造几何尺寸的量测、结构病害的检查与量测对桥梁总体状况进行评估。主要包括上部结构、下部结构、桥面系的检测。对于钢筋混凝土桥梁类型,主要是检测混凝土的碳化深度、强度等级、氯离子含量、钢筋保护层厚度、钢筋锈蚀电位和电阻率等,从而根据相关规范作为标准分析桥梁质量状况。

根据《公路桥梁承载能力检测评定规程》(JTG/T J21—2011)规定,桥梁材质状况评估主要有7个指标,分别为X_1:裂缝、X_2:混凝土强度、X_3:碳化深度、X_4:保护层厚度、X_5:氯离子含量、X_6:钢筋锈蚀电位、X_7:电阻率;各指标的耐久性评价等级为5级,分别为C_1、C_2、C_3、C_4、C_5,对应的耐久性状态分别为完好状态、较好状态、较差状态、坏的状态和危险状态。

各指标的分级标准如表1.1和表1.2所示。

1. 裂缝(表1.1)

表1.1 钢筋混凝土结构构件的裂缝控制等级及最大裂缝宽度限值

环境类别	裂缝控制等级	裂缝宽度/mm
一	3	0.3(0.4)
二	3	0.2
三	3	0.2

2. 混凝土强度

依据混凝土桥梁结构或构件实测强度推定值或测区平均换算强度值,计算推定强度匀质系数 K_{bt} 或平均强度匀质系数 K_{bm},按规定确定砼强度评定标度。

推定强度匀质系数:

$$K_{bt}=\frac{R_{it}}{R}$$

平均强度匀质系数:

$$K_{bm}=\frac{R_{im}}{R}$$

式中 R_{it}——混凝土实测强度推定值;

R——混凝土设计强度等级;

R_{im}——混凝土测区平均换算强度值。

按表1.2的规定确定混凝土强度评定标准。

表1.2 混凝土强度评定标准

K_{bt}	K_{bm}	强度状况	评定标度
≥0.95	≥1.00	良好	1
(0.95,0.90]	(1.00,0.95]	较好	2
(0.90,0.80]	(0.95,0.90]	较差	3
(0.80,0.70]	(0.90,0.85]	差	4
<0.70	<0.85	危险	5

注:K_{bt} = 实测强度推定值/混凝土设计强度等级

K_{bm} = 实测平均换算强度值/混凝土设计强度等级

3. 混凝土碳化深度评定

钢筋锈蚀电位测试结果表明,可能存在钢筋锈蚀活动的区域(钢筋锈蚀电位评定标度值3、4、5)应进行混凝土碳化深度测量。另外,碳化深度的检测也是混凝土强度检测中需要进行的一项工作。

混凝土碳化状况的检测通常采用在混凝土新鲜断面喷洒酸碱指示剂,通过观察酸碱指示剂颜色变化来确定混凝土的碳化深度。按表1.3的规定确定混凝土碳化深度的评定标准,按表1.4的规定确定混凝土碳化深度的影响程度。

表1.3 混凝土碳化深度的评定标准(公路)

K_c	评定标度	K_c	评定标度
<0.5	1	[1.5,2.0)	4
[0.5,1.0)	2	≥2.0	5
[1.0,1.5)	3	—	—

第 1 章 引 言

表 1.4 混凝土碳化深度的影响程度(城市)

K_c	影响程度	K_c	影响程度
<0.5	无影响	[1.5,2.0)	较大
[0.5,1.0)	较小	≥2.0	保护层失效
[1.0,1.5)	有影响	—	—

4. 保护层厚度

根据某一测量部位各测点混凝土保护层厚度实测值,求出混凝土保护层厚度平均值 a_{ij} 和标准差 S_D,再按照下式计算确定测量部位混凝土保护层厚度特征值 D_{ne}。

$$D_{ne} = \bar{D}_n - KS_D$$

式中 K——合格判断系数值,按表 1.5 取用。

表 1.5 钢筋保护层厚度判定系数

N	10~15	16~24	≥25
K	1.695	1.645	1.595

根据测量部位实测保护层厚度特征值 D_{ne} 与其设计值 D_{nd} 的比值,按表 1.6 的规定来确定钢筋保护层厚度评定标准。

表 1.6 钢筋保护层厚度评定标准

D_{ne}/D_{nd}	对结构钢筋耐久性的影响	评定标度
>0.95	影响不显著	1
(0.85,0.95]	有轻度影响	2
(0.70,0.85]	有影响	3
(0.55,0.70]	有较大影响	4
≤0.55	钢筋易失去碱性保护,发生锈蚀	5

5. 氯离子

采用在结构构件上钻取不同深度的混凝土粉末样品的方法,通过化学分析测定混凝土中氯离子含量,按表 1.7 的规定确定混凝土氯离子含量评定标准,按表 1.8 的规定确定混凝土氯离子含量诱发钢筋锈蚀的可能性。

表 1.7 混凝土氯离子含量评判标准(公路)

氯离子含量 (占水泥含量的百分比)	诱发钢筋锈蚀的可能性	评定标度
<0.15	很小	1
[0.15,0.40)	不确定	2

续表 1.7

氯离子含量 （占水泥含量的百分比）	诱发钢筋锈蚀的可能性	评定标度
[0.40,0.70)	有可能诱发钢筋锈蚀	3
[0.70,1.00)	会诱发钢筋锈蚀	4
≥1.00	钢筋锈蚀活化	5

表 1.8 混凝土氯离子含量评判标准（城市）

氯离子含量（占水泥含量的百分比）	诱发钢筋锈蚀的可能性
<0.15	很小
[0.15,0.40)	不确定
[0.40,0.70)	有可能诱发钢筋锈蚀
[0.70,1.00)	会诱发钢筋锈蚀
≥1.00	钢筋锈蚀活化

6. 钢筋锈蚀电位

混凝土内部钢筋的锈蚀会逐步削减其工作截面，降低结构的承载能力及耐久性。钢筋锈蚀检测通过半电池电位法对钢筋的可能锈蚀状况进行评定。按表 1.9 的规定确定混凝土桥梁钢筋锈蚀电位评定标准，按表 1.10 的规定确定混凝土桥梁钢筋锈蚀状况的可能性。

表 1.9 混凝土桥梁钢筋锈蚀电位评定标准（公路）

电位水平/mV	钢筋状况	评定标度
≥−200	无锈蚀活动性或锈蚀活动性不确定	1
(−200,−300]	有锈蚀活动性，但锈蚀状态不确定，可能锈蚀	2
(−300,−400]	有锈蚀活动性，发生锈蚀概率大于 90%	3
(−400,−500]	有锈蚀活动性，严重锈蚀可能性极大	4
<−500	构件存在锈蚀开裂区域	5

表 1.10 混凝土桥梁钢筋锈蚀电位评定标准（城市）

电位水平/mV	钢筋锈蚀状况的可能性
>−200	无锈蚀活动性或锈蚀活动性不确定，锈蚀概率小于 10%
[−200,−350)	钢筋锈蚀性状不确定，可能存在锈蚀现象
≤−350	钢筋发生锈蚀概率大于 90%

7. 电阻率

混凝土的电阻率反映其导电性。混凝土电阻率大，若钢筋发生锈蚀，则发展速度慢，扩散能力弱;混凝土电阻率小,锈蚀发展速度快,扩散能力强。因此,测量混凝土的电阻率是对钢筋状况进行检测评定的一项重要内容,对钢筋锈蚀电位标度为3、4、5的主要构件需做混凝土电阻率检测。

混凝土电阻率采用四电极阻抗测量法测定,即使混凝土表面等间距接触四支电极,两外侧电极为电流电极,两内侧电极为电压电极,通过检测两电压电极间的混凝土阻抗获得混凝土电阻率 p。按表 1.11 的规定确定混凝土电阻率的评定标准,按表 1.12 的规定确定混凝土可能的钢筋锈蚀速率。

表 1.11　混凝土电阻率评定标准(公路)

电阻率/(Ω·cm)	可能的钢筋锈蚀速率	评定标度
≥20 000	很慢	1
[15 000,20 000)	慢	2
[10 000,15 000)	一般	3
[5 000,10 000)	快	4
<5 000	很快	5

表 1.12　混凝土电阻率评定标准(城市)

电阻率/(Ω·cm)	可能的钢筋锈蚀速率
≥20 000	很慢
[15 000,20 000)	慢
[10 000,15 000)	一般
[5 000,10 000)	快
<5 000	很快

1.3.3　模糊综合评价理论

由于影响桥梁耐久性的因素与耐久性之间不存在确定的、一一对应的关系以及因素之间相互作用、相互影响,很难用精确的数学、力学函数来表达它们之间的关系,一些学者采用模糊综合评价方法来评估桥梁的耐久性。模糊综合评价方法以模糊集合论为理论基础,应用模糊关系合成原理,从多个影响因素对桥梁耐久性进行综合性评价;层次分析(AHP)是把桥梁工作状态的因素条理化、层次化,从而建立递阶层次的评估模型,由于实际问题比较复杂、敏感,专家对指标的判断存在着不确定性和模糊性,无法通过确定型判断来反映。而采用不确定型 AHP 方法,能够在很大程度上反映事物的模糊性和不确定性,更能反映事物的实际状态,从而使评估结果更具有可信性;模糊层次分析法是在构造模糊判断矩阵时采用"0—1"标度法,模糊判断矩阵的一致性反映了人们思维判断的一致性。模糊层次分析法在专家咨询的基础上,将影响桥梁工作状态的各因素层次化,构造模糊一致性判断矩阵并计算指标权重,最后运用模糊综合评判方法得到最终的评判结果。

近年来,国内外学者在基于模糊逻辑的状态评估方面已展开了大量的研究,工作的重点是关于评估模型中权重的确定方法和多目标决策中的综合评判方法。大多数的模糊状态评估研究是基于结构外观检查来评定等级,指标打分的等级评定结果在很大程度上取决于检测者的主观判断和直觉,现有评估模型对如何降低甚至避免这一因素的影响没有很好的解决方案。而且,模糊评估模型中涉及环境作用因素影响的研究不多。实际上,环境作用因素对钢筋混凝土结构的材料劣化和钢筋锈蚀具有决定性作用。

模糊综合评价理论是美国伯克利加州大学的自动控制专家 L. Azdah 教授于 1965 年提出的,该综合评价法根据模糊数学的隶属度理论把定性评价转化为定量评价,即用模糊数学对受到多种因素制约的事物或对象做出一个总体的评价,用以表达事物的不确定性。模糊综合评价法是一种基于模糊数学的综合评价方法。该综合评价法根据模糊数学的隶属度理论把定性评价转化为定量评价,即用模糊数学对受到多种因素制约的事物或对象做出一个总体的评价。它具有结果清晰、系统性强的特点,能较好地解决模糊的、难以量化的问题,适合各种非确定性问题的解决。因此,模糊综合评价理论在各个研究领域得到了广泛的应用。模糊综合评价是对具有多种属性的事物,或者说其总体优劣受多种因素影响的事物,做出一个能合理地综合这些属性或因素的总体评判。模糊综合评价理论具有模糊性、定量性、层次性。

1. 模糊性

模糊综合评价的结果是一个集合,而不是一个点值,它较为准确地刻画了事物本身的模糊状况,因此模糊综合评价结果在信息的质量上都具有优越性。

2. 定量性

各项评价指标用来衡量评价对象的不同方面,因此具有不同的本质特性、价值体系和评价尺度。可量化指标通过模拟或计算取得评价值;可调查性指标则通过建立评价标准等级,运用对应的评价值进行评分,将结果汇总分析,以平均值为相应指标的隶属度;经验性评价指标则属于宏观评价指标,缺少具体的可量化测量工具,因此根据相关管理者或专家经验评分,按模糊数学的隶属原则进行指标取值的量化。

3. 层次性

评价的核心问题是对多指标进行综合处理。政府应急能力评价的指标众多且它们之间存在层次性,必须进行多指标的分级,建立指标分级体系,以确保评价模型的科学性和可行性。

模糊综合评价的基本原理是从影响问题的诸因素出发,确定被评价对象从优到劣若干等级的评价集合和评价指标的权重,对各指标分别做出相应的模糊评价,确定隶属函数,形成模糊判断矩阵,将其与权重矩阵进行模糊运算,得到定量的综合评价结果。其中,指标权重的计算采用层次分析法,首先将层次结构模型的各要素进行两两比较判断;其次按照一定的标度理论建立判断矩阵,通过计算得到各因素的相对重要度;最后建立权重向量。

1.3.4 层次分析法

层次分析法(Analytic Hierarchy Process,AHP)是美国运筹学家匹茨堡大学教授萨蒂于20世纪70年代初,在为美国国防部研究"根据各个工业部门对国家福利的贡献大小而进行电力分配"课题时,应用网络系统理论和多目标综合评价方法,提出的一种层次权重决策分析方法。是将与决策总是有关的元素分解成目标、准则、方案等层次,在此基础上进行定性和定量分析的决策方法。是在对复杂的决策问题的本质、影响因素及其内在关系等进行深入分析的基础上,利用较少的定量信息使决策的思维过程数学化,从而为多目标、多准则或无结构特性的复杂决策问题提供简便的决策方法,该方法将定量分析与定性分析结合起来,用决策者的经验判断各衡量目标能否实现的标准之间的相对重要程度,并合理地给出每个决策方案的每个标准的权数,利用权数求出各方案的优劣次序,比较有效地应用于那些难以用定量方法解决的课题。是对难于完全定量的复杂系统做出决策的模型和方法。

运用层次分析法构造系统模型时,大体可以分为以下四个步骤:建立层次结构模型;构造判断(成对比较)矩阵;层次单排序及其一致性检验;层次总排序及其一致性检验。将决策的目标、考虑的因素(决策准则)和决策对象按它们之间的相互关系分为最高层、中间层和最低层,绘出层次结构图。在确定各层次、各因素之间的权重时,Santy 等人提出一致矩阵法,即 1~9 标度法。相对重要性标度如表 1.13 所示。

表 1.13 相对重要性标度

a_{ij}	定义	a_{ji}	定义
1	x_i 与 x_j 相比同样重要	1	x_j 与 x_i 相比同样重要
3	x_i 与 x_j 相比稍微重要	1/3	x_j 与 x_i 相比重要性稍弱
5	x_i 与 x_j 相比明显重要	1/5	x_j 与 x_i 相比重要性弱
7	x_i 与 x_j 相比强烈重要	1/7	x_j 与 x_i 相比重要性很弱
9	x_i 与 x_j 相比极端重要	1/9	x_j 与 x_i 相比重要性极弱

1. 建立层次结构模型

将决策的目标、考虑的因素(决策准则)和决策对象按它们之间的相互关系分为最高层、中间层和最低层,绘出层次结构图。最高层是指决策的目的、要解决的问题。最低层是指决策时的备选方案。中间层是指考虑的因素、决策的准则。对于相邻的两层,称高层为目标层,低层为因素层。

2. 构造判断矩阵

将评估模型各层的评估指标两两进行相对重要性比较,构造判断矩阵 A,判断矩阵 A 可以表达为

$$A=(a_{ij})_{n\times n}$$

式中,a_{ij} 表示 x_i 与 x_j 关于某个评估指标的相对重要性程度。

在运用层次分析法进行结构安全性评估时,专家对两个指标的相对重要程度可以用介于 1/9 与 9 之间的一个数字来表达,相对重要性标度如表 1.13 所示。判断矩阵具有如下性质:

$$a_{ji}=1/a_{ij}$$

成对比较矩阵的特点：$a_{ij}>0, a_{ij}=1, a_{ij}=\dfrac{1}{a_{ji}}$（备注：当 $i=j$ 时，$a_{ij}=1$），若有 n 个元素进行比较，则 $A=(a_{ij})_{n\times n}$ 称为比较矩阵。

3. 层次单排序及其一致性检验

对应于判断矩阵最大特征根 $\lambda_{\max}$ 的特征向量，经归一化（使向量中各元素之和等于 1）后记为 W。W 的元素为同一层次因素对于上一层次因素某因素相对重要性的排序权值，这一过程称为层次单排序。能否确认层次单排序，则需要进行一致性检验。

4. 层次总排序及其一致性检验

计算某一层次所有因素对于最高层（总目标）相对重要性的权值，称为层次总排序。这一过程是从最高层次到最低层次依次进行的。

1.3.5 模糊层次分析法

桥梁工程是公路交通网的重要组成部分，我国早期修建的混凝土桥梁已进入老化阶段，有相当一部分已满足不了使用要求，迫切需要加固和改造。对在役混凝土桥梁结构进行安全性评估，一方面可以揭示潜在的危险，为业主提供准确的信息以便及时做出维修加固或拆除的决策，避免重大事故的发生；另一方面，其研究成果可以直接用于指导桥梁结构的设计和维护。然而，由于影响在役混凝土桥梁结构安全性评估的因素众多，如混凝土损伤、混凝土碳化、钢筋锈蚀、混凝土裂缝等，同时由于检测信息的不完备性与模糊性，以至于迄今为止，尚未有较为理想的在役混凝土桥梁结构安全性评估模式。

层次分析法最大的问题是某一层次评价指标很多时（如 4 个以上），其思维一致性很难保证。在这种情况下，将模糊法与层次分析法的优势结合起来形成的模糊层次分析法（FAHP），将能很好地解决这一问题。模糊层次分析法的基本思想和步骤与 AHP 的步骤基本一致，但仍有以下两方面的不同点：

1. 建立的判断矩阵不同

在 AHP 中通过元素的两两比较建立判断一致矩阵；而在 FAHP 中通过元素两两比较建立模糊一致判断矩阵。

2. 求矩阵中各元素的相对重要性的权重的方法不同

模糊层次分析法（FAHP）改进了传统层次分析法存在的问题，提高了决策可靠性。FAHP 有一种是基于模糊数，另一种是基于模糊一致性矩阵。

层次分析法所要解决的问题是关于最低层对最高层的相对权重问题，按此相对权重可以对最低层中的各种方案、措施进行排序，从而在不同的方案中做出选择或形成选择方案的原则。

利用层次分析法对桥梁结构安全性能的评估中，如何科学、客观地确定评估指标的权重，关键就是构造两两比较的判断矩阵。通常判断矩阵有：

（1）确定型层次（AHP）判断矩阵。

（2）模糊判断矩阵。

（3）不确定型判断矩阵。

确定型判断矩阵常用一个确定数字来表示两指标间的重要性程度,而由于实际问题往往比较复杂,专家对指标的判断也不一定全面、确切,因此指标间的重要性程度必然有很强的模糊性和不确定性,采用确定型的量化方法无法反映这种不确定性。

在运用层次分析法进行结构安全性评估时,专家对两个指标的相对重要程度可以用介于1/9与9之间的一个数字来表达,由于专家个人偏好以及桥梁结构的复杂性、不确定性,使专家没有把握也不可能对因素的相对重要程度做出非常精确的判断,因此仅靠一个专家的判断无法完全反映桥梁结构的复杂性、不确定性,使判断结果可信度降低。

1.4　桥梁安全性评估存在的主要问题

尽管结构安全性评估已经过近50年的研究,国内外对结构安全性评估方法的理论及应用研究也取得了一些成果,但是对于大型复杂结构运用已有的方法进行损伤识别还是遇到了种种困难,这主要是因为:

(1)桥梁技术状况评估中检测指标权重分配直接影响评估结果,由于桥梁结构类型不同,同类型的桥梁现场外观检测构件、指标也会不同,因此在权重再分配时采用现有比例分配法不能充分体现外观检测指标的相对重要性。

(2)对混凝土的碳化深度、强度等级、氯离子含量、钢筋保护层厚度、钢筋锈蚀电位和电阻率等的标度评定仅仅根据检测数据所在规范规定的标度评定区间确定指标评定标度,不能准确反映检测指标的标度。

(3)桥梁结构静载实验结果分析中,由于影响桥梁结构承载能力的因素很多,仅根据静载实验得到的位移、应变值的大小分析结构承载能力不能真实反映结构承载能力。

1.5　研究的主要内容

由于影响在役混凝土桥梁结构安全性评估的因素众多,以及检测信息的不完备性与模糊性,尚未有较为理想的在役混凝土桥梁结构安全性评估模式。然而,由于影响在役混凝土桥梁结构安全性评估的因素众多,如混凝土损伤、混凝土碳化、钢筋锈蚀、混凝土裂缝等,同时由于检测信息的不完备性与模糊性,尚未有较为理想的在役混凝土桥梁结构安全性评估模式。

本研究在大量学者研究的基础上,主要工作如下:

(1)根据各检测指标的评定标度,首先运用未确知测度理论建立各检测指标的测度函数;然后根据各部位检测数据建立外观裂缝、混凝土强度、碳化深度、保护层厚度、钢筋锈蚀的单指标未确知测度矩阵,并以每个指标各部位未确知测度的平均值作为该指标的未确知测度,并形成多指标未确知测度矩阵。

(2)根据检测指标的不同,综合考虑规范建议的各检测指标权重,求得桥梁结构的未确知测度,构建判断矩阵,对规范建议的指标权重进行重新分配,对桥梁结构的健康状况进行模糊评定。

(3)对简支桥梁、拱桥、箱涵和斜拉桥等四种类别的桥梁进行了现场检测,得到了不同类别桥梁的外观检测、静载实验、动静实验结果。

(4)根据现场实验结果,运用本研究提出的相似度理论、模糊权重分配理论对不同桥梁结构构件权重、检测指标权重进行重新分配,并对桥梁进行技术评定。

第 2 章 基于模糊综合评价的桥梁安全性评估理论

1990 年中国工程院院士王光远教授首次提出未确知信息的概念,未确知测度理论是未确知数学理论中应用最广泛的,在可靠性分析、风险评价等方面取得较多研究成果,张艳将未确知数学理论运用于构建基于污染过程退役铀尾矿库地下水污染风险评价模型,并提出基于多层次-未确知测度-集对分析的退役铀尾矿库地下水污染风险评价方法,得到一个综合的、系统的退役铀尾矿库地下水污染风险评价体系。王斌以构建不确定交通安全测度理论为目标,引入不确定理论,从数值型不确定交通安全测度、区间型不确定交通安全测度、语言型不确定交通安全测度和不确定语言型交通安全测度四个方面对不确定交通安全测度理论进行研究,针对不同情形给出相应方法。

在桥梁结构安全性评估中,采用较多的是以模糊数学为基础的、考虑专家可信度及指标权重的综合评价方法,利用层次分析法建立桥梁结构安全性评估模型,使条理更加清晰。专家的可信度及指标的权重选择是能否对桥梁结构的性能做出准确判断的关键所在,现有层次分析法中的权重系数的选择主要依赖专家的经验,然而在桥梁安全性评估中存在模糊性、随机性和复杂性,不同专家对指标的判断具有不确定性和模糊性,评价结果具有较大的主观性。未确知测度理论则可以较好地解决这一问题,本章以未确知测度理论为基础建立桥梁安全性评估模型,并以文献[26]中江苏某桥检测的实测数据对该桥的健康状况进行评估,并与文献中的评价结果进行比较,为桥梁安全性评估提供了一种新的方法。

2.1 多因素模糊综合评判理论

在对许多事物进行客观评判时,其评判因素往往很多,我们不能只根据某一个指标的好坏就做出判断,而应该依据多种因素进行综合评判,如技术方案的选择、经济发展的比较等。模糊综合评判可有效地对受多种因素影响的事物做出全面评价。

模糊综合评判通常包括以下三个方面:假设与被评价事物相关的因素有 n 个,记为 $U=\{u_1,u_2,\cdots,u_n\}$,称为因素集。又假设所有可能出现的评语有 n 个,记为 $V=\{v_1,v_2,\cdots,v_n\}$,称为评判集。由于各种因素所处地位不同,作用也不一样,通常考虑用权重来衡量,记为 $A=\{a_1,a_2,\cdots,a_n\}$。进行模糊综合评判通常按以下步骤进行:

1. 确定因素集

$$U=\{u_1,u_2,\cdots,u_n\}$$

2. 确定评判集

$$V=\{v_1,v_2,\cdots,v_n\}$$

3. 进行单因素评判

$$r_i = \{r_{i1}, r_{i2}, \cdots, r_{in}\}$$

4. 构造综合评判矩阵

$$R = \begin{bmatrix} r_{11} & r_{12} & \cdots & r_{1m} \\ r_{21} & r_{22} & \cdots & r_{2m} \\ \vdots & \vdots & & \vdots \\ r_{n1} & r_{n2} & \cdots & r_{nm} \end{bmatrix}$$

5. 综合评判

对于权重 $A = \{a_1, a_2, \cdots, a_n\}$，计算 $B = A \cdot R$，并根据最大隶属度原则做出评判。

2.2 未确知测度理论

评价对象空间计作 X，设 $X = \{x_1, x_2, \cdots, x_n\}$，其中 x_i 为待评价指标，x_i 有 m 个需测量指标 l，记为 $l = \{l_1, l_2, \cdots, l_m\}$。设 x_{ij} 表示第 i 个样本 x_i 关于第 j 个指标 l_j 的观测值。每个观测值 x_{ij} 有 k 个评价等级构成研究对象 X 的评价空间，记作 U，则 $U = \{c_1, c_2, \cdots, c_k\}$，其中 $c_k (1 \leqslant k \leqslant K)$ 为第 k 个评价等级。

2.2.1 单指标未确知测度

若 $\mu_{ijk}|_{m'k} = \begin{bmatrix} \mu_{i11} & \mu_{i12} & \cdots & \mu_{i1k} \\ \mu_{i21} & \mu_{i22} & \cdots & \mu_{i2k} \\ \vdots & \vdots & & \vdots \\ \mu_{im1} & \mu_{im2} & \cdots & \mu_{imk} \end{bmatrix} (x_{ij} \in c_k)$ 表示测量值 x_{ij} 属于第 k 个评价等级 c_k 的程度，要求 μ 满足

$$0 \leqslant \mu(x_{ij} \in c_k) \leqslant 1, \forall u \in U \quad (2.1)$$

$$\mu(x_{ij} \in U) = 1 \quad (2.2)$$

$$\mu\left|x_{ij} \in \bigcup_{l=1}^{K} c_k\right| = \sum_{l=1}^{L} \mu(x_{ij} \in c_k) \quad (2.3)$$

其中 $i = 1, 2, \cdots, n; j = 1, 2, \cdots, m; k = 1, 2, \cdots, K$，称满足上述 3 条测量准则 μ_{ijk} 为未确知测度，简称测度。

2.2.2 多指标未确知测度

多指标综合测度评价向量若 $\mu_{ik} = \mu(M_i \in C_k)$ 表示评价对象 M_i 对于第 k 级评价等级的隶属程度，则有

$$\mu_{ik} = \sum_{j=1}^{q} \omega_j \mu_{ijk} (i = 1, 2, \cdots, p; k = 1, 2, \cdots, n) \quad (2.4)$$

式中，ω_j 为指标权重。

显然,未确知测度 μ_{ir} 满足 $0 \leqslant \mu_{ir} \leqslant 1$, $\sum_{r=1}^{n} \mu_{ir} = 1$。称 $\boldsymbol{\mu}_i = [\mu_{i1} \quad \mu_{i2} \quad \cdots \quad \mu_{in}]$ 为 M_i 的多指标综合测度评价向量。

2.2.3 置信度识别准则

设 λ 为置信度($\lambda \geqslant 0.5$,通常取 $\lambda = 0.6$ 或 0.7),若 $C_1 > C_2 > \cdots > C_K$,而且满足下式:

$$k_0 = \min\left\{k: \sum_{l=1}^{k} \mu_{il} > \lambda, k = 1, 2, \cdots, K\right\} \tag{2.5}$$

则判定评价对象 x_i 属于第 k_0 个评价等级 C_{k0}。

2.2.4 测度函数

$$z_k = \begin{cases} 0 & (R_i \leqslant d_k) \\ \dfrac{R_i}{d_{k+1} - d_k} - \dfrac{d_k}{d_{k+1} - d_k} & (d_k \leqslant R_i \leqslant d_{k+1}) \end{cases}$$

$$z_{k+1} = \begin{cases} 0 & (R_i \geqslant d_{k+1}) \\ \dfrac{d_{k+1}}{d_{k+1} - d_k} - \dfrac{R_i}{d_{k+1} - d_k} & (d_k \leqslant R_i \leqslant d_{k+1}) \end{cases}$$

以上两个式子中,d_k 和 d_{k+1} 分别为评价等级空间为 $U = \{i_1, i_2, i_3, \cdots, i_n\}$ 中 i_t 等级量范围的阈值,且 d_k 和 d_{k+1} 的大小分别等于测量值 R_i 属于 t 个评价标准等级中的第 k 等级取值范围和第 $k+1$ 等级取值范围的中点值;该曲线的意义是当测量值从 d_k 变化到 d_{k+1} 时,该值对评价空间 U 的 k 等级的隶属程度逐渐减弱,相反却与 $k+1$ 等级的隶属程度逐渐增强;当 R_i 属于评价空间 U 的第 1 等级时,$z_{i1} = 1$,$z_{i2} = 0$,意味测度值完全隶属于评价空间 U 的第 1 等级;同样,当 R_i 属于最后一个等级时,$z_{i1} = 0$,$z_{i2} = 1$,也就是说此时的观测值完全隶属于评价空间 U 的最后一个等级;中间等级则按照函数图像确定其隶属程度。

确定测度函数以后,也就是确定测量值的隶属程度的计算方式,即每一个测量值 R_i 隶属于评价空间 $U(U = \{i_1, i_2, i_3, \cdots, i_n\})$ 的所有等级的程度值构成一个行向量,则 r 个行向量构成评价对象的指标未知测度评价矩阵,即

$$E_{r \times t} = \begin{bmatrix} E_{11} & E_{12} & \cdots & E_{1n} \\ E_{21} & E_{22} & \cdots & E_{2n} \\ \vdots & \vdots & \vdots & \vdots \\ E_{r1} & E_{r2} & \cdots & E_{rn} \end{bmatrix}$$

2.2.5 各检测指标评定测度

选取 7 个指标作为钢筋混凝土桥梁结构上部结构耐久性评估的检测指标,分别为 X_1:裂缝、X_2:混凝土强度、X_3:碳化深度、X_4:保护层厚度、X_5:氯离子、X_6:钢筋锈蚀电位、X_7:电阻率,各指标的耐久性评价等级为 5 级,C_1、C_2、C_3、C_4、C_5 对应的耐久性状态分别为完好状态、较好状态、较差状态、坏的状态和危险状态。钢筋混凝土结构构件的裂缝

控制等级及最大裂缝宽度限值见表 2.1。

表 2.1 钢筋混凝土结构构件的裂缝控制等级及最大裂缝宽度限值

环境类别	裂缝控制等级	裂缝宽度/mm
一	3	0.3(0.4)
二	3	0.2
三	3	0.2

1. 各检测指标评定标度

各检测指标评定标度如表 2.2 所示。

表 2.2 各检测指标评定标度

检测指标类别		评定标度				
		C_1	C_2	C_3	C_4	C_5
		1	2	3	4	5
混凝土强度	K_{bt}	≥0.95	(0.95,0.90]	(0.9,0.80]	(0.8,0.70]	<0.7
	K_{bm}	≥1.00	(1.00,0.95]	(0.95,0.90]	(0.90,0.85]	<0.85
碳化深度	K_c	≤0.5	(0.5,1]	(1,1.5]	(1.5,2]	>2
保护层厚度	D_{ne}/D_{nd}	≥0.95	[0.85,0.95)	[0.7,0.85)	[0.55,0.7)	<0.55
氯离子含量		≤0.15	(0.15,0.4]	(0.4,0.7]	(0.7,1]	>1
钢筋锈蚀电位/mV		≥−200	[−300,−200)	[−400,−300)	[−500,−400)	<−500
电阻率/Ω		≥20 000	[15 000,20 000)	[10 000,15 000)	[5 000,10 000)	<5 000

2. 各检测指标测度函数

根据表 2.2 可以建立各检测指标测度函数,如图 2.1 所示。

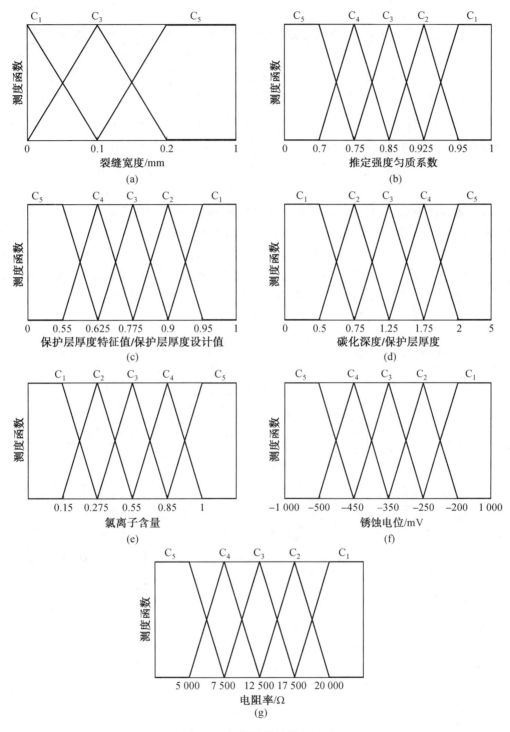

图 2.1 各检测指标测度函数

2.3 基于 AHP 中群组评判的桥梁安全性评估模型

根据桥梁结构技术评估检测数据构建评估层次结构模型。

1. 基于外观检测数据的层次模型

基于外观检测数据的层次模型的目标层为桥梁总体技术状况,中间层为桥面系、上部结构和下部结构的技术状况评估,对于梁式桥梁、钢筋混凝土拱桥、圬工拱桥(有拱上结构)的桥面系技术状况评估的主要评估指标为桥面铺装、桥头平顺、伸缩装置、排水系统、人行道和护栏,上部结构技术状况评估的主要评估指标为主梁和横向联系,梁式桥梁的下部结构评估指标为盖梁、墩身、基础和支座,而钢筋混凝土拱桥、圬工拱桥(有拱上结构)的下部结构评估指标为盖梁、墩身、基础和拱脚;人行天桥(钢桁架桥)的桥面系技术状况评估的主要评估指标为桥面铺装、伸缩装置、排水系统、栏杆或护栏,上部结构技术状况评估的主要评估指标为桁片、主节点、纵梁、横梁、连接件、外部装饰板,下部结构评估指标为盖梁、墩身、基础、外部装饰板和支座。层次模型如图 2.2～图 2.4 所示。

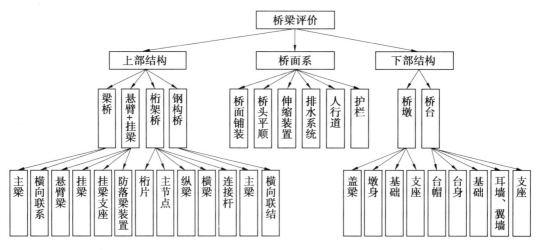

图 2.2 梁式桥、桁架桥、钢构桥、悬臂+挂梁

第 2 章 基于模糊综合评价的桥梁安全性评估理论

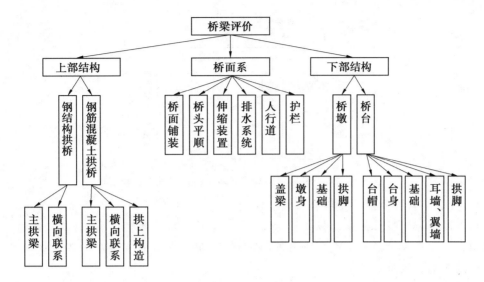

图 2.3 拱桥层次模型

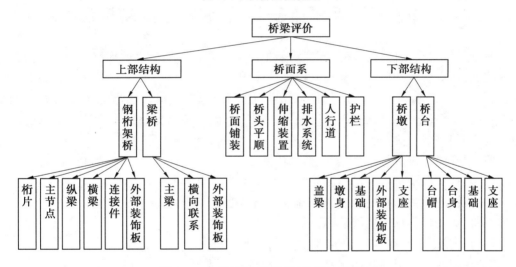

图 2.4 人行天桥(钢桁架桥)层次模型

2. 基于无损检测数据的层次模型

桥梁无损检测内容包括混凝土强度、碳化深度、保护层厚度、混凝土氯离子含量、钢筋锈蚀电位、混凝土电阻率等,基于无损检测数据的桥梁技术状况评估模型如图 2.5 所示。

(1)构造成对比较阵。

从层次结构模型的第 2 层开始,对于从属于(或影响)上一层每个因素的同一层诸因素,用成对比较法和 1~9 比较尺度构造成对比较阵,直到最下层。

(2)计算权向量并做一致性检验。

对于每一个成对比较阵计算最大特征根及对应特征向量,利用一致性指标、随机一致性指标和一致性比率做一致性检验。若检验通过,特征向量(归一化后)即为权向量;若不通过,需重新构造成对比较阵。

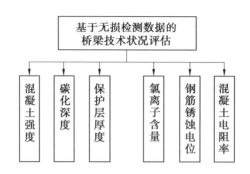

图 2.5 基于无损检测数据的桥梁技术状况评估模型

(3)计算组合权向量并做组合一致性检验。

计算最下层对目标的组合权向量,并根据公式做组合一致性检验,若检验通过,则可按照组合权向量表示的结果进行决策,否则需要重新考虑模型或重新构造那些一致性比率较大的成对比较阵。

2.4 多指标桥梁安全性评估综合测度法

多指标桥梁安全性评估综合测度法是把多个描述桥梁安全性的检测指标转化为无量纲的测度值,综合这些测度值并根据相应指标的权重以综合得出该桥梁安全状态的一个整体测度。多指标桥梁安全性评估测度法具有多指标、多层次特性,能较好地处理大型复杂系统的桥梁安全测度问题,因而得到了广泛的应用。多指标桥梁安全性评估综合测度方法的主要步骤:

(1)明确测度对象、并建立测度指标体系。
(2)对桥梁结构进行现场检测并获取测度对象的检测数据。
(3)根据各检测指标的测度函数确定指标测度值。
(4)建立检测指标的测度矩阵。
(5)根据推荐的评价指标权系数,求综合测度值。
(6)根据测度过程得到的信息,进行系统分析和决策。

2.5 桥梁安全性评估中权重计算方法研究

利用层次分析法对桥梁结构的耐久性进行评估,建立相应的评估模型,对桥梁结构的性能进行层次化评估,使评估条理更加清晰。然而由于桥梁安全性评估过程的模糊性、随机性和复杂性,不同的专家对同一结构的评估具有不确定性和模糊性,因此准确地建立判断矩阵十分困难。

计算权重系数时,构建两个指标间的相对重要性参数,形成判断矩阵,由判断矩阵计算权重系数,不同专家判断的指标权重系数取其平均值,然后用加权和求解专家评价的最终权重系数。权重系数的计算有和法、根法、特征根法、对数最小二乘法、最小二乘法等,本书采用和法计算权重系数。

2.5.1 各指标权重

规范推荐的配筋混凝土桥梁结构或构件检测指标权重系数如表 2.3 所示。

表 2.3 推荐的配筋混凝土桥梁结构或构件检测指标权重系数

序号	检测指标名称	权重 α_j
1	混凝土表观缺损	0.32
2	结构混凝土强度推定值	0.05
3	混凝土碳化深度	0.20
4	混凝土保护层厚度	0.12
5	氯离子(Cl^-)含量	0.15
6	钢筋自然电位	0.11
7	混凝土电阻率	0.05

2.5.2 修正的权重系数

对桥梁材质进行无损检测时,在实际检测指标不完备的情况下需要对指标权重进行修正,如检测指标为结构混凝土强度推定值、混凝土碳化深度、混凝土保护层厚度、氯离子(Cl^-)含量、钢筋自然电位、混凝土电阻率等 6 个检测指标,根据规范推荐的检测指标权重,去除未检测指标后对检测指标权重进行修正,若检测数据包括结构混凝土强度推定值、混凝土碳化深度、混凝土保护层厚度、氯离子(Cl^-)含量、钢筋自然电位、混凝土电阻率等 6 个检测指标,则可构建如下相对重要性判断矩阵:

$$A = \begin{bmatrix} 1 & 1/4 & 1/2.5 & 1/3 & 1/2 & 1 \\ 4 & 1 & 1.7 & 1.3 & 1.8 & 4 \\ 2.5 & 1/1.7 & 1 & 1/1.25 & 1.1 & 2.4 \\ 3 & 1/1.3 & 1.25 & 1 & 1.36 & 3 \\ 2 & 1/1.8 & 1/1.1 & 1/1.36 & 1 & 2.2 \\ 1 & 1/4 & 1/2.4 & 1/3 & 1/2.2 & 1 \end{bmatrix}$$

运用和法计算可得到各检测指标的权重系数,据混凝土桥梁结构检测指标修正权重,桥梁无损检测评定标度为

$$\mu = \sum_{i=1}^{n} \omega_i \mu_i$$

式中,μ 为桥梁无损检测评定标度;ω_i 为 i 检测指标影响修正权重;μ_i 为 i 检测指标评定标度。

则

$$w = [0.07 \quad 0.29 \quad 0.18 \quad 0.22 \quad 0.16 \quad 0.07]^T$$

修正的指标权重如表 2.4 所示。

表 2.4 修正的指标权重

序号	检测指标名称	权重 α_j	修正的指标权重
1	混凝土表观缺损	0.32	—
2	结构混凝土强度推定值	0.05	0.07
3	混凝土碳化深度	0.20	0.29
4	混凝土保护层厚度	0.12	0.18
5	氯离子(Cl^-)含量	0.15	0.22
6	钢筋自然电位	0.11	0.16
7	混凝土电阻率	0.05	0.07

2.6 桥梁结构技术状况检测

2.6.1 检测目的

(1)通过对结构现状检测,明确结构主要病害特征,初步确定结构工作状态以及使用性能。

(2)通过现状检查,了解城市交通及周边环境变化对桥梁的影响,针对病害及安全隐患提出处治性意见。

(3)分析桥梁现有缺损可能会对结构造成的负面影响,以便为桥梁养护提供技术支持,为桥梁的管理与维护决策提供科学依据,使桥梁维护计划更具效率性,并降低维修成本。

(4)通过静载试验,测试桥梁结构在荷载作用下的应力、位移等相关结构响应值,掌握桥梁结构在运营荷载作用下的实际工作状态。

(5)通过动力试验了解桥梁结构的固有振动特性以及其在长期荷载运营阶段的动力性能,掌握桥梁结构的动力特性和动力响应,确定其使用条件和注意要求。

(6)综合桥梁荷载试验结果,了解结构的实际受力状况和工作状态,并通过相关的理论计算分析,评价结构承载能力。

(7)分析桥梁病害成因,预测桥梁的运营状况,并为桥梁整治维修、管养提供技术依据。

2.6.2 检测依据

(1)《城市桥梁检测与评定技术规范》(CJJ/T 233—2015)。
(2)《城市桥梁养护技术标准》(CJJ 99—2017)。
(3)《公路桥梁承载能力检测评定规程》(JTG/T J21—2011)。
(4)《公路桥涵设计通用规范》(JTG D60—2015)。
(5)《城市桥梁设计规范》(CJJ 11—2011)。

(6)《公路桥梁荷载试验规程》(JTG/T J21—01—2015)。
(7)《回弹法检测混凝土抗压强度技术规程》(JGJ/T 23—2011)。
(8)《混凝土中钢筋检测技术规程》(JGJ/T 152—2019)。
(9)其他相关标准、方法、规程、规范。

2.6.3 检测仪器设备

检测所需仪器设备如表 2.5 所示。

表 2.5 主要检测仪器设备表

序号	管理编号	设备仪器	设备型号	单位	数量	用途
1	J060	动应变数据采集分析仪	DH5908S	套	1	动态数据采集
2	J048	静态数据采集分析系统	DH3819	套	1	静态数据采集
3	J06001	模态测振传感器	DH5907N	套	1	模态数据采集
4	J121	精密水准仪	DS05	台	1	桥梁变形测量
5	J112	裂缝综合测试仪	ZBL-F800	台	1	结构裂缝宽度测定
6	J099	钢筋检测仪	ZBL-R660	台	1	结构保护层厚度检测
7	J141	数显回弹仪	ZBL-S230	台	1	结构强度检测
8	J021	混凝土碳化深度尺	JW-STH	台	1	结构碳化深度检测
9	J050	氯离子含量快速测定仪	NJCL-C	台	1	结构氯离子含量检测
10	J111	混凝土电阻率测试仪	SW-4000A	台	1	结构混凝土电阻率检测
11	J058	钢筋锈蚀测量仪	DJXS-05	个	1	结构钢筋锈蚀电位检测
12	J02901	激光测距仪	DISTO A5	把	1	长度测量
13	J-QS-02	钢卷尺(5M)	GW-566-5E	把	1	长度测量
14	J-QS-01	钢卷尺(50M)	JGW-5022	把	1	长度测量
15	J106	桥检车	国产	辆	1	用于接近构件检测
16	—	数码照相机	Canon	台	1	拍摄记录
17	—	笔记本	东芝	台	3	数据处理
18	—	安全设施	国产	套	3	安全保障

2.6.4 检测内容

检测的主要内容包括资料搜集、桥梁外观检查、桥梁主要构件的无损检测、桥梁静、动载试验等。

1. 资料搜集

在编制施工检测方案前,按照内业资料搜集的有关规定,采用室内查找档案和现场实际测量的方法进行桥梁有关各方调查,搜集、掌握并研究下列各项资料:

(1)桥梁所在位置、线路、桥梁全长等。

(2) 河名、河道的历史变迁、现今河流情况。
(3) 梁部结构形式及材质、孔数、跨度。
(4) 墩台式样及材质、基础类型、埋置深度、河床地质。
(5) 桥梁建造年代。
(6) 桥梁发生损伤、破坏、事故、水害等及其抢修、修复、防护加固情况。
(7) 建造及修复时所依据的规程和标准。
(8) 桥梁修建及修复的设计资料、竣工图纸等。

2. 桥梁外观检查

(1) 检查梁体混凝土有无风化、剥落、破损、腐蚀、钢筋外露锈蚀等病害情况,并检查梁体是否存在不正常的变位。

(2) 检查梁体是否有裂缝出现或裂缝的分布情况,对于预应力混凝土结构着重检查梁体有无裂缝出现,若存在裂缝则详细调查其分布情况(含长度、宽度、深度、分布范围等),并详细分析裂缝产生的原因。对于普通钢筋混凝土结构需掌握裂缝的分布情况,绘制相应的裂缝分布图,若裂缝宽度超出规范限值要求则应进行详细调查。

(3) 检查支座工作是否正常,有无错位、断裂及脱空等情况,检查梁端伸缩缝外观及功能是否完好。

(4) 下部结构的检查,包括墩台和基础是否滑动、开裂和下沉,墩台和帽梁有无混凝土剥落及钢筋锈蚀等情况。

(5) 检查梁端伸缩缝有无堵塞、挤死、失效,各构件是否完好,锚固连接是否牢固,有无局部破损,密封橡胶有无老化、开裂,伸缩缝有无不正常的响声及异常的伸缩量,伸缩缝各基本单元间隙是否均匀,钢构件有无锈蚀、变形,伸缩缝是否平整,有无跳车现象等。检查伸缩缝两侧阻水效果,有无雨水从伸缩缝处沿横桥向泄漏、污染桥梁。检查采用目视结合,使用百分表、直尺、卡尺等进行。

(6) 桥面系构造的检查,包括桥面铺装、伸缩缝、人行道构件、桥面横纵坡顺适、排水构造物、桥上交通设施等的检查。

(7) 桥位环境调查。桥梁的周围环境在桥梁运营过程中会发生变化,如河道的变迁、建设垃圾的堆放、在设计过程中估计不足而出现的桥梁局部过分冲刷;由于地质薄弱造成的滑坡或泥石流;桥址由于人为取土或挖沙造成的过分开挖等。桥位环境调查内容包括水文、地质变迁、构造物变化等,重点是桥位处的冲刷、人为挖方、泥石流、滑坡等。

3. 桥梁主要构件的无损检测

对桥梁的梁体、墩柱、桥台等主要构件进行无损检测,主要包含以下内容:
(1) 检测混凝土的强度、碳化深度。
(2) 检测混凝土保护层厚度。
(3) 检测混凝土氯离子含量、电阻率、钢筋锈蚀。

4. 桥梁静、动载试验

(1) 桥梁静载试验,根据桥型布置及初步的检查结果确定相应的试验桥跨。桥梁静载试验包括梁体的应力测试、桥面挠度测试。

(2)桥梁动载试验应测试桥梁在动荷载作用下受迫振动响应及桥梁的自振频率特性。桥梁动载试验包括桥梁脉动试验、跑车试验。

2.6.5　检测评估程序

桥梁结构检测程序大致如下：

桥梁资料调查→外观检查→裂缝专项检测→混凝土强度、碳化深度检测→混凝土保护层厚度检测→混凝土氯离子含量→混凝土电阻率→钢筋锈蚀→桥梁现状评定→结构检算→桥梁静、动载试验→资料整理分析→提交正式试验报告。

具体如下：

(1)尽量详尽地搜集待检桥梁的相关资料、图纸，并到现场进行实地勘察，根据搜集的桥梁资料、图纸及现场考察情况，编制合理可行的施工检测方案。

(2)针对不同的桥梁结构形式，对桥梁结构进行外观检查，找出桥梁结构病害的大致情况和分布规律，再根据结构病害的情况和分布规律，对具有代表性的病害按一定的比例进行抽检和详细的检测。

(3)进行桥梁主要构件的无损检测，包括混凝土的强度、碳化深度、钢筋保护层厚度、混凝土氯离子含量、混凝土电阻率、钢筋锈蚀等。

(4)对桥梁进行现状评定及索力，静、动载试验等工作。

(5)将外业数据资料进行初步整理分析，分析病害、缺陷产生的原因，并提出相应的维修加固方案。

(6)进行数据分析和资料整理，提交正式检测评估报告，对桥梁的健康状况及营运安全性做出科学、客观、正确的评价。

2.7　桥梁技术状况评定和评分

2.7.1　桥梁技术状况评定

桥梁的检测项目、内容、现状评定及桥梁基本状况档案的建立将依据《城市桥梁养护技术标准》(CJJ 99—2017)及国家的相关规范进行，公路桥梁技术状况评定包括桥梁构件、部件、桥面系、上部结构、下部结构和全桥评定。公路桥梁技术状况评定应采用分层综合评定与5类桥梁单项控制指标相结合的方法，先对桥梁各构件进行评定，然后对桥梁各部件进行评定，再对桥面系、上部结构和下部结构分别进行评定，最后进行桥梁总体技术状况的评定。评定指标如图2.6所示，评定流程如图2.7所示。

根据《城市桥梁养护技术标准》(CJJ 99—2017)3.0.3条规定，根据城市桥梁在道路系统中的地位，城市桥梁养护类别宜分为以下五类：

Ⅰ类养护——单孔跨径大于100 m的桥梁及特殊结构的桥梁；

Ⅱ类养护——城市快速路网上的桥梁；

Ⅲ类养护——城市主干路上的桥梁；

Ⅳ类养护——城市次干路上的桥梁；

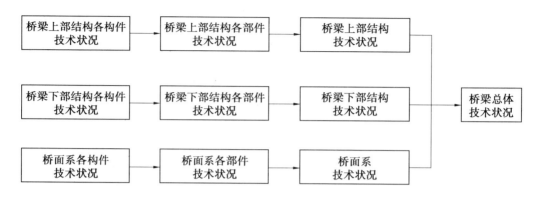

图 2.6 桥梁总体技术状况评定

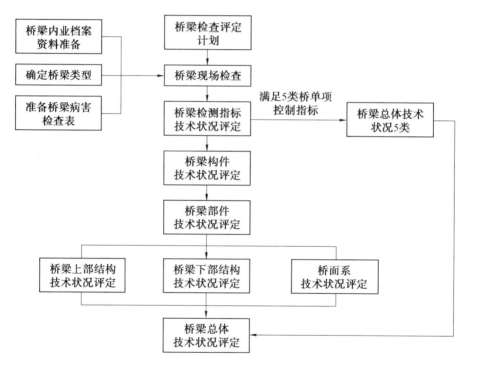

图 2.7 桥梁技术状况评定工作流程图

Ⅴ类养护——城市支路和街坊路上的桥梁。

根据 3.0.5 条规定,城市桥梁技术状况应根据完好程度、结构状况等级划分及养护对策,对Ⅱ～Ⅴ类城市桥梁完好状态宜分为五个等级:

A级——完好状态,BCI 达到 90～100,应进行日常保养。

B级——良好状态,BCI 达到 80～89,应进行保养小修。

C级——合格状态,BCI 达到 66～79,应进行针对性小修和中修工程。

D级——不合格状态,BCI 达到 50～65,应检测评估后进行中修、大修或加固工程。

E级——危险状态,BCI 小于 50,应检测评估后进行大修、加固或改扩建工程。

对Ⅱ～Ⅴ类城市桥梁结构状况宜分为五个等级:

A级——完好状态,BSI 达到 90～100,应进行日常保养。
B级——良好状态,BSI 达到 80～89,应进行保养、小修。
C级——合格状态,BSI 达到 66～79,应进行针对性小修或局部中修工程。
D级——不合格状态,BSI 达到 50～65,应检测评估后进行局部中修、大修工程或加固工程。
E级——危险状态,BSI 小于 50,应检测评估后进行大修、加固或改扩建工程。

对Ⅰ类城市桥梁完好状态分为两个类别:

合格级——桥梁结构完好或结构构件有损伤,但不影响桥梁安全,应进行保养、小修。

不合格级——桥梁结构构件损伤,影响结构安全,应立即修复。

应根据常规定期检测的结果,进行桥梁技术状况的评估和分级。Ⅰ类养护的城市桥梁应按影响结构安全状况进行评估;Ⅱ类～Ⅴ类养护的城市桥梁应比照《城市桥梁养护技术标准》(CJJ 99—2017)附录 D 对桥面系、上部结构、下部结构评分等级、扣分表进行评估。

Ⅱ类～Ⅴ类养护的城市桥梁技术状况的评估应包括:桥面系、上部结构、下部结构和全桥评估。应采用先构件后部位再综合及与单项直接控制指标相结合的办法评估。

Ⅱ类～Ⅴ类养护的城市桥梁,应以桥梁状况指数 BCI 确定桥梁技术状况;应以桥梁结构指数 BSI 确定桥梁不同组成部位的结构状况。应按分层加权法根据桥梁定期检测记录,对桥面系、上部结构和下部结构按《城市桥梁养护技术标准》(CJJ 99—2017)附录 D 的评分等级、扣分表分别进行评估,再综合得出整座桥梁技术状况的评估。

2.7.2 桥梁技术评分

1. 各结构技术评分

(1)桥面系技术评分计算。

桥面系的技术状况应采用桥面系状况指数 BCI_m 表示;桥面系的结构状况应采用桥面系结构指数 BSI_m 表示。根据桥面铺装、桥头平顺、伸缩装置、排水系统、人行道和栏杆等要素的损坏扣分值,BCI_m 和 BSI_m 应按下列公式计算:

$$BCI_m = \sum_{h=1}^{a}(100 - MDP_h) \cdot \omega_h$$

$$BSI_m = \min(100 - MDP_h)$$

$$MDP_h = \sum_i DP_{hi}\omega_{hi}$$

$$\omega_{hi} = 3.0\mu_{hi}^3 - 5.5\mu_{hi}^2 + 3.5\mu_{hi}$$

$$\mu_{hi} = \frac{DP_{hi}}{\sum_i DP_{hi}}$$

式中 h——桥面系的评估要素,即桥面铺装、桥头平顺、伸缩装置、排水系统、人行道和栏杆;

a——桥面系评价要素总数;

MDP_h——桥面系第 h 类要素中损坏的综合扣分值,当 $MDP_h < \max(DP_{hi})$ 时,取

值为 $\max(DP_{hi})$;当 $MDP_h > 100$ 时,取值为100;

ω_h——桥面系第 h 类要素的权重,按表2.6取值;

DP_{ij}——桥面系第 h 类要素中第 i 项损坏的扣分值,见《城市桥梁养护技术标准》(CJJ 99—2017)附录D;

ω_{hi}——桥面系第 h 类要素中第 i 项损坏的权重;

μ_{hi}——桥面系第 h 类要素中第 i 项损坏的扣分值占桥面系第 h 类要素中所有损坏扣分值的比例。

表2.6 桥面系各要素权重值

评估要素	权重	评估要素	权重
梁式桥、桁架桥、拱桥、钢构桥、悬臂+挂梁			
桥面铺装	0.30	排水系统	0.10
桥头平顺	0.15	人行道	0.10
伸缩装置	0.25	护栏	0.10
人行天桥			
桥面铺装	0.40	排水系统	0.20
伸缩装置	0.15	栏杆或护栏	0.25

未出现的要素其权重应按剩余要素权重的比例关系重新分配给剩余要素。

(2)上部结构技术评分计算。

桥梁上部结构技术状况的评估应逐跨进行,然后再计算整座桥梁上部结构的技术状况指数 BCI_s。桥梁上部结构的结构状况应采用上部结构的结构状况指数 BSI_s 表示。BCI_s 和 BSI_s 应按下列公式计算:

$$BCI_s = \frac{1}{b}\sum_{i=1}^{b} BCI_{si}$$

$$BSI_s = \min(BCI_{si})$$

$$BCI_{si} = \sum_{j=1}^{c}(100 - SDP_{ij}) \cdot \omega_{ij}$$

$$SDP_{ij} = \sum_k DP_{ijk}\omega_{ijk}$$

$$\omega_{hi} = 3.0\mu_{hi}^3 - 5.5\mu_{hi}^2 + 3.5\mu_{hi}$$

$$\mu_{hi} = \frac{DP_{hi}}{\sum_i DP_{hi}}$$

式中 BCI_{si}——桥梁第 i 跨上部结构技术状况指数;

b——桥梁跨数;

SDP_{ij}——第 i 跨上部结构中第 j 类构件损坏的综合扣分值,当 $SDP_h \leqslant 100$ 时,取值为 $\max(DP_{ijk})$;当 $SDP_h > 100$ 时,取值为100;

ω_{ij}——第 i 跨上部结构中第 j 类构件的权重,按表2.7取值;

c——桥梁跨数;

DP_{ijk}——第 i 跨上部结构中第 j 类构件第 k 项损坏的扣分值,见《城市桥梁养护技术标准》(CJJ 99—2017)附录 D;

ω_{ijk}——第 i 跨上部结构中第 j 类构件第 k 项损坏的权重;

μ_{ijk}——第 i 跨上部结构中第 j 类构件第 k 项损坏的扣分值占第 j 类构件中所有损坏扣分值的比例。

表 2.7 桥梁上部结构各构件的权重

桥型	构件类型	权重
梁桥	主梁	0.60
	横向联系	0.40
悬臂+挂梁	悬臂梁	0.60
	挂梁	0.20
	挂梁支座	0.10
	防落梁装置	0.10
钢构桥	主梁	0.80
	横向联系	0.20
桁架桥	桁片	0.50
	主节点	0.10
	纵梁	0.20
	横梁	0.10
	连接件	0.10
钢结构拱桥、圬工拱桥(无拱上结构)	主拱圈(桁)	0.70
	横向联系	0.30
钢筋混凝土拱桥、圬工拱桥(有拱上结构)	主拱圈	0.50
	拱上构造	0.20
	横向联系	0.30
人行天桥(梁桥)	主梁	0.55
	横向联系	0.35
	外部装饰板	0.10
人行天桥(钢桁架桥)	桁片	0.48
	主节点	0.08
	纵梁	0.18
	横梁	0.08
	连接件	0.08
	外部装饰板	0.10

注:未出现的要素其权重应按剩余要素权重的比例关系重新分配给剩余要素。

(3) 下部结构技术评分计算。

桥梁下部结构技术状况的评估应逐墩(台)进行,然后再计算整座桥梁下部结构的技术状况指数 BCI_x;桥梁下部结构的结构状况采用下部结构的结构状况指数 BSI_x 表示,按下列公式计算 BCI_x、BSI_x 值:

$$BCI_x = \frac{1}{b+1}\sum_{j=0}^{b} BCI_{xj}$$

$$BSI_x = \min(BCI_{xj})$$

$$BCI_{xj} = \sum_{k=1}^{d}(100 - SDP_{jk}) \cdot \omega_{jk}$$

$$SDP_{jk} = \sum_{l} DP_{jkl}\omega_{jkl}$$

$$\omega_{jkl} = 3.0\mu_{jkl}^3 - 5.5\mu_{jkl}^2 + 3.5\mu_{jkl}$$

$$\mu_{hi} = \frac{DP_{jkl}}{\sum DP_{jkl}}$$

式中 BCI_{xj}——桥梁第 j 号墩(台)下部结构技术状况指数;

b——桥梁跨数;

SDP_{jk}——第 j 号墩台下部结构中第 k 类构件的综合扣分值,当 SDP_{jk} < max(DP_{jkl})时,取值为 max(DP_{jkl});当 SDP_{jk} > 100 时,取值为 100;

ω_{jk}——第 j 跨下部结构中第 k 类构件的权重,按表 2.8 取值;

d——第 j 号墩(台)下部结构的构件类型数;

DP_{jkl}——第 j 号墩(台)下部结构中第 k 类构件第 l 项损坏的扣分值,见《城市桥梁养护技术标准》(CJJ 99—2017)附录 D;

ω_{ijk}——第 j 号墩(台)下部结构中第 k 类构件第 l 项损坏的权重;

μ_{ijk}——第 j 号墩(台)下部结构中第 k 类构件第 l 项损坏的扣分值占第 k 类构件所有损坏扣分值的比例。

表 2.8　桥梁下部结构各构件的权重

部位	构件类型	权重	部位	构件类型	权重
梁式桥、桁架桥、钢构桥、悬臂+挂梁					
桥墩	盖梁	0.15	桥台	台帽	0.15
	墩身	0.30		台身	0.20
	基础	0.40		基础	0.40
	支座	0.15		耳墙(翼墙)	0.10
				支座	0.15

续表 2.8

部位	构件类型	权重	部位	构件类型	权重
拱桥					
桥墩	盖梁	0.10	桥台	台帽	0.10
	墩身	0.30		台身	0.30
	基础	0.45		基础	0.35
	拱脚	0.15		耳墙（翼墙）	0.10
				拱脚	0.15
人行天桥					
桥墩	盖梁	0.18	桥台	台帽	0.20
	墩身	0.34		台身	0.40
	基础	0.20		基础	0.20
	外部装饰板	0.10		支座	0.20
	支座	0.18			

注：未出现的要素其权重应按剩余要素权重的比例关系重新分配给剩余要素。

2. 整体技术评分

整个桥梁的技术状况指数 BCI 根据桥面系、上部结构和下部结构的技术状况指数，应按下式计算：

$$BCI = BCI_m \cdot w_m + BCI_s \cdot w_s + BCI_x \cdot w_x$$

式中　w_m、w_s、w_x——桥面系、上部结构和下部结构的权重，如表 2.9 所示。

表 2.9　桥梁结构组成部分的权重

桥梁部位	权重
梁式桥、桁架桥、钢构桥、悬臂+挂梁	
桥面系	0.15
上部结构	0.40
下部结构	0.45
拱桥	
桥面系	0.10
上部结构	0.45
下部结构	0.45
人行天桥	
桥面系	0.15
上部结构	0.45
下部结构	0.40

3. 桥梁等级评估

桥梁上部结构、下部结构、桥面系以及整座桥梁结构的完好状况可按表 2.10 所示的标准评估。

表 2.10　桥梁完好状况评估标准

BCI*	[90,100)	[80,90)	[66,80)	[50,66)	[0,50)
等级	A	B	C	D	E

注：BCI* 表示 BCI、BCI_m、BCI_s 或 BCI_x。

桥梁上部结构、下部结构、桥面系的结构状况可按表 2.11 进行评估。

表 2.11　桥梁结构状况评估标准

BSI*	[90,100)	[80,90)	[66,80)	[50,66)	[0,50)
等级	A	B	C	D	E

注：BSI* 表示 BSI、BSI_m、BSI_s 或 BSI_x。

各种类型桥梁有下列情况之一时，即可直接评定为不合格级桥或 D 级桥：

(1)预应力梁产生受力裂缝且宽度超过《城市桥梁养护技术标准》(CJJ 99—2017)表 4.2 限值。

(2)拱桥的拱脚处生产水平位移或无铰拱拱脚产生较大的转动。

(3)钢结构节点板及连接铆钉、螺栓损坏在 20% 以上，钢箱梁开焊，钢结构主要构件有严重扭曲、变形、开焊，锈蚀削弱截面积 10% 以上。

(4)墩、台、桩基出现结构性断裂缝或裂缝有开合现象，倾斜、位移、沉降变形危及桥梁安全时。

(5)关键部位混凝土出现压碎或压杆失稳、变形等现象。

(6)结构永久变形大于设计规范值。

(7)结构刚度达不到设计标准要求。

(8)支座错位、变形、破损严重，已失去正常支承功能。

(9)基底冲刷面达 20% 以上。

(10)当通过桥梁验算检测，承载能力下降达 25% 以上。

(11)人行道栏杆累计残缺长度 20% 或单处大于 2 m。

(12)上部结构有落梁和脱空趋势或梁、板断裂。

(13)预应力锚头严重锈蚀失效。

(14)钢—混凝土组合梁、桥面板发生纵向开裂；支座和梁端区域发生滑移或开裂；斜拉桥拉索、锚具损伤；悬索桥钢索、锚具损伤；系杆拱桥钢丝、吊杆和锚具损伤。

(15)其他各种对桥梁结构安全有较大影响的部件损坏。

第3章 基于模糊评判理论的简支梁桥检测及安全性评估

3.1 工程概况

3.1.1 桥梁概况

该简支梁桥位于南阳市仲景路上。该桥梁建成于2013年,桥梁为单跨16 m简支板梁桥,桥宽27 m,上部结构为预制空心板梁,横向布置为26块预制空心板梁,桥台为壁式钢筋混凝土桥台,支座为板式橡胶支座,边梁有0.5 m宽翼缘板。

该桥位于城市次干路上,分为左右两幅,单幅为单向三车道设计,因为道路建设的滞后性,目前为窄路宽桥状态,实际使用车道为单向两车道。

该桥建成于2013年,由于本桥无设计图纸,根据实际年代及区位,估测该桥梁按照城—A设计,桥梁无损检测评定参考同期相同桥型设计图纸,以《城市桥梁设计标准》(CJJ 11—2011)中城—A级荷载为荷载试验和承载能力检算的控制荷载。

该桥桥梁位置图如图3.1所示,立面照如图3.2所示,平面照如图3.3所示,总体布置图如图3.4所示,断面图如图3.5所示。

图3.1 简支梁桥位置图

图 3.2 简支梁桥立面照

图 3.3 简支梁桥平面照

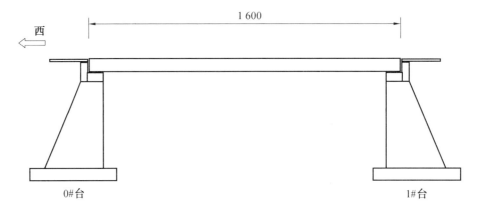

图 3.4 简支梁桥总体布置图

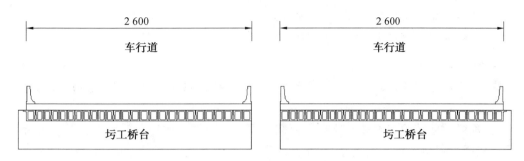

图 3.5 简支梁桥横断面图

3.1.2 检测评定内容

本桥检测主要内容为桥梁外观检查、桥梁主要构件的无损检测、桥梁现状评定、桥梁静、动载试验等。

1. 桥梁外观检查

(1)检查梁体混凝土有无风化、剥落、破损、腐蚀、钢筋外露锈蚀等病害情况,并检查梁体是否存在不正常的变位。

(2)检查梁体是否有裂缝出现或裂缝的分布情况,对于预应力混凝土结构着重检查梁体有无裂缝出现,若存在裂缝则详细调查其分布情况(含长度、宽度、深度、分布范围等),并详细分析裂缝产生的原因。对于普通钢筋混凝土结构需掌握裂缝的分布情况,绘制相应的裂缝分布图,若裂缝宽度超出规范限值要求则应进行详细调查。

(3)检查支座工作是否正常,有无错位、断裂及脱空等情况,检查梁端伸缩缝外观及功能是否完好。

(4)下部结构的检查,包括墩台和基础是否滑动、开裂和下沉,墩台和帽梁有无混凝土剥落及钢筋锈蚀等情况。

(5)检查梁端伸缩缝有无堵塞、挤死、失效,各构件是否完好,锚固连接是否牢固,有无局部破损,密封橡胶有无老化、开裂,伸缩缝有无不正常的响声及异常的伸缩量,伸缩缝各基本单元间隙是否均匀,钢构件有无锈蚀、变形,伸缩缝是否平整,有无跳车现象等。检查伸缩缝两侧阻水效果,有无雨水从伸缩缝处沿横桥向泄漏、污染桥梁。检查采用目视结合,使用百分表、直尺、卡尺等进行。

(6)桥面系构造的检查,包括桥面铺装、伸缩缝、人行道构件、桥面横纵坡顺适、排水构造物、桥上交通设施等的检查。

(7)桥位环境调查。桥梁的周围环境在桥梁运营过程中会发生变化,如河道的变迁、建设垃圾的堆放、在设计过程中估计不足而出现的桥梁局部过分冲刷;由于地质薄弱造成的滑坡或泥石流;桥址由于人为取土或挖沙造成的过分开挖等。桥位环境调查内容包括:水文、地质变迁,构造物变化等,重点是桥位处的冲刷、人为挖方、泥石流、滑坡等。

2. 桥梁主要构件的无损检测

对桥梁的梁体、墩柱、桥台等主要构件进行无损检测,主要包含以下内容:

(1)检测混凝土的强度、碳化深度。

(2)检测混凝土保护层厚度。

(3)检测混凝土氯离子含量、电阻率、钢筋锈蚀。

3. 桥梁静、动载试验

(1)桥梁静载试验,根据桥型布置及初步的检查结果确定相应的试验桥跨。桥梁静载试验包括梁体的应力测试、桥面挠度测试。

(2)桥梁动载试验应测试桥梁在动荷载作用下受迫振动响应及桥梁的自振频率特性。桥梁动载试验包括桥梁脉动试验、跑车试验。

3.1.3 构件及编号

构件编号原则如图3.6所示,构件编号如图3.7～3.12所示。

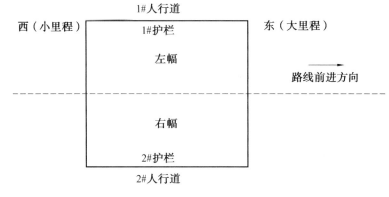

图3.6 构件编号原则

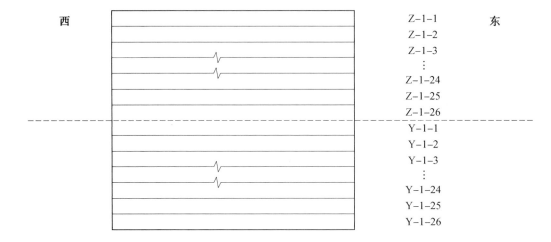

图3.7 梁编号

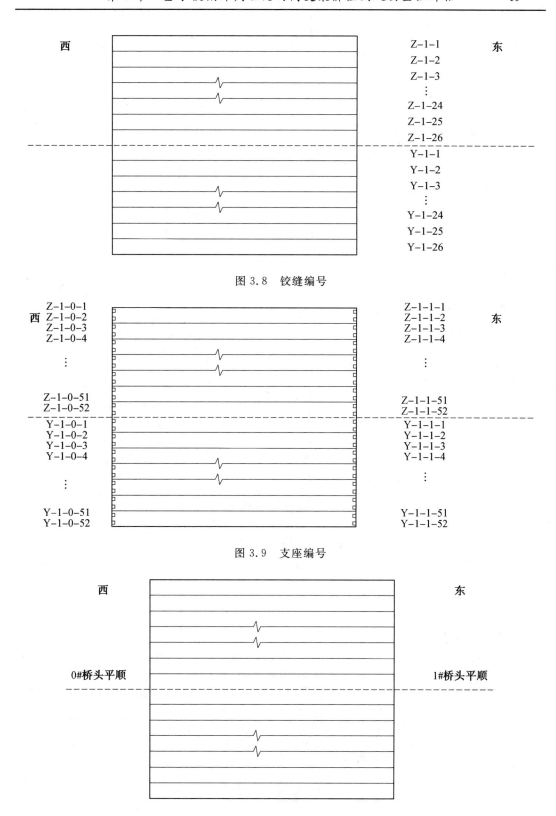

图 3.8　铰缝编号

图 3.9　支座编号

图 3.10　桥头平顺

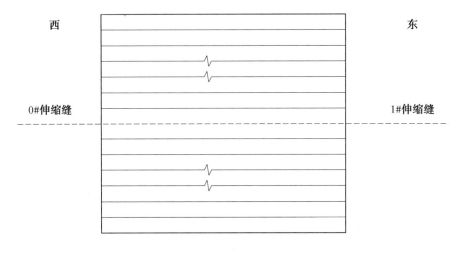

图 3.11　伸缩缝

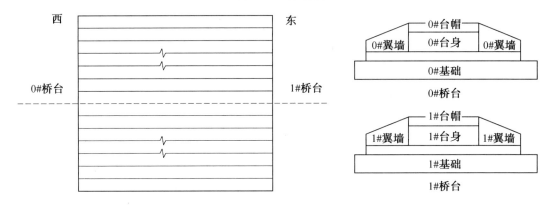

图 3.12　桥墩、桥台

3.2　外观检测

3.2.1　桥面系检测

1. 桥面铺装检测

该桥桥面铺装主要病害为压痕、横向裂缝,具体检测情况见表 3.1。

表 3.1　桥面铺装检测结果汇总表

序号	编号	名称	病害位置	病害类型	病害尺寸	照片编号
1	2#	桥面铺装	桥面	压痕	—	图 3.13
2	2#	桥面铺装	桥面	压痕	—	图 3.14
3	1#	桥面铺装	桥面	压痕	—	图 3.15
4	2#	桥面铺装	1#桥台处	横向裂缝	$L=26$ m	图 3.16

图 3.13　桥面铺装压痕

图 3.14　桥面铺装压痕

图 3.15　桥面铺装压痕

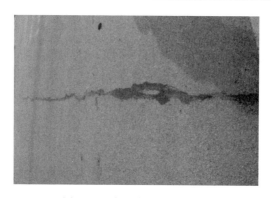

图 3.16　桥面铺装横向开裂

2. 桥头平顺检测结果

该桥桥头平顺未见明显病害。

3. 伸缩装置检测结果

该桥伸缩缝主要病害为伸缩缝堵塞,具体检测情况见表 3.2。

表 3.2　伸缩缝检测结果汇总表

序号	编号	名称	病害位置	病害类型	病害尺寸	照片编号
1	Z-1#、Z-2# Y-1#、Y-2#	伸缩缝	0#桥台 1#桥台	堵塞	—	图 3.17

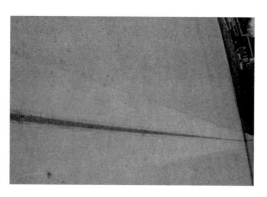

图 3.17　伸缩缝

4. 排水系统、护栏检测结果

排水系统、护栏未见明显病害。

3.2.2　上部结构

1. 主梁检测结果

该桥上部结构主要病害为预制板底板局部剥落露筋、蜂窝、铰缝大面积脱落。具体病害情况见表 3.3。

表 3.3　上部承重结构检测记录表

序号	编号	名称	病害位置	病害类型	病害尺寸	照片编号
1	Y−1−5	预制板	梁底	混凝土缺损	—	图 3.18
2	Y−1−9 Y−1−10	预制板	梁底	泛碱	局部	图 3.19
3	Z−1−5	预制板	板底	混凝土脱落	局部	图 3.20
4	Z−1−19 Z−1−20	预制板	梁底	泛碱	局部	图 3.21

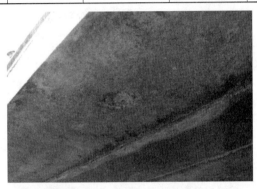

图 3.18　预制板混凝土缺损

图 3.19　预制板局部泛碱

图 3.20　预制板混凝土缺损

图 3.21 预制板局部泛碱

2. 横向联系检测结果

该桥横向联系主要病害为铰缝局部脱落。具体病害情况见表 3.4。

表 3.4 横向联系检测记录表

序号	编号	名称	病害位置	病害类型	病害尺寸	照片编号
1	Z－1－1 到 Z－1－116	铰缝构件	沿着铰缝方向	脱落	局部	图 3.22
2	Y－1－1 到 Y－1－16	铰缝构件	沿着铰缝方向	脱落	局部	图 3.23

图 3.22 铰缝构件脱落

3.2.3 下部结构检测结果

1. 台帽、台身检测结果

该桥台帽、台身未见明显病害。

2. 桥台护坡检测结果

该桥桥台护坡主要病害为混凝土护坡开裂,具体检测情况见表 3.5。

图 3.23 铰缝构件脱落

表 3.5 桥台护坡检测结果汇总表

序号	编号	名称	病害位置	病害类型	病害尺寸	照片编号
1	0#	桥台	桥台护坡	开裂	—	图 3.24
2	1#	桥台	桥台护坡	开裂	—	图 3.25

图 3.24 桥台护坡开裂

图 3.25 桥台护坡开裂

3. 支座检测结果

该桥支座主要病害为橡胶开裂,具体检测情况见表 3.6。

表 3.6 支座检测结果汇总表

序号	编号	名称	病害位置	病害类型	病害尺寸	照片编号
1	Z-1-0-1	支座	橡胶	开裂	—	图 3.26

图 3.26 支座橡胶开裂

4. 基础、耳墙(翼墙)、桥头搭板检测结果

基础、耳墙(翼墙)、桥头搭板未见明显病害。

3.2.4 桥梁结构技术状况评定

根据检测结果,依照《城市桥涵养护技术标准》(CJJ 99—2017)附录 D 对桥面系、上部结构、下部结构评分等级进行评估。

1. 桥面系技术状况评定

(1)权重系数修正。

因该桥梁无人行道、栏杆及护栏,因此对桥面系技术状况评定时需对各评估要素权重进行修正。根据规范推荐的指标权重,剔除未检测指标构建相对重要性矩阵如下:

$$\boldsymbol{\mu} = \begin{bmatrix} 1 & 2 & 1.2 & 3 \\ 1/2 & 1 & 0.6 & 1.5 \\ 1/1.2 & 1/0.6 & 1 & 2.5 \\ 1/3 & 1/1.5 & 1/2.5 & 1 \end{bmatrix}$$

采用和法计算得到评估指标权重,即

$$\boldsymbol{\omega} = \begin{bmatrix} 0.375 \\ 0.1875 \\ 0.3125 \\ 0.125 \end{bmatrix}$$

(2)桥面系技术状况评定结果。

$$\mathrm{BCI}_m = \sum_{h=1}^{n} \omega_h H_h$$

式中，BCI_m 为桥面系技术状况评分；ω_h 为检测指标权重；H_h 为检测指标技术评分；h 为检测指标数量。

桥面系各部件评分结果及桥面系技术、结构状况指数得分结果见表3.7。

表 3.7 桥面系各部件评分结果及桥面系技术、结构状况指数得分结果

桥梁部件	评估要素	权重 ω_h	修正后权重 ω_h	评分 H_h	BCI_m	评定等级
桥面系	桥面铺装	0.30	0.375	60	85	B（良好）
	桥头平顺	0.15	0.1875	100.0		
	伸缩装置	0.25	0.3125	100.0		
	排水系统	0.10	0.125	100.0		
	人行道	0.10	—	—		
	栏杆或护栏	0.10	—	—		

2. 上部结构技术状况评定

根据规范对上部结构技术状况评定时，因检测构件与规范要求一致，因此不需对各评估要素权重进行修正。根据规范推荐的指标权重，由下式计算上部结构技术状况评分

$$BCI_{si} = \sum_{h=1}^{n} \omega_h H_h$$

上部结构各部件评分结果及上部结构技术、结构状况指数得分结果见表3.8。

表 3.8 上部结构各部件评分结果及上部结构技术、结构状况指数得分结果

桥梁跨号	构件类型	权重 ω_h	评分 H_h	BCI_{si}	BCI_s	评定等级	BSI_s	评定等级
1#跨	主梁	0.60	95	89	89	B（良好）	89	B（良好）
	横向联系	0.40	80					

3. 下部结构技术状况评定

根据规范对上部结构技术状况评定时，因检测构件与规范要求一致，因此不需对各评估要素权重进行修正。根据规范推荐的指标权重，由下式计算上部结构技术状况评分

$$BCI_{xj} = \sum_{h=1}^{n} \omega_h H_h$$

下部结构各部件评分结果及下部结构技术、结构状况指数得分结果见表3.9。

表3.9　下部结构各部件评分结果及下部结构技术、结构状况指数得分结果

桥梁墩台数	构件类型	权重 ω_h	评分	BCI_{xj}	BCI_x	评定等级	BCI_x	评定等级
0#桥台	台帽	0.15	100	15	93	A（完好）	93	A（完好）
	台身	0.2	100	20				
	基础	0.4	90	36				
	支座	0.15	80	12				
	翼墙	0.1	100	10				
1#桥台	台帽	0.15	100	15	93	A（完好）		
	台身	0.2	100	20				
	基础	0.4	90	36				
	支座	0.15	80	12				
	翼墙	0.1	100	10				

4. 桥梁整体技术状况评定

桥梁整体技术状况评分由下式计算得到

$$\mathrm{BCI} = \sum_{i=1}^{n} \omega_i H_i$$

桥梁整体技术状况评估结果见表3.10。

表3.10　桥梁整体技术状况评估结果

序号	桥梁部位	权重 ω_i	技术状况指数 H_i	评定等级	养护对策
全桥总体技术状况评估 BCI					
1	桥面系	0.15	85	B（良好）	保养小修
2	上部结构	0.4	89	B（良好）	保养小修
3	下部结构	0.45	93	A（完好）	日常保养
全桥总体技术状况指数BCI					90.2
是否存在D级桥单项控制指标					否
全桥总体技术状况评定等级					A（完好）
养护对策					日常保养

注：本桥技术状况等级为A级（完好），桥面系的结构状况为B级（良好），上部结构的结构状况为B级（良好），下部结构的结构状况为A级（完好）。

3.3　桥梁材质状况检测与评定

3.3.1　混凝土强度检测

由于该桥混凝土龄期较长，检测结果仅供参考。根据《公路桥梁承载能力检测评定规程》（JTG/T J21—2011）中5.3.5规定进行评定，检测结果见表3.11。

表 3.11 混凝土强度测试数据

序号	构件编号	设计强度/MPa	测区	测区回弹修正平均值/MPa	测区强度换算值/MPa	推算强度值/MPa	K_{bt}	K_{bm}	碳化深度	评定标度
1	Z-1-1#梁	50	1	51.2	53.4	49.5	0.99	1.05	3.00	1
			2	52.2	55.5					
			3	50.9	52.8					
			4	50.7	52.4					
			5	49.6	50.1					
			6	50.9	52.8					
			7	51.9	54.9					
			8	50.8	52.6					
			9	50.7	52.4					
			10	49.2	49.3					
2	Z-1-3#梁	50	1	53.0	57.2	51.8	1.04	1.14	3.00	1
			2	53.8	59.0					
			3	55.2	60.0					
			4	54.4	60.0					
			5	53.6	58.6					
			6	55.3	60.0					
			7	52.1	55.3					
			8	51.8	54.7					
			9	50.7	52.4					
			10	50.6	52.1					
3	Z-1-5#梁	50	1	50.8	50.4	44.4	0.89	0.97	3.50	3
			2	48.4	45.8					
			3	51.8	52.5					
			4	49.9	48.7					
			5	50.9	50.6					
			6	47.2	43.5					
			7	50.6	50.0					
			8	49.2	47.3					
			9	50.2	49.3					
			10	49.9	48.7					

续表 3.11

序号	构件编号	设计强度/MPa	测区	测区回弹修正平均值/MPa	测区强度换算值/MPa	推算强度值/MPa	K_{bt}	K_{bm}	碳化深度	评定标度
4	Z-1-7#梁	50	1	56.3	60.0	51.8	1.04	1.12	2.75	1
			2	53.1	58.7					
			3	52.8	58.0					
			4	51.7	55.6					
			5	51.6	55.4					
			6	51.8	55.8					
			7	49.4	50.7					
			8	52.8	58.0					
			9	50.9	53.9					
			10	51.9	56.0					
5	Z-1-9#梁	50	1	52.8	54.5	50.2	1.00	1.08	3.50	1
			2	52.1	53.1					
			3	52.0	52.9					
			4	52.8	54.5					
			5	54.2	57.5					
			6	53.4	55.8					
			7	52.6	54.1					
			8	54.3	57.7					
			9	51.1	51.0					
			10	50.8	50.4					
6	Z-1-12#梁	50	1	49.7	48.3	41.3	0.83	0.95	3.5	3
			2	49.6	48.1					
			3	49.5	47.9					
			4	50.5	49.8					
			5	46.8	42.8					
			6	44.6	38.8					
			7	50.3	49.4					
			8	50.2	49.3					
			9	49.6	48.1					
			10	51.0	50.8					

续表 3.11

序号	构件编号	设计强度/MPa	测区	测区回弹修正平均值/MPa	测区强度换算值/MPa	推算强度值/MPa	K_{bt}	K_{bm}	碳化深度	评定标度
7	Z-1-13#梁	50	1	48.9	48.7	44.1	0.88	1.03	3	3
			2	46.7	44.4					
			3	47.7	46.3					
			4	48.4	47.7					
			5	52.5	56.2					
			6	53.3	57.9					
			7	52.0	55.1					
			8	51.5	54.0					
			9	50.6	52.1					
			10	51.6	54.2					
8	Z-1-15#梁	50	1	45.6	44.1	39.1	0.78	0.91	2.5	4
			2	44.6	42.2					
			3	49.5	52.0					
			4	44.2	41.4					
			5	47.5	47.9					
			6	43.1	39.4					
			7	47.9	48.7					
			8	45.7	44.3					
			9	46.7	46.2					
			10	47.4	47.7					
9	Z-1-18#梁	50	1	51.5	52.9	48.0	0.96	1.03	3.25	1
			2	52.3	54.6					
			3	51.0	51.9					
			4	50.5	50.9					
			5	49.6	49.1					
			6	50.6	51.1					
			7	51.7	53.3					
			8	50.7	51.3					
			9	50.2	50.3					
			10	49.0	47.9					

续表 3.11

序号	构件编号	设计强度/MPa	测区	测区回弹修正平均值/MPa	测区强度换算值/MPa	推算强度值/MPa	K_{bt}	K_{bm}	碳化深度	评定标度
10	Z-1-20#梁	50	1	48.5	47.9	40.1	0.80	1.00	3	3
			2	44.1	39.6					
			3	48.9	48.7					
			4	46.7	44.4					
			5	47.7	46.3					
			6	48.4	47.7					
			7	52.5	56.2					
			8	53.3	57.9					
			9	52.0	55.1					
			10	51.5	54.0					
11	Z-1-22#梁	50	1	51.5	55.2	47.7	0.95	1.07	2.75	1
			2	48.8	49.5					
			3	53.3	59.1					
			4	50.3	52.6					
			5	51.7	55.6					
			6	47.8	47.5					
			7	52.2	56.7					
			8	49.8	51.6					
			9	50.8	53.7					
			10	50.3	52.6					
12	Z-1-24#梁	50	1	51.1	54.3	49.6	0.99	1.10	2.75	1
			2	51.0	54.1					
			3	51.8	55.8					
			4	53.2	58.9					
			5	52.4	57.1					
			6	51.6	55.4					
			7	53.3	59.1					
			8	50.1	52.2					
			9	49.8	51.6					
			10	48.7	49.3					

续表 3.11

序号	构件编号	设计强度/MPa	测区	测区回弹修正平均值/MPa	测区强度换算值/MPa	推算强度值/MPa	K_{bt}	K_{bm}	碳化深度	评定标度
13	Z-1-26#梁	50	1	53.1	57.5	53.1	1.06	1.14	3	1
			2	52.6	56.4					
			3	52.2	55.5					
			4	53.3	57.9					
			5	54.5	60.0					
			6	53.6	58.6					
			7	53.1	57.5					
			8	54.6	60.0					
			9	51.3	53.6					
			10	51.1	53.2					
14	Y-1-1#梁	50	1	50.1	52.2	44.1	0.88	1.01	2.75	3
			2	49.7	51.3					
			3	49.6	51.1					
			4	50.6	53.2					
			5	47.0	45.9					
			6	44.6	41.3					
			7	50.3	52.6					
			8	50.4	52.8					
			9	49.6	51.1					
			10	51.0	54.1					
15	Y-1-3#梁	50	1	48.1	47.1	43.2	0.86	1.01	3.00	3
			2	49.1	49.1					
			3	48.0	46.9					
			4	47.8	46.5					
			5	46.5	44.0					
			6	51.7	54.5					
			7	50.8	52.6					
			8	50.7	52.4					
			9	51.1	53.2					
			10	53.5	58.3					

续表 3.11

序号	构件编号	设计强度/MPa	测区	测区回弹修正平均值/MPa	测区强度换算值/MPa	推算强度值/MPa	K_{bt}	K_{bm}	碳化深度	评定标度
16	Y-1-5#梁	50	1	50.6	53.2	48.9	0.98	1.04	2.75	1
			2	51.6	55.4					
			3	50.4	52.8					
			4	48.6	49.1					
			5	49.5	50.9					
			6	50.3	52.6					
			7	51.1	54.3					
			8	50.4	52.8					
			9	50.1	52.2					
			10	48.6	49.1					
17	Y-1-7#梁	50	1	46.0	43.1	40.1	0.80	0.92	3.00	3
			2	43.6	38.7					
			3	49.3	49.5					
			4	49.4	49.7					
			5	48.6	48.1					
			6	50.0	50.9					
			7	47.1	45.1					
			8	48.1	47.1					
			9	47.0	45.0					
			10	46.8	44.6					
18	Y-1-9#梁	50	1	48.5	48.9	43.7	0.87	1.03	2.75	3
			2	48.4	48.7					
			3	53.2	58.9					
			4	47.4	46.7					
			5	51.2	54.5					
			6	46.0	44.0					
			7	52.1	56.5					
			8	48.8	49.5					
			9	50.4	52.8					
			10	50.2	52.4					

续表 3.11

序号	构件编号	设计强度/MPa	测区	测区回弹修正平均值/MPa	测区强度换算值/MPa	推算强度值/MPa	K_{bt}	K_{bm}	碳化深度	评定标度
19	Y-1-12#梁	50	1	50.0	52.0	45.7	0.91	1.02	2.75	2
			2	47.7	47.3					
			3	52.1	56.5					
			4	49.3	50.5					
			5	50.4	52.8					
			6	46.8	45.5					
			7	50.8	53.7					
			8	48.6	49.1					
			9	49.8	51.6					
			10	49.3	50.5					
20	Y-1-13#梁	50	1	53.2	60.0	50.5	1.01	1.13	2.50	1
			2	48.0	48.9					
			3	54.1	60.0					
			4	50.8	54.8					
			5	52.4	58.3					
			6	52.2	57.9					
			7	52.0	57.4					
			8	49.7	52.4					
			9	54.1	60.0					
			10	51.3	55.9					
21	Y-1-15#梁	50	1	52.4	55.9	47.3	0.95	1.04	3.00	1
			2	51.7	54.5					
			3	51.4	53.8					
			4	49.7	50.3					
			5	48.8	48.5					
			6	49.7	50.3					
			7	51.8	54.7					
			8	51.0	53.0					
			9	50.3	51.5					
			10	48.2	47.3					

续表 3.11

序号	构件编号	设计强度/MPa	测区	测区回弹修正平均值/MPa	测区强度换算值/MPa	推算强度值/MPa	K_{bt}	K_{bm}	碳化深度	评定标度
22	Y-1-18#梁	50	1	49.3	49.5	46.0	0.92	0.98	3.00	2
			2	50.3	51.5					
			3	49.0	48.9					
			4	48.7	48.3					
			5	47.9	46.7					
			6	49.1	49.1					
			7	50.1	51.1					
			8	49.0	48.9					
			9	48.8	48.5					
			10	47.5	45.9					
23	Y-1-20#梁	50	1	52.0	56.2	49.3	0.99	1.06	2.75	1
			2	51.3	54.7					
			3	49.2	50.3					
			4	50.3	52.6					
			5	51.3	54.7					
			6	50.0	52.0					
			7	49.7	51.3					
			8	48.9	49.7					
			9	50.1	52.2					
			10	51.1	54.3					
24	Y-1-22#梁	50	1	52.7	57.8	53.6	1.07	1.14	2.75	1
			2	51.8	55.8					
			3	51.7	55.6					
			4	52.1	56.5					
			5	54.5	60.0					
			6	53.3	59.1					
			7	53.1	58.7					
			8	53.5	59.5					
			9	51.1	54.3					
			10	51.0	54.1					

续表 3.11

序号	构件编号	设计强度/MPa	测区	测区回弹修正平均值/MPa	测区强度换算值/MPa	推算强度值/MPa	K_{bt}	K_{bm}	碳化深度	评定标度
25	Y-1-24#梁	50	1	50.8	57.1	51.0	1.02	1.10	2.00	1
			2	51.5	58.7					
			3	50.2	55.7					
			4	47.9	50.7					
			5	48.7	52.4					
			6	50.0	55.3					
			7	50.8	57.1					
			8	49.8	54.8					
			9	50.2	55.7					
			10	48.8	52.7					
26	Y-1-26#梁	50	1	47.1	47.0	42.0	0.84	0.98	2.50	3
			2	46.8	46.4					
			3	51.8	57.0					
			4	46.0	44.9					
			5	48.9	50.7					
			6	44.8	42.5					
			7	50.5	54.1					
			8	47.2	47.3					
			9	48.8	50.5					
			10	49.0	50.9					
27	Z-0#台帽	30	1	44.9	42.7	37.5	1.25	1.36	2.50	1
			2	45.6	44.1					
			3	44.2	41.4					
			4	42.0	37.4					
			5	42.7	38.6					
			6	44.1	41.2					
			7	44.8	42.5					
			8	43.9	40.8					
			9	44.2	41.4					
			10	42.8	38.8					

续表 3.11

序号	构件编号	设计强度/MPa	测区	测区回弹修正平均值/MPa	测区强度换算值/MPa	推算强度值/MPa	K_{bt}	K_{bm}	碳化深度	评定标度
28	Z-1#台帽	30	1	45.0	42.1	37.4	1.25	1.36	2.75	1
			2	46.1	44.1					
			3	43.5	39.3					
			4	44.7	41.5					
			5	42.4	37.3					
			6	44.3	40.7					
			7	45.3	42.6					
			8	43.6	39.5					
			9	44.0	40.2					
			10	43.5	39.3					
29	Y-0#台帽	30	1	41.0	34.2	31.1	1.04	1.12	3.00	1
			2	41.9	35.7					
			3	40.8	33.8					
			4	40.1	32.7					
			5	39.6	31.9					
			6	40.9	34.0					
			7	41.7	35.3					
			8	40.7	33.7					
			9	40.2	32.8					
			10	39.1	31.1					
30	Y-1#台帽	30	1	41.7	35.3	29.1	0.97	1.14	3.00	1
			2	41.6	35.2					
			3	41.2	34.5					
			4	42.3	36.4					
			5	38.8	30.6					
			6	36.5	27.0					
			7	41.9	35.7					
			8	42.2	36.2					
			9	41.0	34.2					
			10	42.9	37.4					

通过数据分析,该桥上部结构梁强度推定值在 48.6~63.4 MPa,根据相关设计资料,推定强度匀质系数为 0.97~1.27,标度评定为 1,强度状况良好。

3.3.2 混凝土碳化深度检测

根据《公路桥梁承载能力检测评定规程》(JTG/T J21—2011)中 5.7.3 规定和《城市桥梁检测与评定技术规范》(CJJ/T 233—2015)中 4.2.8 规定进行评定,利用碳化深度测量仪对桥梁部分构件的混凝土碳化深度进行抽检及数据分析,共对 10 个构件,30 个测区进行了检测,检测结果见表 3.12。

表 3.12 混凝土碳化深度检测结果

序号	构件编号	测区碳化深度平均值/mm	实测保护层厚度平均值/mm	K_c	评定标度
1	Z-1-1#梁	3.00	61.6	0.05	1
2	Z-1-3#梁	3.00	63.3	0.05	1
3	Z-1-5#梁	3.50	60	0.06	1
4	Z-1-7#梁	2.75	47.2	0.06	1
5	Z-1-9#梁	3.50	57	0.06	1
6	Z-1-12#梁	3.50	56.6	0.06	1
7	Z-1-13#梁	3.00	62.1	0.05	1
8	Z-1-15#梁	2.50	61.4	0.04	1
9	Z-1-18#梁	3.25	55.6	0.06	1
10	Z-1-20#梁	3.00	57.1	0.05	1
11	Z-1-22#梁	2.75	59.6	0.05	1
12	Z-1-24#梁	2.75	55.6	0.05	1
13	Z-1-26#梁	3.00	55.4	0.05	1
14	Y-1-1#梁	2.75	53.1	0.05	1
15	Y-1-3#梁	3.00	59.6	0.05	1
16	Y-1-5#梁	2.75	54.2	0.05	1
17	Y-1-7#梁	3.00	53.2	0.06	1
18	Y-1-9#梁	2.75	59.2	0.05	1
19	Y-1-12#梁	2.75	59.2	0.05	1
20	Y-1-13#梁	2.50	53.4	0.05	1
21	Y-1-15#梁	3.00	56.1	0.05	1
22	Y-1-18#梁	3.00	54	0.06	1
23	Y-1-20#梁	2.75	54.9	0.05	1
24	Y-1-22#梁	2.75	58.4	0.05	1

续表3.12

序号	构件编号	测区碳化深度平均值/mm	实测保护层厚度平均值/mm	K_c	评定标度
25	Y-1-24#梁	2.00	57	0.04	1
26	Y-1-26#梁	2.50	54.5	0.05	1
27	Z-0#台帽	2.50	66.9	0.04	1
28	Z-1#台帽	2.75	60.2	0.05	1
29	Y-0#台帽	3.00	66.6	0.05	1
30	Y-1#台帽	3.00	64.1	0.05	1

所选测区的混凝土碳化深度与实测保护层厚度平均值的比值 K_c 均小于 0.5，根据混凝土碳化深度评定标准，桥梁混凝土碳化状况评定标度为 1，碳化深度对钢筋的锈蚀无影响。

3.3.3 钢筋保护层厚度检测结果

根据《公路桥梁承载能力检测评定规程》(JTG/T J21—2011)中 5.6 规定进行评定，利用钢筋保护层测定仪对桥梁部分构件的钢筋保护层厚度进行了抽检及数据分析，共对 30 个构件进行了检测，检测结果见表3.13。

表3.13 钢筋保护层厚度检测结果(单位：mm)

序号	构件编号	设计值 D_{nd}	实测值										平均值	标准差 S_D	特征值 D_{ne}	D_{ne}/D_{nd}	评定标度
1	Z-1-1#梁	35	68	68	64	64	70	58	74	70	70	58	61.6	11.0	44.0	1.26	1
			74	60	44	45	53	64	80	45	46	54					
			75	61	45	46	54	65	81	69	69	54					
2	Z-1-3#梁	35	72	66	58	53	52	62	68	64	51	70	63.3	7.3	51.7	1.48	1
			72	68	60	55	54	64	70	66	53	70					
			74	70	62	57	56	66	72	68	55	72					
3	Z-1-5#梁	35	74	57	64	70	66	66	72	58	74	66	60.0	10.1	43.9	1.25	1
			59	48	53	49	47	42	56	44	46	41					
			72	55	62	68	62	64	70	56	72	64					
4	Z-1-7#梁	35	60	43	39	50	43	44	45	49	51	53	47.2	5.2	38.9	1.11	1
			45	45	46	37	49	53	42	45	53	50					
			46	46	47	38	50	54	43	54	46	51					

续表3.13

序号	构件编号	设计值 D_{nd}	实测值										平均值	标准差 S_D	特征值 D_{ne}	D_{ne}/D_{nd}	评定标度
5	Z-1-9#梁	35	68	54	40	39	47	58	76	39	42	48	57.0	11.5	38.7	1.11	1
			71	55	41	40	48	61	77	65	63	50					
			65	64	60	61	66	54	71	66	66	55					
6	Z-1-12#梁	35	63	63	59	59	65	53	69	65	65	53	56.6	11.0	39.0	1.11	1
			69	55	39	40	48	59	75	40	41	49					
			70	56	40	41	49	60	76	64	64	49					
7	Z-1-13#梁	35	68	62	58	53	52	62	68	64	51	66	62.1	6.3	52.1	1.49	1
			68	64	60	55	54	64	70	62	53	70					
			70	66	62	57	56	66	72	68	55	68					
8	Z-1-15#梁	35	77	57	64	70	66	69	75	58	74	66	61.4	10.2	45.1	1.29	1
			59	48	56	52	47	45	56	44	49	44					
			75	55	65	68	64	67	73	59	75	64					
9	Z-1-18#梁	35	61	63	57	59	65	53	67	63	65	53	55.6	11.2	37.7	1.08	1
			67	53	39	38	46	57	75	38	41	47					
			70	54	40	39	47	60	76	64	62	49					
10	Z-1-20#梁	35	64	63	59	60	65	53	70	65	65	54	57.1	11.2	39.2	1.12	1
			69	56	40	40	48	60	76	40	41	50					
			71	57	40	41	50	60	77	64	65	49					
11	Z-1-22#梁	35	75	55	64	68	64	67	73	54	72	64	59.6	10.0	43.7	1.25	1
			57	48	54	52	45	45	54	42	47	42					
			73	53	63	66	64	65	71	57	73	62					
12	Z-1-24#梁	35	61	63	57	59	65	53	67	63	65	53	55.6	11.2	37.7	1.08	1
			67	53	39	38	46	57	75	38	41	47					
			70	54	40	39	47	60	76	64	62	49					
13	Z-1-26#梁	35	59	65	54	61	63	55	64	65	63	55	55.4	11.5	37.0	1.06	1
			70	50	42	35	48	54	78	35	43	44					
			68	56	37	41	45	62	73	66	60	51					

续表3.13

序号	构件编号	设计值 D_{nd}	实测值										平均值	标准差 S_D	特征值 D_{ne}	D_{ne}/D_{nd}	评定标度
14	Y-1-1#梁	35	56	63	52	59	60	53	62	63	60	53	53.1	11.4	35.0	1.00	1
			67	48	39	33	46	52	75	33	41	42					
			65	54	35	39	42	60	71	64	57	49					
15	Y-1-3#梁	35	71	63	59	67	65	53	77	65	65	61	59.6	11.7	40.9	1.17	1
			69	63	40	40	55	60	76	47	41	50					
			78	57	40	48	50	60	84	64	65	56					
16	Y-1-5#梁	35	55	63	57	59	65	53	67	63	59	53	54.2	11.3	36.3	1.04	1
			67	53	33	38	46	57	69	38	41	41					
			64	54	40	39	41	60	76	64	62	49					
17	Y-1-7#梁	35	57	63	53	59	61	53	63	63	61	53	53.2	11.0	35.7	1.02	1
			63	49	35	38	42	53	71	38	37	43					
			66	54	36	39	43	60	72	64	58	49					
18	Y-1-9#梁	35	73	56	63	69	65	65	71	57	73	65	59.2	10.0	43.2	1.23	1
			59	47	53	48	46	42	55	44	45	40					
			72	54	62	67	63	63	69	55	71	63					
19	Y-1-12#梁	35	72	57	62	70	66	66	70	58	74	66	59.2	10.2	43.0	1.23	1
			59	46	53	47	45	40	54	44	46	41					
			70	55	60	68	64	64	68	56	72	64					
20	Y-1-13#梁	35	57	63	52	59	61	53	62	63	61	53	53.4	11.5	35.0	1.00	1
			68	48	40	33	46	52	76	33	41	42					
			66	54	35	39	43	60	71	64	58	49					
21	Y-1-15#梁	35	63	62	58	59	64	52	69	64	64	53	56.1	11.2	38.2	1.09	1
			68	55	39	39	47	59	75	39	40	49					
			70	56	39	40	49	59	76	63	64	48					
22	Y-1-18#梁	35	74	54	61	67	63	66	72	55	71	63	54.0	12.0	34.9	1.00	1
			56	47	53	51	44	44	53	41	46	41					
			70	50	42	35	48	54	78	35	43	44					

续表3.13

序号	构件编号	设计值 D_{nd}	实测值										平均值	标准差 S_D	特征值 D_{ne}	D_{ne}/D_{nd}	评定标度
23	Y-1-20#梁	35	69	57	38	42	46	63	74	67	61	52	54.9	11.5	36.6	1.04	1
			57	64	53	60	61	54	63	64	61	54					
			68	49	40	34	47	53	76	34	42	43					
24	Y-1-22#梁	35	66	55	36	40	43	61	72	65	58	50	58.4	11.6	39.9	1.14	1
			72	64	60	68	66	54	78	66	66	62					
			70	64	41	41	56	61	77	48	42	51					
25	Y-1-24#梁	35	79	58	41	49	51	61	85	65	66	57	57.0	12.0	37.9	1.08	1
			56	64	58	60	66	54	68	64	60	54					
			68	54	34	39	47	58	70	39	42	42					
26	Y-1-26#梁	35	65	55	41	40	47	61	77	64	60	54	54.5	11.1	36.7	1.05	1
			58	64	54	60	62	54	64	64	62	54					
			64	50	36	39	43	54	72	39	38	44					
27	Z-0#台帽	47.5	77	65	47	50	54	71	83	75	69	60	66.9	11.1	49.1	1.03	1
			84	67	74	80	76	76	82	68	84	76					
			70	58	64	59	57	53	66	55	56	51					
28	Z-1#台帽	47.5	73	55	63	68	64	64	70	56	72	64	60.2	10.2	43.9	0.92	2
			73	58	63	71	67	67	71	59	75	67					
			60	47	54	48	46	41	55	45	47	42					
29	Y-0#台帽	49	72	74	68	70	76	64	78	74	76	64	66.6	11.2	48.7	0.99	1
			78	64	50	49	57	68	86	49	52	58					
			81	65	51	50	58	70	87	75	73	60					
30	Y-1#台帽	49	67	74	63	70	71	64	73	74	71	64	64.1	11.4	46.0	0.94	2
			78	59	50	44	57	63	86	44	52	53					
			76	65	46	50	53	71	82	75	68	60					

该桥所选构件保护层厚度特征值与设计值的比值介于0.92~1.49，根据钢筋保护层厚度评定标准，97%的桥梁钢筋保护层状况评定标度为1，即对结构钢筋耐久性影响不显著。3%的梁钢筋保护层状况评定标度为2，即保护层厚度对结构钢筋耐久性有轻度影响。

3.3.4 混凝土氯离子含量检测结果

本桥采用在结构上钻取不同深度的混凝土粉末样品的方法,通过化学分析测定混凝土中氯离子含量。共选择 30 个构件,根据《公路桥梁承载能力检测评定规程》(JTG/T J21—2011)中 5.5.3 规定和《城市桥梁检测与评定技术规范》(CJJ/T 233—2015)中4.2.10规定进行评定,检测结果见表 3.14。

表 3.14 桥梁构件混凝土氯离子含量表

序号	构件编号	氯离子含量/%			氯离子含量最大值/%	评定标度
1	Z-1-1#梁	0.06	0.05	0.07	0.07	1
2	Z-1-3#梁	0.11	0.14	0.10	0.14	1
3	Z-1-5#梁	0.07	0.07	0.08	0.08	1
4	Z-1-7#梁	0.08	0.04	0.02	0.08	1
5	Z-1-9#梁	0.07	0.11	0.12	0.12	1
6	Z-1-12#梁	0.14	0.12	0.17	0.17	1
7	Z-1-13#梁	0.05	0.13	0.04	0.13	1
8	Z-1-15#梁	0.04	0.09	0.08	0.09	1
9	Z-1-18#梁	0.12	0.14	0.12	0.14	1
10	Z-1-20#梁	0.01	0.05	0.07	0.07	1
11	Z-1-22#梁	0.04	0.05	0.05	0.05	1
12	Z-1-24#梁	0.08	0.10	0.06	0.10	1
13	Z-1-26#梁	0.14	0.13	0.15	0.15	1
14	Y-1-1#梁	0.13	0.09	0.07	0.13	1
15	Y-1-3#梁	0.12	0.16	0.16	0.16	1
16	Y-1-5#梁	0.12	0.10	0.15	0.15	1
17	Y-1-7#梁	0.06	0.05	0.07	0.07	1
18	Y-1-9#梁	0.11	0.14	0.09	0.14	1
19	Y-1-12#梁	0.07	0.06	0.08	0.08	1
20	Y-1-13#梁	0.08	0.04	0.02	0.08	1
21	Y-1-15#梁	0.07	0.11	0.12	0.12	1
22	Y-1-18#梁	0.14	0.12	0.14	0.14	1
23	Y-1-20#梁	0.05	0.13	0.04	0.13	1
24	Y-1-22#梁	0.04	0.09	0.08	0.09	1
25	Y-1-24#梁	0.12	0.14	0.12	0.14	1
26	Y-1-26#梁	0.01	0.05	0.07	0.07	1

续表3.14

序号	构件编号	氯离子含量/%			氯离子含量最大值/%	评定标度
27	Z—0#台帽	0.04	0.03	0.05	0.05	1
28	Z—1#台帽	0.07	0.10	0.06	0.10	1
29	Y—0#台帽	0.13	0.13	0.14	0.14	1
30	Y—1#台帽	0.13	0.09	0.07	0.13	1

该桥所选构件混凝土氯离子含量均小于0.15%,根据混凝土氯离子含量评定标准,桥梁混凝土氯离子含量状况评定标度100%为1,即诱发钢筋锈蚀的可能性很小。

3.3.5 钢筋锈蚀电位检测结果

本桥采用半电池电位法测定混凝土钢筋锈蚀,按照测区锈蚀电位水平最低值确定钢筋锈蚀电位评定标准。本桥共检测72个测区,根据《公路桥梁承载能力检测评定规程》(JTG/T J21—2011)中5.4.3规定和《城市桥梁检测与评定技术规范》(CJJ/T 233—2015)中4.2.9规定进行评定,检测结果见表3.15。

表3.15 钢筋锈蚀电位表

序号	构件编号	实测值/mV									最低实测值/mV	评定标度
1	Z—1—1#梁	−15	−57	−56	−27	−19	−48	−53	−13	−61	−18	−62	1
		−19	−26	−33	−39	−21	−15	−44	−28	−41	−22		
		−14	−56	−55	−36	−18	−47	−52	−12	−60	−17		
		−18	−25	−32	−38	−20	−42	−43	−27	−31	−21		
		−16	−58	−57	−48	−20	−49	−54	−14	−62	−19		
		−20	−27	−34	−40	−22	−25	−45	−29	−51	−23		
2	Z—1—3#梁	−14	−56	−55	−36	−18	−47	−52	−12	−60	−17	−61	1
		−18	−25	−32	−38	−29	−43	−27	−34	−21			
		−13	−55	−54	−51	−17	−46	−51	−11	−59	−16		
		−17	−24	−31	−37	−19	−33	−42	−26	−22	−20		
		−15	−57	−56	−37	−19	−48	−53	−13	−61	−18		
		−19	−26	−33	−39	−21	−15	−44	−28	−43	−22		

续表3.15

序号	构件编号	实测值/mV									最低实测值/mV	评定标度
3	Z-1-5#梁	-15	-57	-56	-37	-19	-48	-53	-13	-61	-18	-61	1
		-19	-26	-33	-39	-21	-41	-44	-28	-42	-22		
		-13	-55	-54	-52	-17	-46	-51	-11	-59	-16		
		-17	-24	-31	-37	-19	-44	-42	-26	-29	-20		
		-47	-45	-41	-47	-30	-41	-32	-38	-45	-34		
		-46	-41	-43	-27	-35	-37	-46	-34	-31	-35		
4	Z-1-7#梁	17	24	31	-37	-19	-36	-42	-26	-26	-20	-61	1
		-15	-57	-56	-17	-19	-48	-53	-13	-61	-18		
		-19	-26	-33	-39	-21	-19	-44	-28	-45	-22		
		-13	-55	-54	-52	-17	-46	-51	-11	-59	-16		
		-17	-24	-31	-37	-19	-32	-42	-26	-28	-20		
		-12	-54	-53	-42	-16	-45	-50	-10	-58	-15		
5	Z-1-9#梁	-12	-54	-53	-43	-16	-45	-50	-10	-58	-15	-58	1
		-16	-23	-30	-36	-18	-32	-41	-25	-19	-19		
		-46	-44	-40	-46	-29	-40	-31	-37	-44	-33		
		-45	-40	-42	-26	-34	-36	-45	-33	-30	-34		
		-26	-26	-25	-33	-45	-14	-18	-16	-28	-11		
		-45	-33	-10	-29	-11	-38	-29	-12	-24	-17		
6	Z-1-12#梁	-14	-56	-55	-36	-18	-47	-52	-12	-60	-17	-60	1
		-18	-25	-32	-38	-20	-26	-43	-27	-33	-21		
		-14	-56	-55	-46	-18	-47	-52	-12	-60	-17		
		-18	-25	-32	-38	-20	-25	-43	-27	-32	-21		
		-27	-49	-43	-43	-25	-36	-17	-32	-28	-25		
		-31	-43	-14	-31	-42	-39	-46	-24	-37	-42		
7	Z-1-13#梁	-11	-53	-52	-32	-15	-44	-49	-39	-57	-14	-57	1
		-15	-22	-29	-35	-17	-23	-40	-24	-31	-18		
		-29	-51	-50	-17	-13	-42	-47	-27	-55	-12		
		-13	-20	-27	-33	-15	-37	-38	-22	-32	-16		
		-28	-50	-49	-25	-12	-41	-46	-32	-54	-11		
		-21	-28	-34	-16	-14	-39	-23	-21	-17	-14		

续表3.15

序号	构件编号	实测值/mV									最低实测值/mV	评定标度
8	Z-1-15#梁	-14	-56	-55	-21	-18	-47	-52	-12	-60	-17	-60	1
		-18	-25	-32	-38	-20	-32	-43	-27	-32	-21		
		-12	-54	-53	-41	-16	-45	-50	-10	-58	-15		
		-16	-23	-30	-36	-18	-32	-41	-25	-23	-19		
		-11	-53	-52	-32	-15	-44	-49	-29	-57	-14		
		-15	-22	-29	-35	-17	-23	-40	-24	-32	-18		
9	Z-1-18#梁	-10	-52	-51	-22	-14	-43	-48	-38	-56	-13	-56	1
		-14	-21	-28	-34	-16	-32	-39	-23	-32	-17		
		-39	-51	-50	-32	-13	-42	-47	-37	-55	-12		
		-22	-29	-35	-17	-32	-40	-24	-24	-18	-15		
		-19	-14	-13	-28	-26	-11	-17	-27	-31	-15		
		-46	-35	-15	-11	-26	-36	-34	-15	-27	-16		
10	Z-1-22#梁	-26	-48	-42	-32	-24	-25	-16	-31	-27	-24	-56	1
		-30	-42	-13	-30	-41	-38	-45	-32	-36	-41		
		-10	-52	-51	-22	-14	-43	-48	-38	-56	-13		
		-14	-21	-28	-34	-16	-32	-39	-23	-21	-17		
		-11	-10	-17	-26	-22	-13	-39	-35	-21	-38		
		-39	-17	-28	-22	-34	-39	-25	-13	-16	-14		
11	Z-1-26#梁	-13	-55	-54	-52	-17	-46	-51	-11	-59	-16	-59	1
		-17	-24	-31	-37	-19	-23	-42	-26	-23	-20		
		-26	-48	-42	-32	-24	-15	-16	-31	-27	-24		
		-30	-42	-13	-30	-41	-38	-45	-21	-26	-41		
		-31	-30	-35	-19	-20	-10	-31	-37	-36	-29		
		-11	-29	-20	-19	-31	-26	-19	-28	-16	-37		
12	Y-1-1#梁	-25	-25	-24	-32	-44	-13	-17	-21	-23	-10	-59	1
		-44	-32	-29	-28	-10	-27	-38	-11	-23	-31		
		-13	-55	-54	-51	-17	-46	-51	-11	-59	-16		
		-17	-24	-31	-37	-19	-21	-42	-26	-23	-20		
		-30	-21	-29	-24	-17	-26	-26	-30	-30	-23		
		-24	-30	-27	-26	-25	-29	-30	-26	-30	-24		

续表3.15

序号	构件编号	实测值/mV										最低实测值/mV	评定标度
13	Y-1-3#梁	-44	-32	-39	-28	-10	-27	-23	-11	-23	-32	-59	1
		-13	-55	-54	-32	-17	-46	-51	-11	-59	-16		
		-17	-24	-31	-37	-19	-23	-42	-26	-26	-20		
		-13	-55	-54	-25	-17	-46	-51	-11	-59	-16		
		-43	-31	-28	-27	-29	-36	-27	-10	-22	-21		
		-12	-54	-53	-41	-16	-45	-50	-10	-58	-15		
14	Y-1-5#梁	13	-55	-54	-51	-17	-46	-51	-11	-60	-17	-60	1
		-17	-24	-31	-37	-19	-21	-42	-26	-32	-21		
		-24	-24	-23	-31	-43	-12	-16	-31	-27	-10		
		-43	-31	-38	-27	-29	-26	-27	-10	-23	-32		
		-35	-32	-28	-32	-27	-29	-29	-27	-27	-27		
		-35	-33	-33	-28	-30	-30	-28	-29	-31	-30		
15	Y-1-7#梁	-16	-58	-57	-38	-20	-49	-54	-14	-62	-19	-62	1
		-20	-27	-34	-40	-22	-22	-45	-29	-52	-23		
		-14	-56	-55	-52	-18	-47	-52	-12	-60	-17		
		-18	-25	-32	-38	-20	-24	-43	-27	-31	-21		
		-13	-55	-54	-51	-17	-46	-51	-11	-59	-16		
		-13	-55	-54	-51	-17	-46	-51	-11	-59	-16		
16	Y-1-9#梁	-29	-41	-12	-29	-40	-37	-44	-23	-51	-40	-55	1
		-39	-51	-50	-15	-13	-42	-47	-47	-55	-12		
		-13	-20	-27	-33	-15	-25	-38	-22	-28	-16		
		-10	-29	-16	-52	-21	-12	-38	-34	-20	-37		
		-34	-33	-32	-28	-35	-31	-42	-20	-44	-24		
		-22	-40	-38	-32	-28	-29	-18	-51	-35	-27		
17	Y-1-12#梁	-17	-24	-31	-37	-19	-34	-42	-26	-24	-20	-50	1
		-26	-48	-42	-38	-24	-23	-16	-31	-27	-24		
		-30	-42	-13	-30	-41	-38	-45	-33	-26	-41		
		-31	-30	-35	-19	-20	-10	-31	-37	-36	-39		
		-28	-37	-29	-11	-16	-23	-33	-23	-25	-16		
		-35	-36	-50	-28	-25	-40	-38	-43	-28	-25		

续表3.15

序号	构件编号	实测值/mV									最低实测值/mV	评定标度
18	Y-1-18#梁	-34	-46	-17	-34	-45	-42	-49	-34	-10	-45	-93	1
		-14	-56	-55	-36	-18	-47	-52	-12	-60	-17		
		-18	-25	-32	-38	-20	-42	-43	-27	-35	-21		
		-15	-14	-21	-10	-26	-17	-13	-39	-25	-42		
		-23	-31	-29	-89	-77	-93	-74	-63	-15	-63		
		-28	-76	-64	-63	-19	-71	-33	-38	-58	-39		
19	Y-1-22#梁	-103	-69	-11	-23	-18	-28	-12	-18	-23	-33	-103	1
		-48	-53	-29	-49	-40	-21	-16	-38	-71	-17		
		-33	-28	-16	-16	-38	-10	-18	-11	-28	-16		
		-17	-16	-15	-28	-38	-58	-25	-13	-48	-28		
		-14	-31	-34	-31	-10	-12	-15	-27	-18	-16		
		-98	-88	-19	-98	-16	-29	-32	-45	-27	-27		
20	Y-1-26#梁	-14	-56	-55	-56	-18	-47	-52	-12	-60	-17	-60	1
		-14	-56	-55	-16	-18	-47	-52	-12	-60	-17		
		-30	-42	-13	-30	-41	-38	-45	-26	-36	-41		
		-10	-52	-51	-23	-14	-43	-48	-28	-56	-13		
		-32	-16	-27	-15	-28	-39	-26	-10	-24	-15		
		-16	-15	-33	-27	-23	-43	-24	-12	-33	-27		
21	Z-0#台帽	-12	-11	-18	-25	-23	-14	-10	-36	-22	-39	-94	1
		-10	-18	-29	-23	-35	-40	-26	-23	-17	-15		
		-14	-56	-55	-63	-18	-47	-52	-12	-60	-17		
		-18	-25	-32	-38	-20	-52	-43	-27	-33	-21		
		-64	-87	-35	-67	-52	-78	-37	-83	-86	-84		
		-27	-85	-82	-28	-84	-78	-94	-29	-87	-83		
22	Z-1#台帽	-47	-52	-12	-60	-17	-30	-42	-13	-30	-41	-60	1
		-47	-52	-12	-60	-17	-10	-52	-51	-23	-14		
		-38	-45	-25	-56	-41	-32	-33	-24	-15	-21		
		-43	-48	-38	-56	-13	-16	-15	-37	-27	-23		
		-15	-13	-21	-20	-20	-19	-19	-12	-15	-17		
		-12	-16	-18	-18	-20	-19	-16	-14	-17	-16		

续表3.15

序号	构件编号	实测值/mV										最低实测值/mV	评定标度
23	Y-0#台帽	-40	-26	-23	-17	-15	-13	-55	-54	-52	-17	-102	1
		-47	-52	-12	-60	-17	-17	-24	-31	-37	-19		
		-26	-43	-27	-31	-21	-24	-24	-23	-31	-43		
		-78	-37	-83	-86	-84	-43	-31	-28	-27	-92		
		-102	-68	-25	-22	-17	-35	-32	-28	-32	-27		
		-31	-52	-28	-48	-39	-20	-15	-21	-70	-16		
24	Y-1#台帽	-18	-47	-52	-12	-17	-16	-15	-28	-31	-51	-56	1
		-20	-32	-43	-27	-14	-31	-34	-31	-10	-12		
		-17	-46	-51	-11	-29	-38	-19	-29	-16	-29		
		-17	-46	-51	-11	-14	-56	-55	-23	-18	-47		
		-15	-11	-26	-13	-28	-30	-46	-25	-11	-32		
		-46	-35	-24	-32	-32	-10	-18	-15	-45	-52		

该桥所选构件混凝土钢筋锈蚀电位含量均大于-200 mV,根据混凝土桥梁钢筋锈蚀电位评定标准,桥梁钢筋锈蚀电位状况评定标度100%为1,即钢筋状况为无锈蚀活动性或锈蚀活动性不确定。

3.3.6 混凝土电阻率检测结果

本桥采用四电极法测定混凝土电阻率,按照测区电阻率最小值确定混凝土电阻率评定标度。本桥共检测30个构件,根据《公路桥梁承载能力检测评定规程》(JTG/T J21—2011)中5.6.3规定和《城市桥梁检测与评定技术规范》(CJJ/T 233—2015)中4.2.11规定进行评定,检测结果见表3.16。

表3.16 混凝土电阻率

序号	构件编号	实测值/(Ω·cm)						最小值/(Ω·cm)	评定标度
1	Z-1-1#梁	33 100	78 500	30 000	73 200	68 000	43 300	29 800	1
		33 200	78 600	30 900	73 300	68 900	43 400		
		80 200	85 200	81 100	76 000	29 800	73 100		
		80 300	85 300	81 200	76 100	30 800	73 200		
		67 800	43 300	80 200	68 900	43 400	80 300		

续表3.16

序号	构件编号	实测值/(Ω·cm)						最小值/(Ω·cm)	评定标度
2	Z-1-3#梁	84 800	61 500	73 100	47 800	49 300	48 400	40 300	1
		84 800	61 600	73 100	47 900	49 400	48 400		
		73 100	47 900	49 400	48 400	50 300	74 900		
		73 200	47 900	49 400	48 500	50 300	75 000		
		65 000	40 300	61 500	65 000	40 400	61 600		
3	Z-1-5#梁	65 700	52 100	68 800	91 300	77 400	57 700	52 100	1
		65 800	52 200	68 900	91 400	77 400	57 800		
		60 100	73 000	61 200	62 000	68 800	91 300		
		60 200	73 100	61 200	62 000	68 800	91 400		
		77 300	57 700	60 100	77 400	57 800	60 200		
4	Z-1-7#梁	25 900	23 700	24 800	22 800	24 900	20 500	20 500	1
		26 000	23 800	24 800	22 900	25 000	20 600		
		24 800	22 900	25 000	20 500	22 800	23 400		
		24 900	23 000	25 000	20 600	22 800	23 600		
		99 100	22 900	23 800	99 800	22 900	23 900		
5	Z-1-9#梁	85 200	81 100	76 000	29 900	73 100	67 900	29 900	1
		85 300	81 200	76 100	30 900	73 200	68 900		
		43 300	80 200	33 100	78 500	30 000	73 200		
		43 400	80 300	33 200	78 600	31 000	73 300		
		68 000	43 300	80 200	69 000	43 400	80 300		
6	Z-1-12#梁	61 500	73 100	47 800	49 400	48 400	50 300	40 300	1
		61 600	73 200	47 900	49 400	48 500	50 300		
		73 100	47 800	49 300	48 400	65 000	40 300		
		73 100	47 900	49 400	48 400	65 000	40 400		
		74 900	84 800	61 500	75 000	84 800	61 500		
7	Z-1-13#梁	55 700	52 100	68 700	91 300	77 300	57 700	45 800	1
		45 800	52 100	68 900	91 400	77 400	57 800		
		60 100	73 000	61 100	62 000	68 800	91 300		
		60 200	73 000	61 200	62 000	68 800	91 400		
		77 300	57 600	60 100	77 400	57 800	60 100		

续表3.16

序号	构件编号	实测值/(Ω·cm)						最小值/(Ω·cm)	评定标度
8	Z-1-15#梁	61 500	73 000	47 800	49 300	48 400	50 300	40 200	1
		61 500	73 200	47 800	49 300	48 400	50 300		
		91 300	77 200	57 700	60 000	65 000	40 200		
		91 300	77 400	57 700	60 200	64 900	40 400		
		71 100	62 000	68 700	61 200	61 900	68 800		
9	Z-1-18#梁	30 900	28 700	29 700	27 800	29 900	25 500	24 800	1
		31 000	28 700	29 800	27 900	29 900	25 600		
		24 800	27 900	28 800	29 700	27 900	29 900		
		24 900	27 900	28 800	29 700	27 900	30 000		
		25 500	27 700	28 400	25 600	27 800	28 500		
10	Z-1-20#梁	84 700	61 500	73 000	47 800	49 300	48 300	40 300	1
		84 800	61 500	73 100	47 800	49 300	48 400		
		73 100	47 800	49 300	48 400	50 200	74 900		
		73 100	47 900	49 400	48 400	50 300	74 900		
		64 900	40 300	61 500	65 000	40 300	61 600		
11	Z-1-22#梁	61 900	68 700	91 300	77 300	57 700	60 100	29 700	1
		62 000	68 800	91 400	77 400	57 800	60 200		
		85 100	81 100	76 000	29 700	73 100	67 700		
		85 200	81 200	76 100	30 700	73 200	68 700		
		43 300	80 200	33 100	43 400	80 300	33 200		
12	Z-1-24#梁	76 900	83 700	86 300	92 300	72 700	75 100	25 500	1
		77 000	83 800	86 400	92 400	72 800	75 200		
		64 300	63 400	65 300	75 100	88 000	76 200		
		25 500	27 700	28 400	75 200	88 100	76 200		
		76 400	88 100	62 800	29 700	27 900	29 900		
13	Z-1-26#梁	31 330	26 900	27 800	28 800	26 900	29 000	24 000	1
		24 000	27 000	27 900	28 900	27 000	29 100		
		24 600	26 800	47 100	92 500	44 200	87 200		
		24 600	26 900	47 200	92 600	45 000	87 300		
		82 200	57 300	94 200	83 200	57 400	94 300		

第3章 基于模糊评判理论的简支梁桥检测及安全性评估

续表3.16

序号	构件编号	实测值/(Ω·cm)						最小值/(Ω·cm)	评定标度
14	Y-1-1#梁	27 800	25 700	26 700	24 900	26 900	22 500	22 500	1
		28 000	25 700	26 800	24 900	27 000	22 500		
		26 700	24 900	26 900	22 500	24 700	25 500		
		26 900	24 900	27 100	22 500	24 900	25 400		
		41 120	24 800	25 800	31 120	25 000	25 800		
15	Y-1-3#梁	62 000	68 700	91 400	77 300	57 800	60 100	40 300	1
		62 000	68 900	91 400	77 400	57 700	60 200		
		74 900	84 800	61 500	73 100	47 800	49 400		
		75 000	84 800	61 600	73 100	47 900	49 300		
		48 400	65 000	40 300	48 400	65 000	40 400		
16	Y-1-5#梁	27 800	28 800	75 900	82 700	95 400	91 300	26 900	1
		27 900	28 900	76 100	82 900	95 500	91 500		
		87 000	61 800	63 300	62 400	64 300	26 900		
		87 200	61 800	63 400	62 400	64 300	26 900		
		79 000	54 200	75 600	78 900	54 400	75 500		
17	Y-1-7#梁	71 100	62 000	68 700	91 300	77 200	57 700	40 200	1
		61 200	61 900	68 800	91 300	77 400	57 700		
		60 000	65 000	40 200	61 500	73 000	47 800		
		60 200	64 900	40 400	61 500	73 200	47 800		
		49 300	48 400	50 300	49 300	48 400	50 300		
18	Y-1-9#梁	30 900	28 700	29 700	27 800	29 900	25 500	24 800	1
		31 000	28 700	29 800	27 900	29 900	25 600		
		24 800	27 900	28 800	29 700	27 900	29 900		
		24 900	27 900	28 800	29 900	27 900	30 000		
		25 500	27 700	28 400	25 600	27 800	28 500		
19	Y-1-12#梁	84 700	61 500	73 000	47 800	49 300	48 300	40 300	1
		84 800	61 500	73 100	47 800	49 300	48 400		
		73 100	47 800	49 300	48 400	50 200	74 900		
		73 100	47 900	49 400	48 400	50 300	74 900		
		64 900	40 300	61 500	65 000	40 300	61 600		

续表3.16

序号	构件编号	实测值/(Ω·cm)						最小值/(Ω·cm)	评定标度
20	Y-1-13#梁	61 900	68 700	91 300	77 300	57 700	60 100	27 900	1
		77 400	57 700	60 200	64 900	40 400	61 500		
		85 100	81 100	76 000	29 700	73 100	67 700		
		29 800	27 900	29 900	77 300	57 800	60 100		
		43 300	80 200	33 100	74 900	84 800	61 500		
21	Y-1-15#梁	77 400	57 700	60 200	75 300	84 800	61 600	24 800	1
		87 000	61 800	63 300	62 400	64 300	26 900		
		27 900	28 800	29 700	61 500	73 100	47 800		
		27 900	28 800	29 900	61 600	73 100	47 900		
		29 900	25 500	24 800	29 900	25 600	24 900		
22	Y-1-18#梁	47 800	49 300	48 400	50 200	74 900	84 700	26 900	1
		47 900	49 400	48 400	50 200	74 900	84 800		
		91 300	77 300	57 700	87 200	61 800	63 400		
		91 400	77 400	57 800	91 300	77 200	57 700		
		62 400	64 300	26 900	60 000	65 000	40 200		
23	Y-1-20#梁	91 300	77 400	57 700	60 200	64 900	40 400	24 800	1
		27 800	29 900	25 500	24 800	27 900	28 800		
		81 100	76 000	29 700	62 800	64 300	63 400		
		81 200	76 100	30 700	29 900	25 500	27 700		
		57 700	60 100	85 100	57 800	60 200	85 200		
24	Y-1-22#梁	63 400	65 300	75 100	88 000	76 200	76 900	26 900	1
		48 500	50 300	75 000	84 800	61 600	73 100		
		27 800	28 800	26 900	40 300	61 600	73 100		
		47 900	28 900	27 000	68 700	91 300	77 300		
		47 900	49 400	48 400	57 700	60 100	85 100		
25	Y-1-24#梁	88 000	76 200	76 900	83 700	96 300	87 200	28 400	1
		88 100	76 200	77 000	83 800	96 400	91 300		
		62 000	68 800	91 300	77 300	65 300	75 100		
		62 000	68 800	91 400	77 400	28 400	75 200		
		60 100	73 000	61 200	60 200	73 100	61 200		

续表3.16

序号	构件编号	实测值/(Ω·cm)						最小值/(Ω·cm)	评定标度
26	Y-1-26#梁	20 500	22 800	23 400	25 900	23 700	24 800	20 500	1
		20 600	22 800	23 600	26 000	23 800	24 800		
		22 800	29 000	24 600	26 800	47 100	92 500		
		22 900	29 100	24 600	26 900	47 200	92 600		
		44 200	87 200	91 300	45 000	87 300	27 800		
27	Z-0#台帽	24 700	25 500	27 800	25 700	26 700	27 900	22 500	1
		24 900	25 400	28 000	25 700	26 800	73 100		
		78 500	30 000	73 200	68 000	26 900	22 500		
		78 600	31 000	73 300	69 000	27 100	22 500		
		43 300	80 200	33 100	43 400	80 300	33 200		
28	Z-1#台帽	48 400	65 000	40 300	61 500	73 100	47 800	40 300	1
		48 400	65 000	40 300	61 600	73 200	47 900		
		49 400	60 100	74 900	84 800	61 500	73 100		
		49 400	60 200	75 000	84 800	61 600	73 100		
		47 800	49 400	73 100	47 900	49 300	77 300		
29	Y-0#台帽	64 300	26 900	27 800	28 800	75 900	64 900	25 600	1
		64 300	26 900	27 900	28 900	76 100	78 500		
		62 000	68 800	91 300	77 300	63 300	62 400		
		27 900	30 000	25 600	76 200	63 400	62 400		
		60 100	73 000	61 100	27 900	28 800	29 900		
30	Y-1#台帽	50 200	74 900	84 700	61 500	73 000	47 800	22 900	1
		24 800	22 900	29 100	24 600	26 900	47 200		
		61 600	57 700	60 000	65 000	40 200	61 500		
		68 800	60 200	85 200	81 200	76 100	30 700		
		73 000	47 800	78 600	29 900	29 900	61 500		

通过数据分析,该桥所选构件混凝土电阻率均大于 20 000 Ω·cm,根据混凝土电阻率评定标准,桥梁混凝土电阻率状况评定标度为1,即可能的锈蚀速率很慢。

3.4 基于模糊评判理论的简支桥梁安全性评定

3.4.1 各检测指标测度矩阵

根据该桥梁的混凝土强度、碳化深度、保护层厚度、氯离子、钢筋锈蚀、电阻率现场检测数据,由测度函数可得到各检测指标的测度矩阵如下:

$$\boldsymbol{\mu}_1 = \begin{bmatrix} 1 & 0 & 0 & 0 & 0 \\ 1 & 0 & 0 & 0 & 0 \\ 0 & 0.53 & 0.47 & 0 & 0 \\ 1 & 0 & 0 & 0 & 0 \\ 1 & 0 & 0 & 0 & 0 \\ 0 & 0 & 0.8 & 0.2 & 0 \\ 0 & 0.4 & 0.6 & 0 & 0 \\ 0 & 0 & 0.3 & 0.7 & 0 \\ 1 & 0 & 0 & 0 & 0 \\ 0 & 0 & 0.5 & 0.5 & 0 \\ 1 & 0 & 0 & 0 & 0 \\ 1 & 0 & 0 & 0 & 0 \\ 1 & 0 & 0 & 0 & 0 \\ 0 & 0.4 & 0.6 & 0 & 0 \\ 0 & 0.13 & 0.87 & 0 & 0 \\ 1 & 0 & 0 & 0 & 0 \\ 0 & 0 & 0.5 & 0.5 & 0 \\ 0 & 0.27 & 0.73 & 0 & 0 \\ 0 & 0.8 & 0.2 & 0 & 0 \\ 1 & 0 & 0 & 0 & 0 \\ 1 & 0 & 0 & 0 & 0 \\ 0 & 0.93 & 0.07 & 0 & 0 \\ 1 & 0 & 0 & 0 & 0 \\ 1 & 0 & 0 & 0 & 0 \\ 0 & 0 & 0.9 & 0.1 & 0 \\ 1 & 0 & 0 & 0 & 0 \\ 1 & 0 & 0 & 0 & 0 \\ 1 & 0 & 0 & 0 & 0 \\ 1 & 0 & 0 & 0 & 0 \end{bmatrix}$$

$$\boldsymbol{\mu}_2 = \begin{bmatrix} 1 & 0 & 0 & 0 & 0 \\ 1 & 0 & 0 & 0 & 0 \end{bmatrix}$$

$$\boldsymbol{\mu}_3 = \begin{bmatrix} 1 & 0 & 0 & 0 & 0 \\ 0.4 & 0.6 & 0 & 0 & 0 \\ 1 & 0 & 0 & 0 & 0 \\ 0.8 & 0.2 & 0 & 0 & 0 \end{bmatrix}$$

$$\boldsymbol{\mu}_4 = \begin{bmatrix} 1 & 0 & 0 & 0 & 0 \\ 1 & 0 & 0 & 0 & 0 \end{bmatrix}$$

$$\boldsymbol{\mu}_5 = \begin{bmatrix} 1 & 0 & 0 & 0 & 0 \\ 1 & 0 & 0 & 0 & 0 \end{bmatrix}$$

第3章 基于模糊评判理论的简支梁桥检测及安全性评估

$$\mu_6 = \begin{bmatrix} 1 & 0 & 0 & 0 & 0 \\ 1 & 0 & 0 & 0 & 0 \end{bmatrix}$$

3.4.2 指标评价测度

1. 各指标测度

各指标测试取各测区测试的平均值,具体如下:

混凝土强度的评价测度

$$\mu_1 = \begin{bmatrix} 0.6 & 0.12 & 0.21 & 0.07 & 0 \end{bmatrix}$$

碳化深度的评价测度

保护层厚度的评价测度
$$\mu_2 = \begin{bmatrix} 1 & 0 & 0 & 0 & 0 \end{bmatrix}$$

氯离子的评价测度
$$\mu_3 = \begin{bmatrix} 0.97 & 0.03 & 0 & 0 & 0 \end{bmatrix}$$

钢筋锈蚀的评价测度
$$\mu_4 = \begin{bmatrix} 1 & 0 & 0 & 0 & 0 \end{bmatrix}$$

电阻率的评价测度
$$\mu_5 = \begin{bmatrix} 1 & 0 & 0 & 0 & 0 \end{bmatrix}$$

$$\mu_6 = \begin{bmatrix} 1 & 0 & 0 & 0 & 0 \end{bmatrix}$$

2. 多指标测度矩阵

根据《公路桥梁承载能力检测评定规程》(JTG/T J21—2011)规定,对钢筋锈蚀电位标度为3、4、5的主要构件需进行混凝土电阻率检测,由于该桥梁各主要构件的钢筋锈蚀电位标度均为1,因此不需检测混凝土电阻率,剔除电阻评价测度,则混凝土强度等5个指标的测度矩阵可表达为

$$\boldsymbol{\mu} = \begin{bmatrix} \mu_1 \\ \mu_2 \\ \mu_3 \\ \mu_4 \\ \mu_5 \end{bmatrix} = \begin{bmatrix} 0.6 & 0.12 & 0.21 & 0.07 & 0 \\ 1 & 0 & 0 & 0 & 0 \\ 0.97 & 0.03 & 0 & 0 & 0 \\ 1 & 0 & 0 & 0 & 0 \\ 1 & 0 & 0 & 0 & 0 \end{bmatrix}$$

3.4.3 修正的各指标权重

由于剔除了混凝土电阻率检测指标,因此需对规范推荐的钢筋混凝土桥梁结构或构件检测指标影响权重。

1. 根据推荐的检测指标影响权重构建相对重要性矩阵

$$\boldsymbol{\eta} = \begin{bmatrix} 1 & 1/4 & 1/2.5 & 1/3 & 1/2 \\ 4 & 1 & 1.7 & 1.3 & 1.8 \\ 2.5 & 1/1.7 & 1 & 1/1.25 & 1.1 \\ 3 & 1/1.3 & 1.25 & 1 & 1.36 \\ 2 & 1/1.8 & 1/1.1 & 1/1.36 & 1 \end{bmatrix}$$

2. 计算修正的权重系数

根据和法可计算得到修正的权重系数,即
$$w = \begin{bmatrix} 0.08 & 0.32 & 0.19 & 0.24 & 0.17 \end{bmatrix}$$

则修正的权重见表3.17。

表 3.17 推荐的配筋混凝土桥梁结构或构件检测指标影响权重及修正值

序号	检测指标名称	权重 α_j	修正的指标权重 ω_i
1	混凝土表观缺损	0.32	—
2	结构混凝土强度推定值	0.05	0.08
3	混凝土碳化深度	0.20	0.32
4	混凝土保护层厚度	0.12	0.19
5	氯离子(Cl^-)含量	0.15	0.24
6	钢筋自然电位	0.11	0.17
7	混凝土电阻率	0.05	—

该桥梁的综合测度评价向量

$$\boldsymbol{\mu}' = \sum_{i=1}^{5} \omega_i \mu_i$$

即

$$\boldsymbol{\mu}' = [0.96 \quad 0.02 \quad 0.02 \quad 0 \quad 0]$$

检测标度为 1 的概率为 96%、检测标度为 2、3 的概率均为 2%，因此该桥梁无损检测总体状况完好。

3.5 桥梁静载试验

3.5.1 试验内容及方法

1. 检测内容

依据桥梁结构相关技术资料，确定结构材料特性和截面几何特性参数，利用有限元分析软件建立桥梁结构模型，对其进行试验理论计算分析。

根据桥梁结构受力及构造特点，选取桥梁具有代表性桥跨作为试验跨。对试验跨各控制截面进行应力(应变)、挠度等测试。

静载试验测试项目：
(1) 试验荷载作用下，控制截面应力测试。
(2) 试验荷载作用下，控制截面最大挠度测试。
(3) 试验荷载作用下，应力测试截面附近区域裂缝观测。

2. 检测方法

静载试验采用试验载重车加载，使结构主控截面或部位的内力或应力达到与设计荷载标准值的作用效应等效，并在试验过程中测试关键部位应变及变形，评定结构的实际工作状况和承载能力。

本次静载试验主要测试内容包括：
(1) 应力(应变)：在测试截面表面粘贴电阻应变片，配合 DH3819 静态应变分析系统进行应变测试。

(2)挠度:对主要控制截面的竖向位移采用机械百分表或者在桥面布置测点采用高精度水准仪进行测量。

(3)裂缝观测:裂缝观测需接近试验梁体表面,观测试验控制截面及附近区域梁体在加载前、加载中、卸载工况下有无裂缝出现及发展现象。

3. 控制截面与测点布置

(1)控制截面选取。

根据该桥受力特点、现场情况,综合选择后,选取右幅进行荷载试验,试验桥跨各测试控制断面汇总表见表 3.18。具体截面布置如图 3.27 所示。

表 3.18 试验桥跨各测试控制断面汇总表

序号	试验桥跨	试验工况	控制截面	截面位置	截面布置示意图
1	右幅	跨中截面主梁最大正弯矩工况	A—A 截面	右幅 0.5L 截面	图 3.27

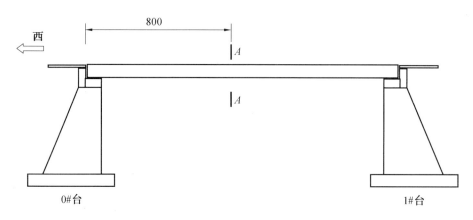

图 3.27 试验桥跨测试截面布置图(单位:cm)

(2)应变测点布置。

全桥共布置 1 个应变测试断面,测试断面的应变测点布置图如图 3.28 所示。

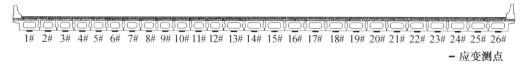

图 3.28 试验桥跨应变测点截面布置图

(3)挠度测点布置。

全桥共布置 1 个挠度测试断面,在试验桥跨测试断面上的梁中心布置挠度测点,布置图如图 3.29 所示。

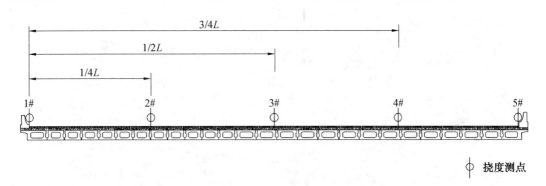

图 3.29 试验桥跨挠度测点截面布置图

3.5.2 试验荷载及加载工况

1. 设计控制内力

桥梁设计控制内力计算采用有限元分析软件 Midas Civil 建立空间模型进行分析计算,主梁及桥面铺装中钢筋混凝土层用块体单元模拟梁,铰缝用相邻单元 X、Y 向自由度约束,模型共包括 15 510 个节点,8 304 个块体单元。以设计荷载作为桥梁控制荷载。

该桥有限元分析模型如图 3.30 所示。应力云图、变形图如图 3.31～3.34 所示。

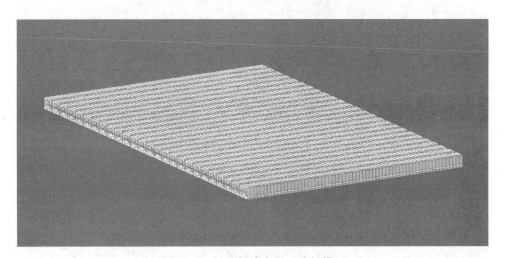

图 3.30 试验桥跨有限元分析模型

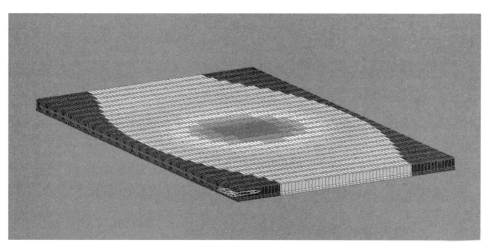

图 3.31　中载试验桥跨设计荷载下变形图

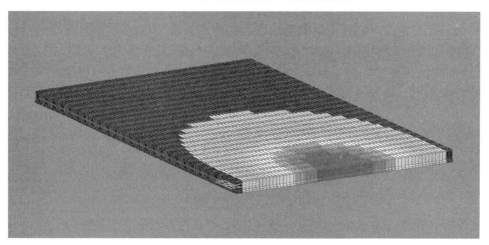

图 3.32　偏载试验桥跨设计荷载下变形图

图 3.33　中载试验桥跨设计荷载下应力云图

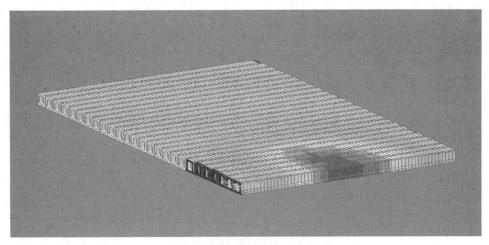

图 3.34 偏载试验桥跨设计荷载下应力云图

2. 试验加载车辆选用

为了保证试验的有效性,采用标准车队进行加载,车队纵向位置按计算的影响线进行布设。根据本桥结构特点,在尽可能保证各主要测试截面试验荷载效率系数 η 在规范规定的范围内,经过计算确定,本次静载试验需用约 350 kN 载重车(车重+荷重)2 辆,具体数据见表 3.19,试验加载车辆轴距示意图如图 3.35 所示。

表 3.19 加载车辆参数表

编号	车牌号	4—3轴距 a /m	3—2轴距 b /m	2—1轴距 c /m	轮距 d /m	1轴重 /t	2轴重 /t	3轴重 /t	4轴重 /t	总重 /t
1	豫RSS110	1.95	2.25	1.35	1.92	14.68	13.01	4.08	5.46	37.23
2	豫RFF557	1.95	2.25	1.35	1.92	11.35	13.03	6.35	5.72	36.45

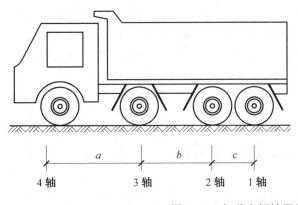
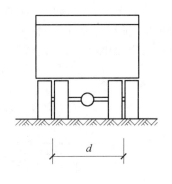

图 3.35 加载车辆轴距示意图

3. 试验工况

本次加载采用两辆约 35 t 重四轴载重车加载,载荷工况分为偏载和中载两种。跨中截面最大正弯矩偏载车辆布置图如图 3.36 所示,跨中截面最大正弯矩中载车辆布置图如

图 3.37 所示。

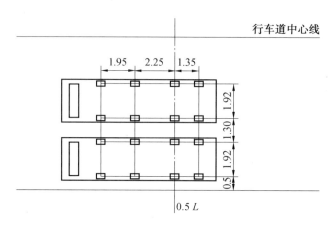

图 3.36 A—A 截面最大正弯矩偏载车辆布置图(单位:m)

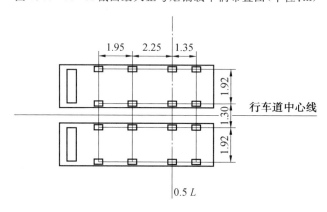

图 3.37 A—A 截面最大正弯矩中载车辆布置图(单位:m)

4. 荷载效率

本次静力试验荷载采用载重汽车(重约 350 kN)充当,就某一检验项目而言,所需车载重量,将根据设计控制荷载产生的该检验项目(内力和位移等)的最不利效应值,以满足下式所定原则等效换算而得

$$\eta_q = \frac{S_s}{S(1+\mu)}$$

式中 η_q——静载试验荷载效率,对交竣工验收荷载试验,宜介于 0.85~1.05;否则,宜介于 0.95~1.05 之间;

S_s——静载试验荷载作用下,某一加载试验项目对应的加载控制截面内力或位移的计算效应值;

S——控制荷载产生的同一加载控制截面内力或位移的最不利效应计算值;

μ——按规范取用的冲击系数值。

对于该桥而言,根据设计荷载计算各控制截面的弯矩,并依此进行试验荷载设计。荷载效率系数均满足试验方法规定的 0.95~1.05 的范围。各试验截面的计算弯矩、试验弯矩及相应的荷载效率见表 3.20。

表 3.20　试验桥跨静力加载试验荷载效率

序号	加载内容	控制弯矩/(kN·m)	试验弯矩/(kN·m)	荷载效率	加载车布置图
1	$A-A$ 截面最大正弯矩偏载	650.266	649.034	1.00	如图 3.34
2	$A-A$ 截面最大正弯矩中载	631.338	630.289	1.00	如图 3.35

3.5.3　试验控制及安全措施

(1)试验指挥人员在加载试验过程中随时掌握各方面情况,对加载进行控制。既要取得良好的试验效果,又要确保人员、仪表设备及桥梁的安全,避免不应有的损失。严格按设计的加载程序进行加载,荷载的大小和截面内力的大小都应由小到大逐渐增加,并随时做好停止加载和卸载的准备。

(2)对加载试验的控制点随时观测、随时计算并将计算结果报告试验指挥人员,如实测值超过计算值较多,则应暂停加载,待查明原因再决定是否继续加载。试验人员如发现其他测点的测值有较大的反常变化也应查找原因,并及时向试验指挥人员报告。

(3)加载过程中指定人员随时观察结构各部位可能产生的裂缝,注意观察构件薄弱部位是否有开裂、破损,组合构件的结合面是否有开裂错位,支座附近混凝土是否开裂,横隔板的接头是否拉裂,结构是否产生不正常的响声,加载时桥墩是否发生摇晃现象等。如发生这些情况应报告试验指挥人员,以便采取相应的措施。

(4)终止加载控制条件。

发生下列情况应中途终止加载:

①控制测点应变值达到或超过按规范安全条件理论计算的控制应变值时;

②控制测点变位(或挠度)超过规范允许值时;

③由于加载,使结构产生大量裂缝,有些裂缝宽度超过允许值,对结构使用寿命造成较大的影响时;

④加载时沿跨长方向的实测挠度曲线分布规律与计算值相差过大或实测挠度超过计算值过多时;

⑤发生其他损坏,影响桥梁承载能力或正常使用时。

3.5.4　静载试验结果分析

1. $A-A$ 截面最大正弯矩偏载试验结果分析

(1)应变。

①应变测试结果。该试验工况作用下测试截面应变测试结果及校验系数详见表3.21,测试截面应变计算值与实测值对比曲线如图 3.38 所示。

表 3.21　A—A 截面最大正弯矩偏载测试截面应变测试结果及校验系数(单位:$\mu\varepsilon$)

试验梁号	测点编号	实测值 S_t	残余值 S_p	弹性值 S_e	理论值 S_s	相对残余值 $\Delta S_p / \%$	校验系数 η
Z-1-1#梁	1#	-1.68	-0.03	-1.65	-2.12	1.80	0.78
Z-1-2#梁	2#	-0.98	-0.05	-0.93	-1.47	4.60	0.63
Z-1-3#梁	3#	-0.83	0.00	-0.83	-1.20	0.00	0.69
Z-1-4#梁	4#	-0.32	0.00	-0.32	-0.45	0.00	0.70
Z-1-5#梁	5#	0.36	0.00	0.36	0.50	0.00	0.73
Z-1-6#梁	6#	0.63	0.02	0.62	0.86	2.40	0.72
Z-1-7#梁	7#	1.73	0.08	1.65	2.10	4.30	0.79
Z-1-8#梁	8#	2.73	0.03	2.70	3.36	1.10	0.80
Z-1-9#梁	9#	3.35	0.09	3.26	4.91	2.70	0.66
Z-1-10#梁	10#	5.12	0.21	4.91	6.78	4.10	0.72
Z-1-11#梁	11#	7.62	0.35	7.28	9.09	4.50	0.80
Z-1-12#梁	12#	9.44	0.27	9.17	11.90	2.90	0.77
Z-1-13#梁	13#	12.63	0.18	12.45	15.26	1.40	0.82
Y-1-1#梁	14#	16.22	0.63	15.59	19.28	3.90	0.81
Y-1-2#梁	15#	19.74	0.56	19.19	24.08	2.80	0.80
Y-1-3#梁	16#	22.92	0.24	22.68	29.64	1.00	0.77
Y-1-4#梁	17#	24.78	0.86	23.93	36.20	3.50	0.66
Y-1-5#梁	18#	30.69	0.63	30.06	43.74	2.10	0.69
Y-1-6#梁	19#	36.23	1.08	35.15	52.44	3.00	0.67
Y-1-7#梁	20#	48.63	1.74	46.89	62.58	3.60	0.75
Y-1-8#梁	21#	56.75	1.26	55.49	73.71	2.20	0.75
Y-1-9#梁	22#	60.68	1.62	59.06	84.84	2.70	0.70
Y-1-10#梁	23#	67.91	1.10	66.81	95.01	1.60	0.70
Y-1-11#梁	24#	76.59	1.86	74.73	105.77	2.40	0.71
Y-1-12#梁	25#	93.72	3.69	90.03	116.45	3.90	0.77
Y-1-13#梁	26#	108.05	4.71	103.34	127.64	4.40	0.81

注:表中应变测试值和理论值为负表示在试验荷载作用下该测点受压,应变值为正则表示在试验荷载作用下该测点受拉。

从表 3.21 中应变数据分析可以看出,试验桥跨在试验工况下,梁体应变校验系数在 0.63~0.82;试验荷载卸载后,相对残余应变最大值为 4.60%。符合《城市桥梁检测与评定技术规范》(CJJ/T 233—2015)中的规定。

②基于模糊评判理论的应变实测值与理论计算值的相关度。

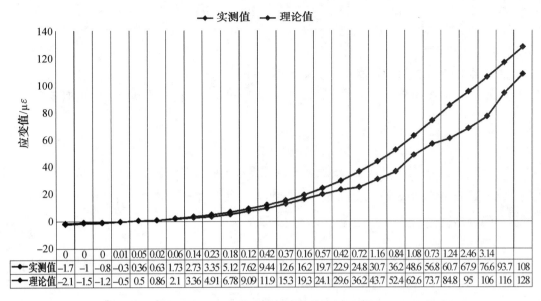

图 3.38 $A-A$ 截面最大正弯矩偏载测试截面应变计算值与实测值对比曲线

应变值矩阵表示为

$$\boldsymbol{\psi} = \begin{bmatrix} \psi_{\text{实测}} \\ \psi_{\text{理论}} \end{bmatrix}$$

$$= \begin{bmatrix} -1.65 & -0.93 & -0.83 & -0.32 & 0.36 & 0.62 & 1.65 & 2.7 & 3.26 & 4.91 \\ -2.12 & -1.47 & -1.2 & -0.45 & 0.5 & 0.86 & 2.1 & 3.36 & 4.91 & 6.78 \\ 7.28 & 9.17 & 12.45 & 15.59 & 19.19 & 22.68 & 23.93 & 30.06 & 35.15 & 46.89 \\ 9.09 & 11.9 & 15.26 & 19.28 & 24.08 & 29.64 & 36.2 & 43.74 & 52.44 & 62.58 \\ 55.49 & 59.06 & 66.81 & 74.73 & 90.03 & 103.34 & & & & \\ 93.71 & 84.84 & 95.01 & 105.77 & 116.45 & 127.64 & & & & \end{bmatrix}$$

根据灰色相关度计算公式,对梁的应变实测值与理论计算值进行初值化处理,即

$$\psi' = \begin{bmatrix} \psi'_{\text{实测}} \\ \psi'_{\text{理论}} \end{bmatrix}$$

$$= \begin{bmatrix} 1.00 & 0.56 & 0.5 & 0.19 & 0.22 & 0.38 & 1.00 & 1.64 & 1.98 & 2.98 \\ 1.00 & 0.69 & 0.57 & 0.21 & 0.24 & 0.41 & 0.99 & 1.58 & 2.32 & 3.2 \\ 4.41 & 5.56 & 7.55 & 9.45 & 11.63 & 13.75 & 14.5 & 18.22 & 21.30 & 28.42 \\ 4.29 & 5.61 & 7.2 & 9.09 & 11.36 & 13.98 & 17.08 & 20.63 & 24.74 & 29.52 \\ 33.63 & 35.79 & 40.49 & 45.29 & 54.56 & 62.63 & & & & \\ 34.77 & 40.02 & 44.82 & 49.89 & 54.93 & 60.21 & & & & \end{bmatrix}$$

根据邓式灰色相关性计算公式

$$\xi_i(k) = \frac{\min_i \min_k |x_0(k) - x_i(k)| + \nu \max_i \max_k |x_0(k) - x_i(k)|}{|x_0(k) - x_i(k)| + \nu \max_i \max_k |x_0(k) - x_i(k)|}$$

则各梁的应变实测值与理论计算值相关系数矩阵为

ξ=[1.00 0.95 0.97 0.99 0.99 0.99 1.00 0.98 0.87 0.91 0.95
0.98 0.87 0.87 0.89 0.91 0.47 0.49 0.40 0.68 0.67 0.35
0.35 0.33 0.86 0.49]

则各点相关系数的平均值为 0.78，显示梁的承载力良好。

根据两条曲线的相似度计算公式可得应变实测曲线与理论计算曲线的相似度为

$$\eta=\frac{\sum_{i=1}^{n}\alpha_i\beta_i}{\sqrt{\sum_{i=1}^{n}\alpha_i^2}\sqrt{\sum_{i=1}^{n}\beta_i^2}}=0.998$$

因此试验桥跨在试验工况下，梁体应变实测曲线与理论计算曲线的相似度接近 1，显示梁承载力完好。

（2）挠度。

①测试结果。该试验工况作用下测试截面挠度测试结果及校验系数详见表 3.22，测试截面挠度计算值与实测值对比曲线如图 3.39 所示。

表 3.22 A-A 截面最大正弯矩偏载测试截面挠度测试结果及校验系数（单位：mm）

试验梁号	测点编号	实测值 S_t	残余值 S_p	弹性值 S_e	理论值 S_s	相对残余值 $\Delta S_p/\%$	校验系数 η
Z-1-1#梁	1#	0.11	0.00	0.11	0.15	0.00	0.70
Z-1-6#梁	2#	-0.08	0.00	-0.08	-0.11	0.00	0.71
Y-1-1#梁	3#	-0.84	-0.03	-0.81	-1.02	3.60	0.79
Y-1-6#梁	4#	-2.43	-0.09	-2.34	-3.72	3.70	0.63
Y-1-13#梁	5#	-6.33	-0.21	-6.12	-7.80	3.30	0.78

注：表中挠度测试值和理论值为负表示梁体向下变形，为正则表示梁体向上变形。

从表 3.22 中挠度数据分析可以看出，试验桥跨在试验工况下，梁体挠度校验系数在 0.63～0.78；试验荷载卸载后，相对残余挠度最大值为 3.70%，符合《城市桥梁检测与评定技术规范》（CJJ/T 233—2015）中的规定。

②挠度实测值与理论计算值的相关度。挠度实测值与理论计算值用矩阵表示为

$$y=\begin{bmatrix}0.11 & -0.08 & -0.84 & -2.43 & -6.33\\ 0.15 & -0.11 & -1.02 & -3.72 & -7.8\end{bmatrix}$$

根据灰色相关度计算公式，对梁的挠度实测值与理论计算值进行初值化处理，即

$$\lambda=\begin{bmatrix}\lambda_{实测}\\ \lambda_{理论}\end{bmatrix}=\begin{bmatrix}1 & 0.727 & 7.364 & 21.27 & 55.64\\ 1 & 0.733 & 6.8 & 24.8 & 52\end{bmatrix}$$

根据邓式灰色相关性计算公式，检测梁体的挠度实测值与理论计算值的相关系数矩阵为

$$\xi'=[1.00 \quad 1.00 \quad 0.76 \quad 0.34 \quad 0.33]$$

则各点相关系数的平均值为 0.78，显示梁的承载力良好。

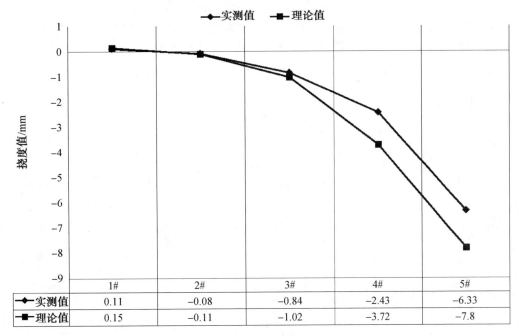

图 3.39　$A-A$ 截面最大正弯矩偏载测试截面挠度计算值与实测值对比曲线

根据两条曲线的相似度计算公式可得挠度实测曲线与理论计算曲线的相似度为

$$\eta = \frac{\sum_{i=1}^{n}\alpha_i\beta_i}{\sqrt{\sum_{i=1}^{n}\alpha_i^2}\sqrt{\sum_{i=1}^{n}\beta_i^2}} = 0.9968$$

因此,试验桥跨在试验工况下,检测梁体挠度实测曲线与理论计算曲线的相似度接近 1,显示梁承载时变形情况完好。

(3)试验过程中结构裂缝观测情况。

在整个试验过程中,试验桥跨控制截面未发现结构开裂。

2.$A-A$ 截面最大正弯矩中载试验结果分析

(1)应变。

①应变测试结果。该试验工况作用下测试截面应变测试结果及校验系数详见表 3.23,测试截面应变计算值与实测值对比曲线如图 3.40 所示。

表 3.23 A—A 截面最大正弯矩中载测试截面应变测试结果及校验系数(单位:$\mu\varepsilon$)

试验梁号	测点编号	实测值 S_t	残余值 S_p	弹性值 S_e	理论值 S_s	相对残余值 $\Delta S_p/\%$	校验系数 η
Z-1-1#梁	1#	7.34	0.11	7.23	11.00	1.40	0.66
Z-1-2#梁	2#	9.23	0.12	9.11	14.42	1.30	0.63
Z-1-3#梁	3#	10.86	0.23	10.64	15.68	2.10	0.68
Z-1-4#梁	4#	14.13	0.41	13.73	19.62	2.90	0.70
Z-1-5#梁	5#	17.22	0.23	17.00	24.26	1.30	0.70
Z-1-6#梁	6#	22.68	0.47	22.22	25.85	2.10	0.86
Z-1-7#梁	7#	25.92	0.42	25.50	31.23	1.60	0.82
Z-1-8#梁	8#	30.47	0.11	30.36	35.94	0.30	0.84
Z-1-9#梁	9#	35.19	0.42	34.77	41.04	1.20	0.85
Z-1-10#梁	10#	39.68	0.71	38.97	46.86	1.80	0.83
Z-1-11#梁	11#	44.81	1.34	43.47	51.66	3.00	0.84
Z-1-12#梁	12#	45.65	1.68	43.97	55.62	3.70	0.79
Z-1-13#梁	13#	48.66	2.81	45.86	57.30	5.80	0.80
Y-1-1#梁	14#	51.23	1.26	49.97	57.57	2.50	0.87
Y-1-2#梁	15#	49.53	3.20	46.34	56.00	6.50	0.83
Y-1-3#梁	16#	45.27	2.31	42.96	52.26	5.10	0.82
Y-1-4#梁	17#	39.09	0.69	38.40	47.33	1.80	0.81
Y-1-5#梁	18#	30.32	0.59	29.73	41.46	1.90	0.72
Y-1-6#梁	19#	24.41	0.63	23.78	36.29	2.60	0.66
Y-1-7#梁	20#	21.39	0.53	20.87	31.52	2.50	0.66
Y-1-8#梁	21#	19.32	0.26	19.07	27.20	1.30	0.70
Y-1-9#梁	22#	17.24	0.36	16.88	23.31	2.10	0.72
Y-1-10#梁	23#	14.19	0.12	14.07	19.77	0.80	0.71
Y-1-11#梁	24#	11.07	0.05	11.03	16.61	0.40	0.66
Y-1-12#梁	25#	10.31	0.17	10.14	13.76	1.60	0.74
Y-1-13#梁	26#	7.74	0.12	7.62	11.09	1.60	0.69

注:表中应变测试值和理论值为负表示在试验荷载作用下该测点受压,应变值为正则表示在试验荷载作用下该测点受拉。

从表 3.23 中应变数据分析可以看出,试验桥跨在试验工况下,梁体应变校验系数在 0.63~0.87;试验荷载卸载后,相对残余应变最大值为 6.50%。符合《城市桥梁检测与评定技术规范》(CJJ/T 233—2015)中的规定。

②应变实测值与理论计算值的相关度。

第 3 章 基于模糊评判理论的简支梁桥检测及安全性评估

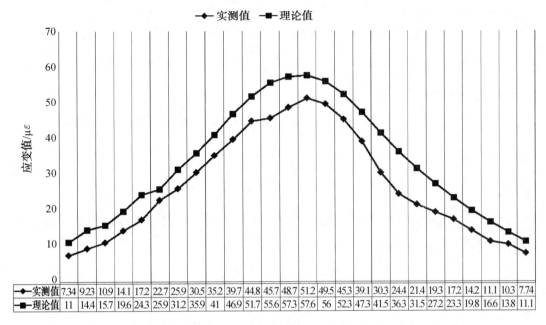

图 3.40 A－A 截面最大正弯矩中载测试截面应变计算值与实测值对比曲线

应变值矩阵表示为

$$\boldsymbol{\varepsilon} = \begin{bmatrix} \varepsilon_{实测} \\ \varepsilon_{理论} \end{bmatrix}$$

$$= \begin{bmatrix} 7.23 & 9.11 & 10.64 & 13.73 & 17 & 22.22 & 25.5 & 30.36 & 34.77 & 38.97 \\ 11 & 14.42 & 15.68 & 19.62 & 24.26 & 25.85 & 31.23 & 35.94 & 41.04 & 46.86 \\ 43.47 & 43.97 & 45.86 & 49.97 & 46.34 & 42.96 & 38.4 & 29.73 & 23.78 & 20.87 \\ 51.66 & 55.62 & 57.3 & 57.57 & 56 & 52.26 & 47.33 & 41.46 & 36.29 & 31.52 \\ 19.07 & 16.88 & 14.07 & 11.03 & 1014 & 7.62 \\ 27.2 & 23.31 & 19.77 & 16.61 & 13.76 & 11.09 \end{bmatrix}$$

根据灰色相关度计算公式,对梁的应变实测值与理论计算值进行初值化处理,即

$$\psi = \begin{bmatrix} \psi_{实测} \\ \psi_{理论} \end{bmatrix}$$

$$= \begin{bmatrix} 1.00 & 0.56 & 0.50 & 0.19 & 0.22 & 0.38 & 1.00 & 1.64 & 1.98 & 2.98 \\ 1.00 & 0.69 & 0.57 & 0.21 & 0.24 & 0.41 & 0.99 & 1.58 & 2.32 & 3.2 \\ 4.41 & 5.56 & 7.55 & 9.45 & 11.63 & 13.75 & 14.50 & 18.22 & 21.30 & 28.42 \\ 4.29 & 5.61 & 7.20 & 9.09 & 11.36 & 13.98 & 17.08 & 20.63 & 24.74 & 29.52 \\ 33.63 & 35.79 & 40.49 & 45.29 & 54.56 & 62.63 \\ 34.77 & 40.02 & 44.82 & 49.89 & 54.93 & 60.21 \end{bmatrix}$$

根据邓式灰色相关性计算公式

$$\xi_i(k) = \frac{\min\limits_{i}\min\limits_{k}|x_0(k)-x_i(k)| + \nu \max\limits_{i}\max\limits_{k}|x_0(k)-x_i(k)|}{|x_0(k)-x_i(k)| + \nu \max\limits_{i}\max\limits_{k}|x_0(k)-x_i(k)|}$$

则各梁的应变实测值与理论计算值相关系数矩阵为

$$\xi = [1.00 \quad 0.94 \quad 0.95 \quad 0.88 \quad 0.85 \quad 0.54 \quad 0.55 \quad 0.47 \quad 0.44 \quad 0.43 \quad 0.39$$
$$0.45 \quad 0.43 \quad 0.33 \quad 0.39 \quad 0.41 \quad 0.45 \quad 0.71 \quad 0.99 \quad 0.98 \quad 0.84 \quad 0.80$$
$$0.85 \quad 0.98 \quad 0.85 \quad 0.95]$$

各点相关系数的平均值为0.67,显示梁的承载力良好。

根据两条曲线的相似度计算公式可得应变实测曲线与理论计算曲线的相似度为

$$\eta = \frac{\sum_{i=1}^{n} \alpha_i \beta_i}{\sqrt{\sum_{i=1}^{n} \alpha_i^2} \sqrt{\sum_{i=1}^{n} \beta_i^2}} = 0.997$$

因此,试验桥跨在试验工况下,梁体应变实测曲线与理论计算曲线的相似度接近1,显示梁承载力完好。

(2)挠度。

①测试结果。该试验工况作用下测试截面挠度测试结果及校验系数详见表3.24,测试截面挠度计算值与实测值对比曲线如图3.41所示。

表3.24 A—A截面最大正弯矩中载测试截面挠度测试结果及校验系数(单位:mm)

试验梁号	测点编号	实测值 S_t	残余值 S_p	弹性值 S_e	理论值 S_s	相对残余值 $\Delta S_p/\%$	校验系数 η
Z-1-1#梁	1#	-0.12	0.00	-0.12	-0.15	0.00	0.67
Z-1-9#梁	2#	-0.62	0.00	-0.62	-0.71	4.20	0.79
Z-1-18#梁	3#	-1.44	-0.09	-1.35	-1.64	3.30	0.67
Y-1-8#梁	4#	-0.57	-0.03	-0.54	-0.69	3.40	0.64
Y-1-17#梁	5#	-0.11	0.00	-0.11	-0.14	0.00	0.75

注:表中挠度测试值和理论值为负表示梁体向下变形,为正则表示梁体向上变形。

从表3.24中挠度数据分析可以看出,试验桥跨在试验工况下,梁体挠度校验系数在0.64~0.79;试验荷载卸载后,相对残余挠度最大值为4.20%,符合《城市桥梁检测与评定技术规范》(CJJ/T 233—2015)中的规定。

②挠度实测值与理论计算值的相关度。挠度实测值与理论计算值用矩阵表示为

$$y = \begin{bmatrix} -0.12 & -0.62 & -1.35 & -0.54 & -0.11 \\ -0.15 & -0.71 & -1.64 & -0.69 & -0.14 \end{bmatrix}$$

根据灰色相关度计算公式,对梁的挠度实测值与理论计算值进行初值化处理,即

$$\lambda = \begin{bmatrix} \lambda_{实测} \\ \lambda_{理论} \end{bmatrix} = \begin{bmatrix} 1.00 & 5.17 & 11.25 & 4.50 & 0.92 \\ 1.00 & 4.73 & 10.93 & 4.60 & 0.93 \end{bmatrix}$$

根据邓式灰色相关性计算公式,则检测梁体的挠度实测值与理论计算值相关系数矩阵为

$$\xi = [1.00 \quad 0.33 \quad 0.40 \quad 0.68 \quad 0.93]$$

平均相关性系数为0.668。

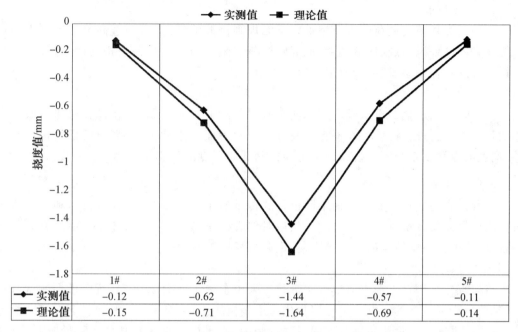

图 3.41　A—A 截面最大正弯矩中载测试截面挠度计算值与实测值对比曲线

根据两条曲线的相似度计算公式可得挠度实测曲线与理论计算曲线的相似度为

$$\eta = \frac{\sum_{i=1}^{n}\alpha_i\beta_i}{\sqrt{\sum_{i=1}^{n}\alpha_i^2}\sqrt{\sum_{i=1}^{n}\beta_i^2}} = 0.996$$

因此,试验桥跨在试验工况下,检测梁体挠度实测曲线与理论计算曲线的相似度接近 1,显示梁承载时变形情况完好。

(3)试验过程中结构裂缝观测情况。

在整个试验过程中,试验桥跨控制截面未发现结构开裂。

3.6　桥梁动载试验

3.6.1　动载试验内容与方法

1. 检测内容

动载试验用于了解桥梁自身的动力特性,抵抗受迫振动和突发荷载的能力。其主要项目应包括:测定桥梁结构的自振特性,如结构或构件的自振频率、振型和阻尼比的脉动试验;检验桥梁结构在动力荷载作用下的受迫振动特性,如桥梁结构动位移、动应力、冲击系数等的跑车和刹车试验。

(1)模态试验。

在桥面无任何交通荷载以及桥址附近无规则振源的情况下,通过高灵敏度动力测试系统测定桥址处风荷载、地脉动、水流等随机荷载激振而引起桥跨结构的微小振动响应,测得结构的自振频率、振型和阻尼比等动力学特征。

(2)跑车试验。

试验时采用一辆载重试验车在不同车速时匀速通过桥跨结构,在设计时速内取多个大致均匀的车速进行试验。车辆在行驶过程中对桥面产生冲击,从而使桥梁结构产生振动,通过动力测试系统测定桥跨结构主要控制截面测点的动应变和动位移曲线。

2. 检测方法

动载试验是通过分布在桥面不同位置的传感器采集速度或加速度信号,利用屏蔽导线输入信号采集系统进行采集、储存,然后对储存的信号进行处理,选择其中的有效信号进行分析,得到桥梁结构的自振频率、振型和阻尼比等参数的实测值。自振频率测试流程如图 3.42 所示。

模态试验采用动点模态测试方法进行。采用东华测试 DH5907N 桥梁模态测试分析系统,低频高灵敏度的磁电式传感器集成在采集模块中,每个采集模块中都包含了一个垂直、一个水平向的速度传感器具有同时进行竖向、水平向数据采集功能,桥梁结构模态测试采用 7 个采集模块,分批次进行多点测试。

桥跨结构测点振动加速度,采用磁电式加速度传感器,配信号放大器由计算机记录其输出信号。

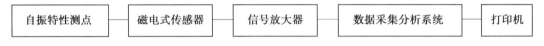

图 3.42 自振频率测试流程

梁体的动应力,采用在梁体控制断面的外表面粘贴电阻应变片,配动态应变分析仪输出电压信号传送至计算机记录其输出信号。

3. 测点布置

(1)结构强迫振动测点布置。

试验桥跨动载结构强迫振动响应测试选取各试验桥跨跨中截面作为桥梁跑车、制动、跳车动应变测试截面。各试验桥跨结构强迫振动测试动应变及动挠度测点布置如图3.43所示。

— 动应变测点

图 3.43 强迫振动测试断面测点布置图

(2)桥梁自振动特性测试测点布置。

采集模块沿桥纵向布置跨中、四分点位置,采集模块竖直向垂直于桥面布置,以测定桥梁竖向振动响应,横向布置在距离防撞护栏 50 cm 处。测点位置确定后用橡皮泥将采集模块调平并与桥面耦合。试验桥跨自振特性测试测点平面布置示意图如图 3.44 所示。

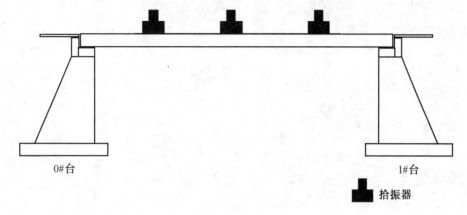

图 3.44　试验桥跨自振特性测试测点平面布置示意图

3.6.2　动载试验结果分析

1. 模态试验

桥梁结构的振型是结构相应于各阶固有频率的振动形式,一个振动系统的振型数目与其自由度数相等。桥梁结构是一具有连续分布质量的体系,也是一个无限多自由度体系,因此其固有频率及相应的振型也有无限多个。但是,对于一般桥梁结构,第一个固有频率即基频,对结构动力分析才是重要的;对于较复杂的动力分析问题,也仅需要前几阶固有频率,因而在实际测试中,一些低阶振型才有实际意义。

试验桥跨的频率计算值与实测值对比结果见表 3.25。分析可知,实测自振频率比理论计算结果略大,说明被测桥梁实际刚度较理论刚度大,实际振动特性与设计计算理论相符合。理论自振频率与实测值的误差主要是由于边界条件对桥梁结构的动态特性的影响。模态参数实测值及计算值见表 3.25,计算振型图如图 3.45 所示。

表 3.25　模态参数实测值及计算值

序号	阶次	计算频率/Hz	实测频率/Hz	实测频率/计算频率	阻尼比/%
1	一阶	3.76	4.297	1.143	3.8

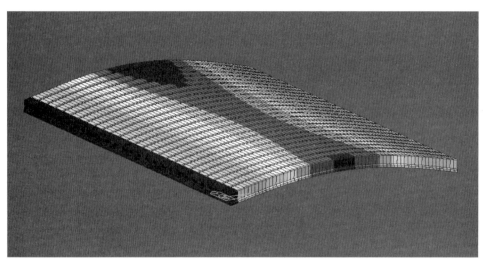

图 3.45　桥梁竖向一阶理论计算振型图

大地脉动状态模态测试的时域曲线如图 3.46 和图 3.47 所示。

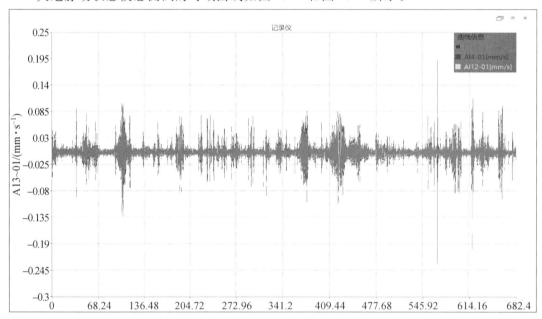

图 3.46　桥梁结构大地脉动时程曲线

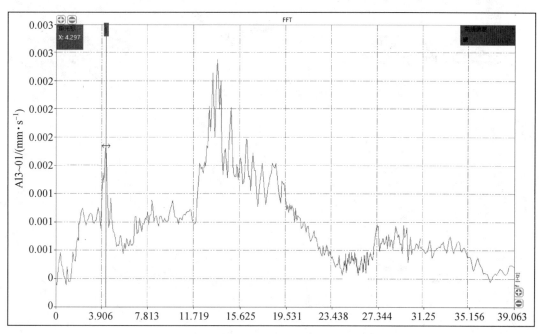

图 3.47　桥梁结构竖向振动对应频域曲线

2. 跑车试验

跑车试验跨中截面动应变时程曲线与冲击系数如图 3.48～3.50 所示。冲击系数与行车速度关系见表 3.26。

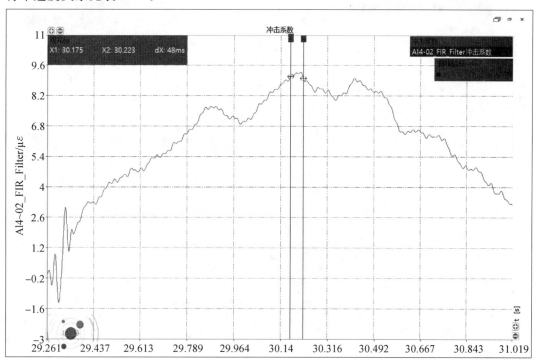

图 3.48　20 km/h 跑车试验跨中截面动应变时程曲线

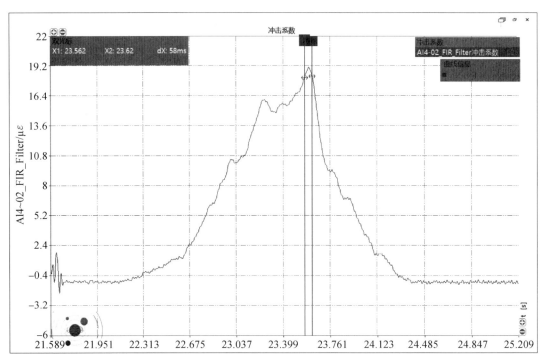

图 3.49　30 km/h 跑车试验跨中截面动应变时程曲线

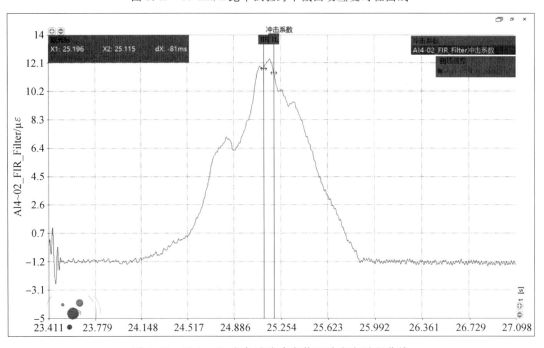

图 3.50　40 km/h 跑车试验跨中截面动应变时程曲线

表 3.26　测试截面跑车冲击系数与行车速度关系表

时速截面	20 km/h	30 km/h	40 km/h	理论冲击系数
跨中截面	0.018	0.026	0.042	0.218

由实验结果可知,跑车试验跨中截面冲击效应远小于理论冲击效应,且最大冲击系数为 0.042。

3.7　桥梁结构检算

本节对该桥按基于检测结果的当前状态进行承载能力评定。依据《城市桥梁检测与评定技术规范》(CJJ/T 233—2015)的规定,通过对桥梁缺损状况检查、材质状况与状态参数检测和结构检算。结构检算主要依据现行规范,根据桥梁检测与检测结果,采用引入分项检算系数修正极限状态设计表达式的方法进行。分项检算系数主要包括:反映桥梁总体技术状况的检算系数 Z_1 或 Z_2;承载能力恶化系数 ξ_e、截面折减系数 ξ_s 和 ξ_c 的方法进行修正计算。

3.7.1　检算系数的确认

1.承载能力恶化系数 ξ_e

承载能力恶化系数 ξ_e 是考虑鉴定期内桥梁结构质量状况进一步衰退恶化对结构的不利影响,反映这一不利影响可能造成的结构抗力的降低。

对于配筋混凝土结构,根据桥梁结构或构件表观缺损状况、构件材质强度、钢筋锈蚀电位、混凝土电阻率、混凝土中氯离子含量、混凝土碳化深度、钢筋保护层等的检测评定结果,采用考虑各检测指标影响权重的综合评定方法,计算构件的恶化状态评定值 E_j,最后根据干湿交替、不冻、无侵蚀性介质的环境条件,取用承载能力恶化系数。根据现场检查,分别对各检测指标进行评定,见表 3.27。检测桥梁位于河南省南阳市,属于干湿交替不冻的、无侵蚀性介质环境,根据计算得到承载能力恶化状况评定标度 E,依据表 3.28 内插确定桥梁的承载能力恶化系数 ξ_e 值。

表 3.27　配筋混凝土桥梁的承载能力恶化系数 ξ_e 值

恶化状况评定标度 E	环境条件			
	干燥不冻 无侵蚀介质	干、湿交替不冻 无侵蚀介质	干、湿交替冻 无侵蚀介质	干、湿交替冻 有侵蚀介质
1	0.00	0.02	0.05	0.06
2	0.02	0.04	0.07	0.08
3	0.05	0.07	0.10	0.12
4	0.10	0.12	0.14	0.18
5	0.15	0.17	0.20	0.25

表 3.28 配筋混凝土桥梁的承载能力恶化系数 ξ_e 评定表

序号	检测指标名称	权重 α_j	评定标度 E_j	恶化状况评定值 E	承载能力恶化系数 ξ_e 值
1	缺损状况	0.32	1	1	0
2	钢筋锈蚀电位	0.11	1		
3	混凝土电阻率	0.05	1		
4	混凝土碳化状况	0.20	1		
5	钢筋保护层厚度	0.12	1		
6	氯离子含量	0.15	1		
7	混凝土强度	0.05	1		

2. 截面折减系数 ξ_c

截面折减系数的确定，首先确定检测构件的材料风化、碳化、物理与化学损伤等指标的评定标度，而后依据各自所占的比例权重确定截面损伤的综合评定标度 R，依据表 3.29 内插得到配筋混凝土截面的折减系数 ξ_c，见表 3.30。

表 3.29 配筋混凝土桥梁截面折减系数 ξ_c 值

截面损伤综合评定标度 R	截面折减系数 ξ_c
$1 \leqslant R < 2$	$(0.98, 1.00]$
$2 \leqslant R < 3$	$(0.93, 0.98]$
$3 \leqslant R < 4$	$(0.85, 0.93]$
$4 \leqslant R < 5$	$\leqslant 0.85$

表 3.30 截面折减系数 ξ_c 评定表

结构类别	检测指标名称	权重 α_j	评定标度 E_j	截面损伤综合标度 R	截面折减系数 ξ_c
混凝土结构	材料风化	0.10	1	1	1
	碳化	0.35	1		
	物理与化学损伤	0.55	1		

3. 钢筋截面折减系数 ξ_s

配筋混凝土结构中，发生锈蚀的钢筋截面折减系数可以通过定性检查结果依据表 3.31 确定。根据检查结果，确定评定桥跨的钢筋截面折减系数 $\xi_s = 1$。

表 3.31 配筋混凝土钢筋截面折减系数 ξ_s 值

评定标度	性状描述	截面折减系数 ξ_s
1	沿钢筋出现裂缝,宽度小于限值	(0.98,1.00]
2	沿钢筋出现裂缝,宽度大于限值,或钢筋锈蚀引起混凝土发生层离	(0.95,0.98]
3	钢筋锈蚀引起混凝土剥落,钢筋外露,表面有膨胀薄锈层或坑蚀	(0.90,0.95]
4	钢筋锈蚀引起混凝土剥落,钢筋外露,表面膨胀性锈层显著,钢筋截面损失在10%以内	(0.80,0.90]
5	钢筋锈蚀引起混凝土剥落,钢筋外露,出现锈蚀剥落,钢筋截面损伤在10%以上	≤0.80

4. 活载影响修正系数 ξ_q

活载修正系数是为了考虑桥梁所承受的汽车荷载和标准汽车荷载之间的差异,目的在于对于频繁通行大吨位车、超重运输严重和交通量严重超限的重载交通桥梁应考虑实际运营荷载状况对桥梁承载能力所造成的不利影响。

目前桥梁计算荷载等级为《城市桥梁设计规范》(CJJ 11—2011)中城-A级,根据交通量调查,实际运营活载未出现明显超过设计荷载的情况,活载修正系数 ξ_q 取 1.0。

5. 承载能力检算系数 Z_1

承载能力检算系数 Z_1 是根据结构或构件的实际技术状况,对结构或构件的抗力进行折减或提高。根据桥梁检测结果,计算桥梁的技术状况评定值后依据表 3.32,根据构件受力类型的不同,进行内插得到桥梁承载能力检算系数 Z_1,考虑权重系数对承载力进行评定,见表 3.33。

表 3.32 配筋混凝土桥梁的承载能力检算系数 Z_1 值

承载能力检算系数评定标度 D	受弯	轴心受压	轴心受拉	偏心受压	偏心受拉	受扭	局部承压
1	1.15	1.20	1.05	1.15	1.15	1.10	1.15
2	1.10	1.15	1.00	1.10	1.10	1.05	1.10
3	1.00	1.05	0.95	1.00	1.00	0.95	1.00
4	0.90	0.95	0.85	0.90	0.90	0.85	0.90
5	0.80	0.85	0.75	0.80	0.80	0.75	0.80

表 3.33 配筋混凝土桥梁的承载能力检算系数 Z_1 值评定表

序号	检测指标名称	权重 α_j	评定标度 E_j	承载能力检算系数评定度 D	承载能力检算系数 Z_1
1	缺损状况	0.4	1		
2	混凝土强度	0.3	1	1	1.15
3	结构自振频率	0.3	1		

3.7.2 承载能力评定结果及分析

配筋混凝土桥梁承载能力极限状态，应根据桥梁检测结构按下式进行计算评定。

$$\gamma_0 S \leqslant R(f_d, \xi_c a_{dc}, \xi_s a_{ds}) Z_1 (1-\xi_e)$$

上面公式中的检算系数、承载能力恶化系数、截面折减系数和活载修正系数根据桥梁现场检测结果，对于《城市桥梁检测与评定技术规范》(CJJ/T 233—2015)中规定的相应标度进行取值，各检算系数及评定参数取值汇总见表 3.34。

表 3.34 检算系数及评定参数取值汇总

参数	Z_1	ξ_e	ξ_c	ξ_s	ξ_q
系数值	1.15	1	1	1	1

基于检测结果的承载能力评定结果见表 3.35。

表 3.35 基于检测结果的承载能力评定结果

验算截面	验算内容	设计效力①	修正后设计荷载	设计截面结构抗力 R	修正后设计截面结构抗力 R②	比值 ①/②	结论
跨中截面	跨中截面最大正弯矩/(kN·m)	1 681.99	1 681.99	1 780.01	2 047.01	0.82	满足要求
支点截面	支点附近最不利剪力/kN	464.98	464.98	650.27	747.81	0.62	满足要求

由表 3.35 可知，最大作用效应小于修正后结构抗力，满足《城市桥梁设计规范》(CJJ 11—2011)中城－A级的承载能力要求。

3.8 结论和建议

3.8.1 桥梁病害总结

(1)桥面系：桥面铺装横向开裂、纵向开裂、松散露骨，伸缩缝堵塞。

(2)上部结构:预制板底板局部剥落露筋、蜂窝、铰缝大面积脱落。
(3)下部结构:混凝土护坡开裂。
(4)支座:支座橡胶开裂。

3.8.2 桥梁特殊检查总结

(1)混凝土强度检测结果:该桥上部结构梁强度推定值在48.6~63.4 MPa,根据相关设计资料,推定强度匀质系数为0.97~1.27,标度评定为1,强度状况良好。

(2)混凝土保护层厚度检测结果:抽样所检测构件的钢筋保护层,特征值与设计值的比值介于0.92~1.49,根据钢筋保护层厚度评定标准,大部分桥梁钢筋保护层状况评定标度为1,即对结构钢筋耐久性影响不显著。两片梁钢筋保护层状况评定标度为2,即对结构钢筋耐久性有轻度影响。

(3)碳化深度检测结果:碳化深度和保护层厚度比值均小于0.5,根据《城市桥梁检测与评定技术规范》(CJJ/T 233—2015),该桥各构件碳化深度评定标度均为1,混凝土碳化对钢筋耐久性影响不显著。

(4)混凝土氯离子检测结果:依据测试结果,按照《城市桥梁检测与评定技术规范》(CJJ/T 233—2015)评定,该桥所选构件混凝土氯离子含量均小于0.15%,评定标度为1,诱发钢筋锈蚀的可能性很小。

(5)钢筋锈蚀检测结果:参照《城市桥梁检测与评定技术规范》(CJJ/T 233—2015)4.2.9节表4.2.9,该桥部分测点锈蚀电位实测值介于-50~-103 mV,所有构件钢筋无锈蚀活动性或锈蚀活动性不确定,标定标度为1。

(6)混凝土电阻率检测结果:依据测试结果按照《城市桥梁检测与评定技术规范》(CJJ/T 233—2015)评定,该桥所选构件混凝土电阻率均大于20 000 $\Omega \cdot cm$,被测构件的混凝土电阻率评定标度为1,钢筋锈蚀速率很慢。

通过层次分析法模糊评判,该桥梁各主要构件无损检测检测标度为1的概率为96%、检测标度为2,3的概率均为2%,因此该桥梁无损检测结果为完好。

3.8.3 桥梁状况技术评估及结构状况评估总结

本桥技术状况等级为A级(完好),桥面系的结构状况为B级(良好),上部结构的结构状况为B级(良好),下部结构的结构状况为A级(完好)。

3.8.4 静动载试验结论

1. 静载试验结论

(1)校验系数。

各工况作用下该桥控制截面挠度校验系数在0.63~0.79,校验系数均小于规范不大于1的要求。各工况作用下该桥控制截面应变校验系数在0.63~0.87,校验系数均小于规范不大于1的要求。

控制截面最大正弯矩偏载试验中,应变实测曲线与理论计算曲线的相似度为0.998,挠度实测曲线与理论计算曲线的相似度为0.996 8;控制截面最大正弯矩中载试验中,应变实测曲线与理论计算曲线的相似度为 0.991 2,挠度实测曲线与理论计算曲线的相似度为 0.999 6。

桥梁具有较好的刚度和承载能力,满足规范和设计要求。

(2)相对残余。

卸载后桥梁挠度及应变均能较好的恢复,最大挠度相对残余为 4.2%,最大应变相对残余为 6.5%,均满足《城市桥梁检测与评定技术规范》(CJJ/T 233)中规定不大于 20%的要求,桥梁弹性工作状态良好。

(3)横向联系性。

各主梁或板挠度整体横向挠度曲线较为平顺,未发生明显突变,测试跨横向联系性能基本良好。

2. 动载试验结论

(1)该桥实测竖向基频明显大于理论计算竖向基频,桥梁结构的实际刚度人于理论刚度。

(2)实测桥梁阻尼比为 0.038,桥梁阻尼特性正常。

(3)试验车在不同车速作用时,实测冲击系数接近理论值,桥梁的抗冲击性能接近设计要求。

3.8.5　桥梁结构检算

经桥梁承载能力检算,该桥满足《城市桥梁设计规范》中(CJJ 11—2011)城－A 级荷载等级承载能力要求。

第4章 基于模糊评判理论的箱涵安全性评估

4.1 工程概述

4.1.1 桥梁概况

该箱涵位于南阳市光武路上,桥下为车辆及行人通道。该桥梁建成于2012年,桥梁为6 m长箱涵结构,桥宽43.2 m,横向布置为1块6.6 m宽、4 m高预制箱涵＋6块5 m宽、4 m高预制箱涵＋1块6.6 m宽、4 m高预制箱涵。

该桥位于城市主干路上,为双向六车道设计。由于本桥无设计图纸,根据实际年代及区位,估测2012年该桥梁按照城—A标准设计,桥梁无损检测评定参考同期相同桥型设计图纸,以《城市桥梁设计规范》(CJJ 11—2011)中城—A级荷载为荷载试验和承载能力检算的控制荷载。

该桥桥梁立面照如图4.1所示,平面照如图4.2所示,总体布置图如图4.3所示,横断面图如图4.4所示。

图4.1 桥梁立面照

图4.2 桥梁平面照

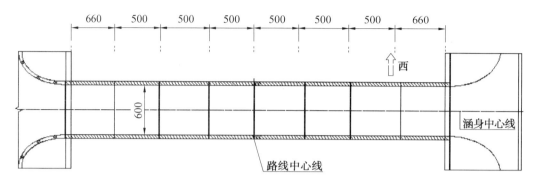

图 4.3 通道桥总体布置图(单位:cm)

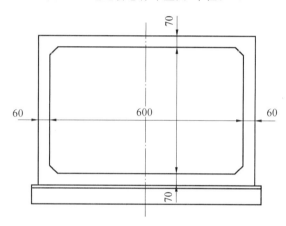

图 4.4 光武通道桥横断面图

4.1.2 检测内容

(1)检查涵洞的过水能力,包括涵洞的位置是否适当,孔径是否足够,涵底纵坡是否合适。

(2)进、出水口铺砌、翼墙、护坡、挡水墙、沉沙井、跌水、急流槽等是否完整,洞口连接是否平整顺适,排水是否顺畅。

(3)涵体侧墙或台身是否渗漏水、开裂、变形或倾斜,墙身砌缝砂浆是否脱落,砌块是否松动,基础是否冲刷淘空。

(4)涵身顶部的盖板、顶板或拱顶是否开裂、漏水、变形下挠,砌缝砂浆是否脱落,砌块是否松动、脱落。

(5)涵底是否淤塞阻水,涵底铺砌是否开裂、沉降、隆起或缺损。

(6)洞口附近填土是否有渗水、冲刷、空洞,填土是否稳定。

(7)涵洞顶路面是否开裂、沉陷、存在跳车现象。

(8)交通标志及涵洞其他附属设施是否损坏、失效。

4.2 桥梁外观检测结果

4.2.1 桥面系检测结果

1. 桥面铺装检测结果

该桥桥面铺装主要病害为桥面铺装松散露骨,具体检测情况见表4.1。

表 4.1 桥面铺装检测结果汇总表

序号	编号	名称	病害位置	病害类型	病害尺寸	照片编号
1	1#	桥面铺装	局部	松散露骨	—	图 4.5

图 4.5 桥面铺装松散露骨

2. 桥头平顺检测结果

该桥桥头平顺未见明显病害。

3. 伸缩装置检测结果

该桥未设置伸缩缝装置。

4. 排水系统检测结果

该桥桥下通道积水见表4.2。

表 4.2 排水系统检测结果汇总表

序号	编号	名称	病害位置	病害类型	病害尺寸	照片编号
1	1#	排水系统	桥下通道	大面积积水	—	图 4.6

5. 人行道检测结果

该桥人行道未见明显病害。

6. 栏杆或护栏检测结果

该桥护栏未见明显病害。

图 4.6　桥下通道积水

4.2.2　上部结构检测结果

1. 主梁检测结果

该桥上部结构主要病害为:箱涵顶板、锚固端、侧墙局部剥落露筋、麻面、车辆刮痕如图 4.7~4.13 所示。具体病害情况见表 4.3。

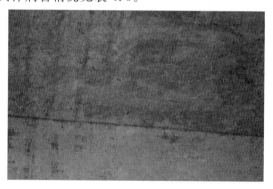

图 4.7　钢筋外露锈蚀 1

图 4.8　钢筋外露锈蚀 2

第4章 基于模糊评判理论的箱涵安全性评估

图 4.9　钢筋外露锈蚀 3

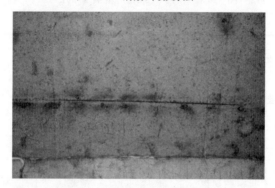

图 4.10　钢筋外露锈蚀 4

图 4.11　钢筋外露锈蚀 5

图 4.12　箱涵顶部底边混凝土刮擦 1

图 4.13 箱涵顶部底边混凝土刮擦 2

表 4.3 上部承重结构检测记录表

序号	编号	名称	病害位置	病害类型	病害尺寸	照片编号
1	顶板 Y-1-1	箱涵顶板	板底	钢筋外露锈蚀	局部	图 4.7
2	顶板 Y-1-2	箱涵顶板	板底	钢筋外露锈蚀	局部	图 4.8
3	顶板 Y-1-4	箱涵顶板	板底	钢筋外露锈蚀	局部	图 4.9、图 4.10
4	顶板 Z-1-4	箱涵顶板	板底	钢筋外露锈蚀	局部	图 4.11
5	顶板 Z-1-2	箱涵顶板	板底	刮擦	局部	图 4.12
6	顶板 Z-1-1	箱涵顶板	板底	刮擦	局部	图 4.13

2. 横向联系检测结果

该桥横向联系主要病害为横向联系渗水腐蚀、脱落,具体检测情况见表 4.4。

表 4.4 横向联系检测记录表

序号	编号	名称	病害位置	病害类型	病害尺寸	照片编号
1	Z-1-1 到 Z-1-4 Y-1-1 到 Y-1-3	横向联系	沿着纵缝方向	渗水	局部	图 4.14 图 4.15 图 4.16 图 4.17
2	Z-1-1 到 Z-1-4 Y-1-1 到 Y-1-3	横向联系	沿着纵缝方向	损毁、脱落	局部	图 4.18 图 4.19

图 4.14　横向联系构件渗水腐蚀 1

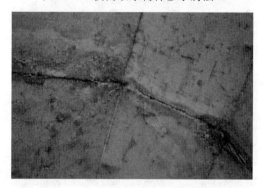

图 4.15　横向联系构件渗水腐蚀 2

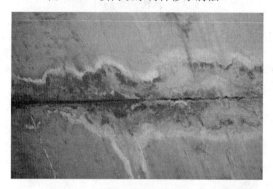

图 4.16　横向联系构件渗水腐蚀 3

图 4.17　横向联系构件渗水腐蚀 4

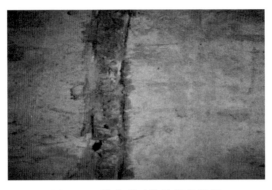

图 4.18 横向联系构件部分损毁

图 4.19 横向联系构件脱落

4.2.3 下部结构检测结果

该桥下部结构未见明显病害。

1. 支座检测结果

该桥无支座。

2. 基础检测结果

该桥基础未见明显病害。

3. 耳墙(翼墙)检测结果

该桥耳墙(翼墙)未见明显病害。

4.3 桥梁无损检测结果

桥梁结构状况无损检测主要是对桥梁主要部件中的部分构件进行检测,本次检测内容包括混凝土强度、碳化深度、保护层厚度、混凝土氯离子含量、钢筋锈蚀电位、混凝土电阻率等。

4.3.1 混凝土强度检测结果

本桥采用回弹法检测混凝土强度。由于该桥混凝土龄期较长,检测结果仅供参考。

根据《公路桥梁承载能力检测评定规程》(JTG/T J21—2011)中 5.3.5 规定进行评定,检测结果见表 4.5。

表 4.5 混凝土强度检测结果

序号	构件编号	设计强度/MPa	测区	测区回弹平均值	测区强度/MPa	推算强度值/MPa	推算强度值/设计强度	评定标度	强度状况
1	Y-1-1#梁	35	1	45.7	43.2	38.3	1.09	1	良好
			2	42.6	39.2				
			3	42.0	38.1				
			4	42.9	39.8				
			5	45.0	43.8				
			6	42.7	39.4				
			7	42.4	38.9				
			8	45.9	43.6				
			9	45.3	42.5				
			10	47.3	48.4				
2	Y-1-2#梁	35	1	49.4	49.7	48.4	1.38	1	良好
			2	49.4	49.7				
			3	50.7	52.4				
			4	51.1	53.2				
			5	50.3	51.5				
			6	50.4	51.7				
			7	49.7	50.3				
			8	50.1	51.1				
			9	50.3	51.5				
			10	49.6	50.1				
3	Y-1-3#梁	35	1	40.7	36.6	37.2	1.06	1	良好
			2	38.6	32.9				
			3	37.1	30.3				
			4	38.5	32.7				
			5	47.8	50.5				
			6	46.8	48.4				
			7	45.7	46.1				
			8	48.8	52.7				
			9	46.0	46.8				
			10	46.5	47.8				

续表4.5

序号	构件编号	设计强度/MPa	测区	测区回弹平均值	测区强度/MPa	推算强度值/MPa	推算强度值/设计强度	评定标度	强度状况
4	Y-1-4#梁	35	1	40.4	35.3	36.8	1.05	1	良好
			2	43.3	40.6				
			3	42.5	39.1				
			4	42.2	38.5				
			5	42.4	38.9				
			6	45.4	45.6				
			7	42.8	39.6				
			8	42.5	39.1				
			9	41.7	37.6				
			10	43.4	40.7				
5	Z-1-2#梁	35	1	43.4	42.5	43.1	1.23	1	良好
			2	47.4	50.7				
			3	45.1	43.8				
			4	45.9	47.5				
			5	45.4	45.4				
			6	48.9	55.0				
			7	43.1	41.9				
			8	45.9	45.5				
			9	45.0	45.7				
			10	43.4	42.5				
6	Z-1-4#梁	35	1	42.4	39.7	37.0	1.06	1	良好
			2	42.4	39.7				
			3	40.9	36.9				
			4	39.7	35.8				
			5	43.2	41.2				
			6	43.4	41.6				
			7	41.9	38.8				
			8	42.5	39.9				
			9	42.8	40.4				
			10	43.1	41.0				

续表4.5

序号	构件编号	设计强度/MPa	测区	测区回弹平均值	测区强度/MPa	推算强度值/MPa	推算强度值/设计强度	评定标度	强度状况
7	Y－1－1－0#锚固端	35	1	45.7	40.6	36.7	1.05	1	良好
			2	45.2	39.7				
			3	42.3	36.4				
			4	41.7	35.3				
			5	45.6	40.5				
			6	45.7	40.6				
			7	45.8	40.8				
			8	42.5	36.7				
			9	42.1	36.0				
			10	45.9	41.0				
8	Y－1－2－0#锚固端	35	1	42.4	38.1	35.1	1.00	1	良好
			2	43.4	39.9				
			3	45.7	42.4				
			4	40.8	35.2				
			5	39.1	32.4				
			6	38.5	31.4				
			7	43.5	40.1				
			8	45.7	42.4				
			9	45.3	41.6				
			10	39.5	33.0				
9	Y－1－3－0#锚固端	35	1	45.5	39.5	35.2	1.01	1	良好
			2	42.1	35.3				
			3	43.3	37.3				
			4	42.9	36.7				
			5	43.4	37.5				
			6	45.2	38.9				
			7	42.4	35.8				
			8	45.8	40.0				
			9	43.7	38.0				
			10	43.1	37.0				

续表4.5

序号	构件编号	设计强度/MPa	测区	测区回弹平均值	测区强度/MPa	推算强度值/MPa	推算强度值/设计强度	评定标度	强度状况
10	Y-1-4-0#锚固端	35	1	40.6	35.9	35.0	1.00	1	良好
			2	45.4	41.8				
			3	41.4	36.3				
			4	41.0	35.6				
			5	42.5	38.3				
			6	43.3	39.7				
			7	45.5	42.0				
			8	42.5	38.3				
			9	42.7	38.6				
			10	40.9	35.4				
11	Z-1-2-0#锚固端	35	1	39.7	35.8	35.9	1.00	1	良好
			2	42.6	40.1				
			3	42.3	39.5				
			4	42.2	39.3				
			5	41.5	38.0				
			6	41.0	37.1				
			7	39.7	35.8				
			8	39.1	33.7				
			9	42.6	40.1				
			10	42.0	38.9				
12	Z-1-4-0#锚固端	35	1	39.3	37.0	35.5	0.99	1	良好
			2	39.6	37.6				
			3	37.2	33.1				
			4	36.9	32.6				
			5	40.5	39.3				
			6	38.9	36.2				
			7	38.3	35.1				
			8	37.2	33.1				
			9	45.2	49.0				
			10	43.3	45.0				

续表4.5

序号	构件编号	设计强度/MPa	测区	测区回弹平均值	测区强度/MPa	推算强度值/MPa	推算强度值/设计强度	评定标度	强度状况
13	Y-1-1-0#侧墙	35	1	41.6	40.6	35.8	1.00	1	良好
			2	41.8	41.0				
			3	40.6	38.7				
			4	37.9	33.7				
			5	36.5	31.2				
			6	39.3	36.2				
			7	40.7	38.9				
			8	41.8	41.0				
			9	37.7	33.3				
			10	37.4	32.8				
14	Y-1-2-0#侧墙	35	1	41.1	38.1	35.5	1.02	1	良好
			2	41.0	37.9				
			3	42.5	40.7				
			4	43.6	42.9				
			5	40.8	37.5				
			6	41.9	39.6				
			7	41.4	38.6				
			8	41.7	39.2				
			9	41.9	39.6				
			10	36.9	30.6				
15	Y-1-3-0#侧墙	35	1	41.4	38.6	35.6	1.02	1	良好
			2	43.5	42.7				
			3	42.9	41.5				
			4	40.8	37.5				
			5	41.9	39.6				
			6	42.7	41.1				
			7	42.1	39.9				
			8	40.2	36.4				
			9	41.1	38.1				
			10	41.4	38.6				

续表4.5

序号	构件编号	设计强度/MPa	测区	测区回弹平均值	测区强度/MPa	推算强度值/MPa	推算强度值/设计强度	评定标度	强度状况
16	Y－1－4－0#侧墙	35	1	41.2	35.9	35.5	0.99	1	良好
			2	41.1	35.8				
			3	40.7	35.1				
			4	45.3	41.6				
			5	41.7	36.8				
			6	41.0	35.6				
			7	41.6	36.7				
			8	42.0	37.4				
			9	43.0	39.2				
			10	40.4	35.6				
17	Z－1－2－0#侧墙	35	1	41.8	41.0	37.8	1.08	1	良好
			2	42.6	42.6				
			3	42.0	41.4				
			4	40.6	38.7				
			5	39.4	36.4				
			6	43.8	45.1				
			7	41.7	40.8				
			8	42.5	42.4				
			9	42.0	41.4				
			10	40.6	38.7				
18	Z－1－4－0#侧墙	35	1	41.5	40.4	37.3	1.06	1	良好
			2	41.3	40.0				
			3	39.7	37.0				
			4	41.5	40.4				
			5	42.7	42.8				
			6	40.6	38.7				
			7	41.4	40.2				
			8	40.2	37.9				
			9	41.6	40.6				
			10	40.6	38.7				

通过数据分析,该桥结构各构件的强度推定值在 36.8~48.3 MPa,根据相关设计资料,推定强度匀质系数为 0.99~1.38,标度评定为 1,强度状况良好。

4.3.2 混凝土碳化深度检测结果

根据《公路桥梁承载能力检测评定规程》(JTG/T J21—2011)中 5.7.3 规定和《城市桥梁检测与评定技术规范》(CJJ/T 233—2015)中 5.6.8 规定进行评定,利用碳化深度测量仪对桥梁部分构件的混凝土碳化深度进行了抽检及数据分析,检测结果见表 4.6。

表 4.6 混凝土碳化深度检测结果

序号	构件编号	测区	测区碳化深度/mm			平均值/mm	实测保护层厚度平均值/mm	K_c	评定标度	影响程度
1	Y-1-1#梁	1	1.75	2.50	1.25	2.25	39.7	0.06	1	无影响
		2	2.00	2.25	3.00					
		3	2.25	2.75	2.50					
2	Y-1-2#梁	1	2.50	3.25	2.00	3.00	37.5	0.08	1	无影响
		2	2.75	3.00	3.75					
		3	3.00	3.50	3.25					
3	Y-1-3#梁	1	1.75	2.75	2.50	2.00	35.5	0.06	1	无影响
		2	2.25	1.75	1.50					
		3	2.50	1.75	1.25					
4	Y-1-4#梁	1	2.50	3.00	1.25	2.25	33.5	0.07	1	无影响
		2	2.00	1.75	1.50					
		3	3.00	2.50	2.75					
5	Z-1-2#梁	1	2.50	1.75	2.25	1.75	36.5	0.05	1	无影响
		2	2.00	1.25	3.25					
		3	2.75	0.75	-0.75					
6	Z-1-4#梁	1	2.25	2.00	1.75	2.00	11.2	0.18	1	无影响
		2	1.25	3.00	2.50					
		3	2.00	2.75	0.50					

通过数据分析,所选测区的混凝土碳化深度与实测保护层厚度平均值的比值 K_c 均小于 0.5,根据混凝土碳化深度评定标准,桥梁混凝土碳化状况评定标度为 1,碳化深度对钢筋的锈蚀无影响。

4.3.3 钢筋保护层厚度检测结果

根据《城市桥梁检测与评定技术规范》(CJJ/T 233—2015)中 5.6.12 规定进行评定,利用钢筋保护层测定仪对桥梁部分构件的钢筋保护层厚度进行了抽检及数据分析,检测结果见表4.7。

表4.7 钢筋保护层厚度检测结果(单位:mm)

序号	构件编号	设计值 D_{nd}	实测值										平均值	标准差 S_D	特征值 D_{ne}	D_{ne}/D_{nd}	评定标准	对结构钢筋耐久性的影响
1	Y-1-1#梁	43	34	39	39	36	46	37	45	46	47	45	39.7	5.2	32.8	0.76	3	有影响
			40	40	37	33	39	35	42	39	36	39						
2	Y-1-2#梁	43	33	36	33	35	36	36	36	36	32	38	37.5	5.0	30.8	0.72	3	有影响
			34	41	37	39	44	44	41	32	41	45						
3	Y-1-3#梁	43	35	33	34	35	36	33	34	34	33	36	35.5	2.9	30.8	0.72	3	有影响
			36	34	33	42	37	37	44	35	34	35						
4	Y-1-4#梁	43	31	34	32	33	34	32	33	35	35	32	33.5	2.0	30.2	0.70	3	有影响
			32	38	32	32	33	35	37	30	32	33						
5	Z-1-2#梁	43	34	36	35	36	35	32	36	37	45	36	36.3	3.4	30.7	0.71	3	有影响
			30	35	37	38	37	37	34	38	38	35						
6	Z-1-4#梁	43	48	39	44	43	45	36	32	45	44	52	45.2	5.4	35.3	0.82	3	有影响
			44	46	41	51	53	50	47	38	43	42						
7	Y-1-1-0#锚固端	43	48	52	53	41	45	52	53	50	46	40	45.9	5.9	36.8	0.85	2	有轻度影响
			41	40	44	38	42	40	44	41	41	46						
8	Y-1-2-0#锚固端	43	38	34	35	33	32	34	44	47	48	44	40.3	5.8	30.8	0.72	3	有影响
			34	33	35	45	42	48	42	42	46	47						
9	Y-1-3-0#锚固端	43	59	52	64	45	53	49	62	45	60	66	55.5	9.2	39.3	0.91	2	有轻度影响
			62	50	37	39	45	67	65	63	55	51						
10	Y-1-4-0#锚固端	43	50	38	40	63	46	61	57	62	45	60	56.7	10.7	39.1	0.91	2	有轻度影响
			49	62	45	60	74	72	74	59	52	64						
11	Z-1-2-0#锚固端	43	59	52	64	45	49	62	45	60	66		55.1	9.1	40.2	0.93	2	有轻度影响
			53	65	63	46	61	67	63	51	38	40						
12	Z-1-4-0#锚固端	43	40	63	65	63	55	63	51	38	45	60	53.7	9.4	38.2	0.89	2	有轻度影响
			45	60	57	62	45	45	60	66	51	40						
13	Y-1-1-0#侧墙	43	37	38	38	39	36	38	39	41	38	38	39.6	3.0	35.6	0.81	3	有影响
			38	38	39	40	41	40	41	38	47	48						
14	Y-1-2-0#侧墙	43	47	47	48	48	46	49	45	48	43	42	43.0	5.0	36.4	0.85	3	有影响
			44	39	39	40	40	40	40	37	38	39						

续表4.7

序号	构件编号	设计值 D_{nd}	实测值										平均值	标准差 S_D	特征值 D_{ne}	D_{ne}/D_{nd}	评定标度	对结构钢筋耐久性的影响
15	Y-1-3-0#侧墙	43	44	43	41	36	40	38	38	46	39	42	39.5	3.7	33.3	0.77	3	有影响
			42	37	33	40	34	32	44	40	39	41						
16	Y-1-4-0#侧墙	43	39	37	38	39	40	41	37	40	36	35	39.6	2.5	35.5	0.83	3	有影响
			36	41	39	42	42	43	44	40	41	41						
17	Z-1-2-0#侧墙	43	39	39	40	45	40	42	40	42	45	45	41.8	3.2	36.5	0.85	3	有影响
			39	39	43	47	42	39	42	39	52	44						
18	Z-1-4-0#侧墙	43	39	40	41	42	39	48	39	40	49	45	42.9	5.9	35.8	0.81	3	有影响
			40	37	38	39	40	45	43	48	52	54						

通过数据分析,该桥所选构件保护层厚度特征值与设计值的比值介于0.70~0.93,根据钢筋保护层厚度评定标准,大部分桥梁钢筋保护层状况评定标度为3,即对结构钢筋耐久性有影响。五片梁钢筋保护层状况评定标度为2,即对结构钢筋耐久性有轻度影响。

4.3.4 混凝土氯离子含量检测结果

本桥采用在结构上钻取不同深度的混凝土粉末样品的方法,通过化学分析测定混凝土中氯离子含量。共选择18个构件,根据《公路桥梁承载能力检测评定规程》(JTG/T J21—2011)中5.5.3规定和《城市桥梁检测与评定技术规范》(CJJ/T 233—2015)中5.6.10规定进行评定,检测结果见表4.8。

表4.8 桥梁构件混凝土氯离子含量表

序号	构件编号	氯离子含量/%			氯离子含量最大值/%	评定标度	诱发钢筋锈蚀的可能性
1	Y-1-1#梁	0.10	0.14	0.13	0.14	1	很小
2	Y-1-2#梁	0.13	0.13	0.48	0.48	3	可能诱发
3	Y-1-3#梁	0.13	0.12	0.14	0.14	1	很小
4	Y-1-4#梁	0.41	0.24	0.22	0.41	3	可能诱发
5	Z-1-2#梁	0.24	0.25	0.23	0.25	2	不确定

续表4.8

序号	构件编号	氯离子含量/%			氯离子含量最大值/%	评定标度	诱发钢筋锈蚀的可能性
6	Z-1-4#梁	0.24	0.22	0.25	0.25	2	不确定
7	Y-1-1-0#锚固端	0.25	0.24	0.25	0.25	2	不确定
8	Y-1-2-0#锚固端	0.25	0.28	0.29	0.29	2	不确定
9	Y-1-3-0#锚固端	0.11	0.14	0.13	0.14	1	很小
10	Y-1-4-0#锚固端	0.15	0.14	0.12	0.15	1	很小
11	Z-1-2-0#锚固端	0.15	0.14	0.13	0.15	1	很小
12	Z-1-4-0#锚固端	0.13	0.13	0.15	0.15	2	不确定
13	Y-1-1-0#侧墙	0.11	0.13	0.12	0.13	1	很小
14	Y-1-2-0#侧墙	0.13	0.15	0.14	0.15	1	很小
15	Y-1-3-0#侧墙	0.13	0.13	0.11	0.13	1	很小
16	Y-1-4-0#侧墙	0.12	0.14	0.13	0.14	1	很小
17	Z-1-2-0#侧墙	0.12	0.12	0.12	0.12	1	很小
18	Z-1-4-0#侧墙	0..14	0.13	0.13	0.14	1	很小

通过数据分析，该桥所选构件混凝土氯离子含量均介于0.12%～0.48%，根据混凝土氯离子含量评定标准，大部分桥梁混凝土氯离子含量状况评定标度为1，即诱发钢筋锈蚀的可能性很小。五片梁混凝土氯离子含量状况评定标度为2，即诱发钢筋锈蚀的可能性不确定。两片梁混凝土氯离子含量状况评定标度为3，即有可能诱发钢筋锈蚀。

4.3.5 钢筋锈蚀电位检测结果

本桥采用半电池电位法测定混凝土钢筋锈蚀，按照测区锈蚀电位水平最低值确定钢筋锈蚀电位评定标度。本桥共检测20个构件，根据《公路桥梁承载能力检测评定规程》(JTG/T J21—2011)中5.5.3规定和《城市桥梁检测与评定技术规范》(CJJ/T 233—2015)中5.6.9规定进行评定，检测结果见表4.9。

表 4.9 钢筋锈蚀电位表

序号	构件编号	实测值/mV									最低实测值/mV	评定标度	钢筋锈蚀状况的可能性
1	Y-1-1 #梁	-115	-157	-156	-107	-119	-148	-153	-113	-161	-103	-164	1	无锈蚀活动性或锈蚀活动性不确定,锈蚀概率小于10%
		-119	-126	-133	-139	-121	-101	-144	-128	-104	-109			
2		-105	-147	-146	-97	-109	-138	-143	-103	-151	-93			
		-109	-116	-123	-129	-111	-91	-134	-118	-94	-99			
3		-102	-144	-143	-94	-106	-135	-140	-100	-148	-90			
		-106	-113	-120	-126	-108	-88	-131	-115	-91	-96			
4		-98	-140	-139	-90	-102	-131	-136	-96	-144	-86			
		-102	-109	-116	-122	-104	-84	-127	-111	-87	-92			
5		-124	-166	-165	-116	-128	-157	-162	-122	-170	-112			
		-128	-135	-142	-148	-130	-110	-153	-137	-113	-118			
6		-118	-160	-159	-110	-122	-151	-156	-116	-164	-106			
		-122	-129	-136	-142	-124	-104	-147	-131	-107	-112			
7	Y-1-2 #梁	-317	-315	-311	-317	-300	-311	-302	-308	-315	-304	-334	3	钢筋锈蚀性状不确定,可能存在坑蚀现象
		-316	-311	-313	-297	-305	-307	-316	-304	-301	-305			
8		-297	-295	-291	-297	-280	-291	-282	-288	-295	-284			
		-296	-291	-293	-277	-285	-287	-296	-284	-281	-285			
9		-330	-328	-324	-330	-313	-324	-315	-321	-328	-317			
		-329	-324	-326	-310	-318	-320	-329	-317	-314	-318			
10		-334	-332	-328	-334	-317	-328	-319	-325	-332	-321			
		-333	-328	-330	-314	-322	-324	-333	-321	-318	-322			
11		-308	-306	-302	-308	-291	-302	-293	-299	-306	-295			
		-307	-302	-304	-288	-296	-298	-307	-295	-292	-296			
12		-290	-288	-284	-290	-273	-284	-275	-281	-288	-277			
		-289	-284	-286	-270	-278	-280	-289	-277	-274	-278			

续表4.9

序号	构件编号	实测值/mV										最低实测值/mV	评定标度	钢筋锈蚀状况的可能性
13	Y-1-3#梁	-126	-145	-127	-131	-119	-146	-111	-100	-131	-111	-166	1	无锈蚀活动性或锈蚀活动性不确定,锈蚀概率小于10%
		-126	-133	-149	-143	-114	-105	-110	-117	-130	-129			
14		-137	-156	-138	-142	-130	-157	-122	-111	-142	-122			
		-137	-144	-160	-154	-125	-116	-121	-128	-141	-140			
15		-139	-158	-140	-144	-132	-159	-124	-113	-144	-124			
		-139	-146	-162	-156	-127	-118	-123	-130	-143	-142			
16		-143	-162	-144	-148	-136	-163	-128	-117	-148	-128			
		-143	-150	-166	-160	-131	-122	-127	-134	-147	-146			
17		-135	-154	-136	-140	-128	-155	-120	-109	-140	-120			
		-135	-142	-158	-152	-123	-114	-119	-126	-139	-138			
18		-129	-148	-130	-134	-122	-149	-114	-103	-134	-114			
		-129	-136	-152	-146	-117	-108	-113	-120	-133	-132			
19	Y-1-4#梁	-285	-270	-303	-274	-273	-275	-277	-288	-295	-280	-316	3	钢筋锈蚀性状不确定,可能存在坑蚀现象
		-293	-289	-264	-291	-268	-271	-266	-282	-279	-279			
20		-274	-259	-292	-263	-262	-264	-266	-277	-284	-269			
		-282	-278	-253	-280	-257	-260	-255	-271	-268	-268			
21		-298	-283	-316	-287	-286	-288	-290	-301	-308	-293			
		-306	-302	-277	-304	-281	-284	-279	-295	-292	-292			
22		-268	-253	-286	-257	-256	-258	-260	-271	-278	-263			
		-276	-272	-247	-274	-251	-254	-249	-265	-262	-262			
23		-294	-279	-312	-283	-282	-284	-286	-297	-304	-289			
		-302	-298	-273	-300	-277	-280	-275	-291	-288	-288			
24		-288	-273	-306	-277	-276	-278	-280	-291	-298	-283			
		-296	-292	-267	-294	-271	-274	-269	-285	-282	-282			

续表4.9

序号	构件编号	实测值/mV									最低实测值/mV	评定标度	钢筋锈蚀状况的可能性
25	Z-1-2 #梁	-162	-128	-142	-159	-143	-123	-139	-151	-137	-126	-98	1	有锈蚀活动性,发生锈蚀概率大于90%
		-131	-125	-123	-156	-128	-153	-130	-156	-127	-143			
26		-142	-108	-122	-139	-123	-103	-119	-131	-117	-106			
		-111	-105	-103	-136	-108	-133	-110	-136	-107	-123			
27		-132	-98	-112	-129	-113	-93	-109	-121	-107	-96			
		-101	-95	-93	-126	-98	-123	-100	-126	-97	-113			
28		-156	-122	-136	-153	-137	-117	-133	-145	-131	-120			
		-125	-119	-117	-150	-122	-147	-124	-150	-121	-137			
29		-145	-111	-125	-142	-126	-106	-122	-134	-120	-109			
		-114	-108	-106	-139	-111	-136	-113	-139	-110	-126			
30		-154	-120	-134	-151	-135	-115	-131	-143	-129	-118			
		-123	-117	-115	-148	-120	-145	-122	-148	-119	-135			
31	Z-1-4 #梁	-318	-309	-317	-346	-317	-303	-309	-325	-331	-319	-363	3	有锈蚀活动性,发生锈蚀概率大于90%
		-301	-312	-332	-301	-307	-315	-335	-301	-337	-328			
32		-335	-326	-334	-363	-334	-320	-326	-342	-348	-336			
		-318	-329	-349	-318	-324	-332	-352	-318	-354	-345			
33		-288	-279	-287	-316	-287	-273	-279	-295	-301	-289			
		-271	-282	-302	-271	-277	-285	-305	-271	-307	-298			
34		-309	-300	-308	-337	-308	-294	-300	-316	-322	-310			
		-292	-303	-323	-292	-298	-326	-292	-328	-319				
35		-301	-292	-300	-329	-300	-286	-292	-308	-314	-302			
		-284	-295	-315	-284	-290	-298	-318	-284	-320	-311			
36		-307	-298	-306	-335	-306	-292	-298	-314	-320	-308			
		-290	-301	-321	-290	-296	-304	-324	-290	-326	-317			
37	Y-1-1-0 #锚固端	-8	-24	-28	-7	-31	-27	-21	-16	-36	-16	-70	1	无锈蚀活动性或锈蚀活动性不确定,锈蚀概率小于10%
		-1	-12	-25	-42	-30	-16	-38	-14	-32	-26			
38		-25	-41	-45	-24	-48	-44	-38	-33	-53	-33			
		-18	-29	-42	-59	-47	-33	-55	-31	-49	-43			

续表4.9

序号	构件编号	实测值/mV										最低实测值/mV	评定标度	钢筋锈蚀状况的可能性
39	Y-1-2-0#锚固端	-15	-19	-47	-46	-26	-26	-25	-33	-45	-14	-70	—	—
		-57	-26	-45	-41	-45	-33	-10	-29	-11	-8			
40		-28	-32	-60	-59	-39	-39	-38	-46	-58	-27			
		-70	-39	-58	-54	-58	-46	-23	-42	-24	-21			
41		-56	-33	-41	-43	-27	-49	-43	-4	-25	-6	—	—	—
		-7	-39	-47	-27	-31	-43	-14	-31	-42	-39			
42	Y-1-3-0#锚固端	-87	-64	-72	-74	-58	-80	-74	-35	-56	-37	-87	1	无锈蚀活动性或锈蚀活动性不确定,锈蚀概率小于10%
		-38	-70	-78	-58	-62	-74	-45	-62	-73	-70			
43		-19	-21	-30	-35	-19	-14	-13	-8	-26	-11	—	—	—
		-48	-1	-41	-37	-46	-5	-15	-11	-6	-36			
44	Y-1-4-0#锚固端	-48	-50	-59	-64	-48	-43	-42	-37	-55	-40	-77	1	无锈蚀活动性或锈蚀活动性不确定,锈蚀概率小于10%
		-77	-30	-70	-66	-75	-34	-44	-40	-35	-65			
45		-53	-44	-32	-46	-11	-10	-17	-6	-22	-13	—	—	—
		-13	-28	-38	-34	0	-17	-28	-22	-34	-39			
46	Z-1-2-0#锚固端	-82	-73	-61	-75	-40	-39	-46	-35	-51	-42	-82	1	无锈蚀活动性或锈蚀活动性不确定,锈蚀概率小于10%
		-42	-57	-67	-63	-29	-46	-57	-51	-63	-68			

续表4.9

序号	构件编号	实测值/mV										最低实测值/mV	评定标度	钢筋锈蚀状况的可能性
47	Z-1-4-0 #锚固端	-61	-4	-45	-31	-31	-30	-35	-19	-20	-10	—	1	无锈蚀活动性或锈蚀活动性不确定,锈蚀概率小于10%
		-3	-9	-34	-35	-11	-29	-20	-19	-9	-26			
48		-78	-21	-62	-48	-48	-47	-52	-36	-37	-27	-78	1	无锈蚀活动性或锈蚀活动性不确定,锈蚀概率小于10%
		-20	-26	-51	-52	-28	-46	-37	-36	-26	-43			
49	Y-1-1-0 #侧墙	-26	-26	-25	-33	-45	-14	-18	-1	-8	-1	—	1	无锈蚀活动性或锈蚀活动性不确定,锈蚀概率小于10%
		-45	-33	-10	-29	-11	-8	-9	-12	-24	-12			
50		-47	-47	-46	-54	-66	-35	-39	-22	-29	-22	-66	1	无锈蚀活动性或锈蚀活动性不确定,锈蚀概率小于10%
		-66	-54	-31	-50	-32	-29	-30	-33	-45	-33			
51	Y-1-2-0 #侧墙	-27	-49	-43	-4	-25	-6	-17	-32	-28	-25	—	1	无锈蚀活动性或锈蚀活动性不确定,锈蚀概率小于10%
		-31	-43	-14	-31	-42	-39	-46	-1	-7	-42			
52		-36	-58	-52	-13	-34	-15	-26	-41	-37	-34	-58	1	无锈蚀活动性或锈蚀活动性不确定,锈蚀概率小于10%
		-40	-52	-23	-40	-51	-48	-55	-10	-16	-51			

续表4.9

序号	构件编号	实测值/mV										最低实测值/mV	评定标度	钢筋锈蚀状况的可能性
53	Y-1-3-0 #侧墙	-19	-14	-13	-8	-26	-11	-17	-7	-31	-30	—	1	无锈蚀活动性或锈蚀活动性不确定,锈蚀概率小于10%
		-46	-5	-15	-11	-6	-36	-3	-15	-27	-16			
54		-32	-27	-26	-21	-39	-24	-30	-20	44	43	-59	1	无锈蚀活动性或锈蚀活动性不确定,锈蚀概率小于10%
		-59	-18	-28	-24	-19	-49	-16	-28	-40	-29			
55	Y-1-4-0 #侧墙	-11	-10	-17	-6	-22	-13	-9	-35	-21	-38	—	1	无锈蚀活动性或锈蚀活动性不确定,锈蚀概率小于10%
		-26	-17	-28	-22	-34	-39	-25	-1	-16	-14			
56		-42	-41	-48	-37	-53	-44	-40	-66	-52	-69	-70	1	无锈蚀活动性或锈蚀活动性不确定,锈蚀概率小于10%
		-31	-48	-59	-53	-65	-70	-56	-32	-47	-45			
57	Z-1-2-0 #侧墙	-31	-30	-35	-19	-20	-10	-31	-37	-36	-32	—	1	无锈蚀活动性或锈蚀活动性不确定,锈蚀概率小于10%
		-11	-29	-20	-19	-9	-26	-19	-28	-16	-26			
58		-52	-51	-56	-40	-41	-31	-52	-58	-57	-53	-58	1	无锈蚀活动性或锈蚀活动性不确定,锈蚀概率小于10%
		-32	-50	-41	-40	-30	-47	-40	-49	-37	-47			

续表4.9

序号	构件编号	实测值/mV									最低实测值/mV	评定标度	钢筋锈蚀状况的可能性
59	Z-1-4-0#侧墙	-30	-21	-29	-24	-17	-26	-26	-30	-30	-23	—	1	无锈蚀活动性或锈蚀活动性不确定,锈蚀概率小于10%
		-24	-30	-7	-26	-25	-29	-30	-26	-30	-24			
60		-61	-52	-60	-55	-48	-57	-57	-61	-61	-54	-61	1	无锈蚀活动性或锈蚀活动性不确定,锈蚀概率小于10%
		-55	-61	-38	-57	-56	-60	-61	-57	-61	-55			

通过数据分析,该桥部分测点锈蚀电位实测值介于-363~-30 mV。侧墙、锚固端和部分梁构件钢筋无锈蚀活动性或锈饰活动性不确定,评定标度为1。有三片梁构件有锈蚀活动性,发生锈蚀的概率大于90%,评定标度为3。

4.3.6 混凝土电阻率检测结果

本桥采用四电极法测定混凝土电阻率,按照测区电阻率最小值确定混凝土电阻率评定标度。本桥共检测18个构件,根据《公路桥梁承载能力检测评定规程》(JTG/T J21—2011)中5.6.3规定和《城市桥梁检测与评定技术规范》(CJJ/T 233—2015)中5.6.11规定进行评定,检测结果见表4.10。

表4.10 混凝土电阻率

序号	构件编号	实测值/(Ω·cm)						最小值/(Ω·cm)	评定标度	可能的钢筋锈蚀速率
1	Y-1-1#梁	24 000	25 900	26 400	24 400	26 000	26 200	20 800	1	很慢
		39 100	20 800	28 700	21 000	22 400	26 800			
		39 300	28 400	25 100	29 300	38 200	47 800			
		22 300	21 000	22 300	26 800	25 100	22 400			
		30 100	24 500	25 400	24 300	22 400	25 100			

续表4.10

序号	构件编号	实测值/(Ω·cm)						最小值/(Ω·cm)	评定标度	可能的钢筋锈蚀速率
2	Y-1-2#梁	31 700	40 000	81 700	77 800	90 700	38 100	19 000	2	慢
		87 400	80 800	91 900	91 000	81 700	77 800			
		90 700	88 100	87 400	86 700	27 500	22 100			
		38 100	28 600	39 200	87 000	19 000	19 900			
		41 800	50 400	90 200	99 000	86 700	27 500			
3	Y-1-3#梁	43 200	72 600	68 700	76 900	85 400	89 900	43 200	1	很慢
		91 800	74 000	77 000	67 700	71 300	72 100			
		73 600	70 100	63 600	77 000	93 100	71 400			
		63 600	76 900	93 000	71 200	70 200	63 700			
		83 400	66 700	71 300	72 100	73 600	70 100			
4	Y-1-4#梁	70 000	80 500	70 200	95 100	99 500	93 300	16 100	2	慢
		37 400	71 500	73 000	69 500	63 000	54 100			
		43 700	40 400	45 900	20 400	43 300	39 600			
		17 600	16 100	71 400	18 900	17 800	18 700			
		75 200	67 600	68 000	62 500	20 600	18 800			
5	Z-1-2#梁	73 000	69 500	63 000	76 300	39 600	61 700	21 800	1	很慢
		57 800	67 800	52 600	52 100	61 800	40 900			
		38 900	45 400	66 100	99 500	93 300	21 800			
		54 000	43 600	40 300	45 800	45 400	95 100			
		31 400	24 900	31 100	34 400	28 300	45 300			
6	Z-1-4#梁	33 800	30 800	35 200	30 800	30 200	29 000	10 900	3	一般
		33 800	26 300	31 100	41 200	25 000	22 200			
		10 900	22 200	26 700	68 900	48 300	29 400			
		31 000	38 900	38 800	49 300	49 300	51 000			
		31 800	94 000	38 400	42 900	37 900	49 200			
7	Y-1-1-0#锚固端	76 300	92 400	70 700	69 700	63 100	57 000	40 400	1	很慢
		66 400	64 500	84 200	63 600	65 700	58 000			
		68 000	52 800	52 300	43 700	40 400	46 000			
		66 800	70 000	67 600	73 400	70 800	54 100			
		94 400	91 200	93 500	75 200	91 200	76 100			

续表4.10

序号	构件编号	实测值/(Ω·cm)						最小值/(Ω·cm)	评定标度	可能的钢筋锈蚀速率
8	Y-1-2-0# 锚固端	87 200	79 100	86 500	82 100	89 300	82 000	38 900	1	很慢
		85 100	77 700	89 400	90 700	58 800	49 600			
		42 000	41 400	39 400	43 800	40 500	46 100			
		54 100	43 700	40 400	45 900	45 500	54 200			
		58 300	49 100	41 400	40 900	38 900	45 400			
9	Y-1-3-0# 锚固端	82 600	97 800	76 400	95 100	99 500	93 300	46 700	1	很慢
		56 900	55 200	71 700	69 800	46 700	56 900			
		55 300	71 700	69 900	71 800	81 400	64 200			
		98 800	71 700	81 400	64 200	94 500	98 900			
		64 800	53 400	77 700	81 200	70 800	94 400			
10	Y-1-4-0# 锚固端	72 100	73 600	70 100	76 900	93 300		40 400	1	很慢
		93 500	95 100	99 500	93 300	73 700	70 400			
		40 400	45 900	45 500	83 300	89 600	93 500			
		67 700	71 300	72 100	73 600	70 100	63 600			
		95 100	99 500	93 300	53 700	71 500	73 000			
11	Z-1-2-0# 锚固端	82 900	66 100	70 700	71 300	73 000	69 500	31 200	1	很慢
		63 000	76 300	92 400	70 700	69 700	63 100			
		76 500	92 600	70 800	54 500	41 300	43 700			
		61 100	54 400	71 200	93 500	35 000	31 200			
		70 000	51 800	86 500	91 100	41 400	34 900			
12	Z-1-4-0# 锚固端	57 000	66 400	64 500	84 200	63 600	65 700	38 900	1	很慢
		58 000	68 000	66 700	71 300	72 100	73 600			
		53 700	50 400	53 300	40 900	38 900	45 400			
		54 100	43 700	80 500	70 200	95 100	99 500			
		76 100	66 800	70 000	67 600	73 400	70 800			
13	Y-1-1-0# 侧墙	49 400	57 000	66 400	64 500	84 200	63 600	49 400	1	很慢
		65 700	69 900	80 500	70 100	63 800	65 900			
		70 000	80 500	70 200	75 200	67 600	68 000			
		70 800	75 100	67 500	67 800	73 500	70 900			
		69 100	76 100	66 800	70 000	67 600	73 400			

续表4.10

序号	构件编号	实测值/(Ω·cm)						最小值/(Ω·cm)	评定标度	可能的钢筋锈蚀速率
14	Y-1-2-0#侧墙	43 600	40 300	45 800	45 400	57 800	25 800	21 400	1	很慢
		73 600	70 100	63 600	76 900	93 000	71 200			
		70 200	75 800	54 000	63 000	42 200	41 700			
		99 500	93 300	63 700	71 500	73 000	69 500			
		51 600	55 500	56 100	54 900	30 400	21 400			
15	Y-1-3-0#侧墙	44 500	41 200	46 700	46 300	63 600	45 000	41 200	1	很慢
		41 200	76 100	66 800	70 000	67 600	73 300			
		70 800	70 600	69 600	58 800	43 500	45 000			
		89 300	82 000	85 100	77 600	89 400	90 700			
		64 500	84 200	63 600	65 700	63 100	82 100			
16	Y-1-4-0#侧墙	81 800	72 100	53 800	47 900	57 500	61 700	38 800	1	很慢
		57 800	67 800	52 600	52 100	61 800	58 000			
		68 000	52 800	52 300	43 700	40 400	46 000			
		54 000	43 600	40 300	45 300	45 400	54 100			
		58 200	49 000	41 400	40 800	38 800	45 300			
17	Z-1-2-0#侧墙	51 300	50 300	48 300	56 400	43 900	51 800	21 100	1	很慢
		68 700	46 500	31 200	38 000	36 800	47 800			
		46 600	33 200	35 400	42 800	21 100	29 000			
		46 700	28 300	89 000	39 800	43 600	62 900			
		41 700	39 700	46 200	54 900	44 500	41 200			
18	Z-1-4-0#侧墙	69 700	63 100	57 000	66 400	64 500	84 200	32 100	1	很慢
		63 600	93 300	73 700	50 400	40 400	45 900			
		45 500	32 100	76 100	93 500	89 300	82 000			
		73 400	73 600	70 100	63 300	43 300	49 600			
		45 000	41 200	76 100	66 800	70 000	67 600			

通过数据分析,该桥所选构件混凝土电阻率均介于 10 900～49 400 Ω·cm,大部分被测构件的混凝土电阻率评定标度为 1,钢筋锈蚀速率很慢。两个梁构件的混凝土电阻率评定标度分别为 2 和 3,可能的锈蚀速率慢或一般。

4.4 基于模糊评判理论的箱涵安全性评定

4.4.1 各指标测度矩阵

根据该桥梁的混凝土强度、碳化深度、保护层厚度、氯离子、钢筋锈蚀、电阻率现场检测数据,由测度函数可得到各检测指标的测度矩阵如下:

$$\boldsymbol{\mu}_1 = \begin{bmatrix} 1 & 0 & 0 & 0 & 0 \\ 1 & 0 & 0 & 0 & 0 \\ 1 & 0 & 0 & 0 & 0 \\ 1 & 0 & 0 & 0 & 0 \\ 1 & 0 & 0 & 0 & 0 \\ 1 & 0 & 0 & 0 & 0 \\ 1 & 0 & 0 & 0 & 0 \\ 1 & 0 & 0 & 0 & 0 \\ 1 & 0 & 0 & 0 & 0 \\ 1 & 0 & 0 & 0 & 0 \\ 1 & 0 & 0 & 0 & 0 \\ 1 & 0 & 0 & 0 & 0 \\ 1 & 0 & 0 & 0 & 0 \\ 1 & 0 & 0 & 0 & 0 \\ 1 & 0 & 0 & 0 & 0 \\ 1 & 0 & 0 & 0 & 0 \\ 1 & 0 & 0 & 0 & 0 \\ 1 & 0 & 0 & 0 & 0 \end{bmatrix}$$

$$\boldsymbol{\mu}_2 = \begin{bmatrix} 1 & 0 & 0 & 0 & 0 \\ 1 & 0 & 0 & 0 & 0 \\ 1 & 0 & 0 & 0 & 0 \\ 1 & 0 & 0 & 0 & 0 \\ 1 & 0 & 0 & 0 & 0 \\ 1 & 0 & 0 & 0 & 0 \\ 1 & 0 & 0 & 0 & 0 \end{bmatrix}$$

$$\boldsymbol{\mu}_3 = \begin{bmatrix} 0 & 0 & 0.90 & 0.10 & 0 \\ 0 & 0 & 0.63 & 0.37 & 0 \\ 0 & 0 & 0.63 & 0.37 & 0 \\ 0 & 0 & 0.50 & 0.50 & 0 \\ 0 & 0 & 0.57 & 0.43 & 0 \\ 0 & 0.36 & 0.64 & 0 & 0 \\ 0 & 0.6 & 0.4 & 0 & 0 \\ 0 & 0 & 0.63 & 0.37 & 0 \\ 0.2 & 0.8 & 0 & 0 & 0 \\ 0.2 & 0.8 & 0 & 0 & 0 \\ 0.6 & 0.4 & 0 & 0 & 0 \\ 0 & 0.92 & 0.08 & 0 & 0 \\ 0 & 0.28 & 0.72 & 0 & 0 \\ 0 & 0.6 & 0.4 & 0 & 0 \\ 0 & 0 & 0.97 & 0.03 & 0 \\ 0 & 0.44 & 0.56 & 0 & 0 \\ 0 & 0.6 & 0.4 & 0 & 0 \\ 0 & 0.28 & 0.72 & 0 & 0 \end{bmatrix}$$

$$\boldsymbol{\mu}_4 = \begin{bmatrix} 1 & 0 & 0 & 0 & 0 \\ 0 & 0.25 & 0.75 & 0 & 0 \\ 1 & 0 & 0 & 0 & 0 \\ 0 & 0.51 & 0.49 & 0 & 0 \\ 0.2 & 0.8 & 0 & 0 & 0 \\ 0.2 & 0.8 & 0 & 0 & 0 \\ 0.2 & 0.8 & 0 & 0 & 0 \\ 0 & 0.95 & 0.05 & 0 & 0 \\ 1 & 0 & 0 & 0 & 0 \\ 1 & 0 & 0 & 0 & 0 \\ 1 & 0 & 0 & 0 & 0 \\ 1 & 0 & 0 & 0 & 0 \\ 1 & 0 & 0 & 0 & 0 \\ 1 & 0 & 0 & 0 & 0 \\ 1 & 0 & 0 & 0 & 0 \\ 1 & 0 & 0 & 0 & 0 \\ 1 & 0 & 0 & 0 & 0 \\ 1 & 0 & 0 & 0 & 0 \end{bmatrix}$$

第 4 章　基于模糊评判理论的箱涵安全性评估

$$\boldsymbol{\mu}_5 = \begin{bmatrix} 1 & 0 & 0 & 0 & 0 \\ 0 & 0.16 & 0.84 & 0 & 0 \\ 1 & 0 & 0 & 0 & 0 \\ 0 & 0.34 & 0.66 & 0 & 0 \\ 1 & 0 & 0 & 0 & 0 \\ 0 & 0 & 0.87 & 0.13 & 0 \\ 1 & 0 & 0 & 0 & 0 \\ 1 & 0 & 0 & 0 & 0 \\ 1 & 0 & 0 & 0 & 0 \\ 1 & 0 & 0 & 0 & 0 \\ 1 & 0 & 0 & 0 & 0 \\ 1 & 0 & 0 & 0 & 0 \\ 1 & 0 & 0 & 0 & 0 \\ 1 & 0 & 0 & 0 & 0 \\ 1 & 0 & 0 & 0 & 0 \\ 1 & 0 & 0 & 0 & 0 \\ 1 & 0 & 0 & 0 & 0 \end{bmatrix}$$

$$\boldsymbol{\mu}_6 = \begin{bmatrix} 1 & 0 & 0 & 0 & 0 \\ 0.6 & 0.4 & 0 & 0 & 0 \\ 1 & 0 & 0 & 0 & 0 \\ 0 & 0.72 & 0.28 & 0 & 0 \\ 1 & 0 & 0 & 0 & 0 \\ 1 & 0 & 0 & 0 & 0 \\ 1 & 0 & 0 & 0 & 0 \\ 1 & 0 & 0 & 0 & 0 \\ 1 & 0 & 0 & 0 & 0 \\ 1 & 0 & 0 & 0 & 0 \\ 1 & 0 & 0 & 0 & 0 \\ 1 & 0 & 0 & 0 & 0 \\ 1 & 0 & 0 & 0 & 0 \\ 1 & 0 & 0 & 0 & 0 \\ 1 & 0 & 0 & 0 & 0 \\ 1 & 0 & 0 & 0 & 0 \end{bmatrix}$$

4.4.2 指标评价测度

1. 各指标测度

取各检测指标测区测度的平均值,可得各检测指标的评价测度,即:

混凝土强度的评价测度
$$\mu'_1 = [1 \quad 0 \quad 0 \quad 0 \quad 0]$$

碳化深度的评价测度
$$\mu'_2 = [1 \quad 0 \quad 0 \quad 0 \quad 0]$$

保护层厚度的评价测度
$$\mu'_3 = [0.06 \quad 0.34 \quad 0.48 \quad 0.12 \quad 0]$$

氯离子的评价测度
$$\mu'_4 = [0.70 \quad 0.23 \quad 0.07 \quad 0 \quad 0]$$

钢筋锈蚀的评价测度
$$\mu'_5 = [0.83 \quad 0.03 \quad 0.13 \quad 0.01 \quad 0.00]$$

电阻率的评价测度
$$\mu'_6 = [0.92 \quad 0.06 \quad 0.02 \quad 0 \quad 0]$$

2. 多指标测度矩阵

根据《公路桥梁承载能力检测评定规程》(JTG/T J21—2011)规定,对钢筋锈蚀电位标度为 3、4、5 的主要构件需进行混凝土电阻率检测,因此需检测混凝土电阻率。混凝土强度等 6 个指标的测度矩阵可表达为

$$\boldsymbol{\mu} = \begin{bmatrix} 1 & 0 & 0 & 0 & 0 \\ 1 & 0 & 0 & 0 & 0 \\ 0.06 & 0.34 & 0.48 & 0.12 & 0 \\ 0.7 & 0.23 & 0.07 & 0 & 0 \\ 0.83 & 0.03 & 0.13 & 0.01 & 0.00 \\ 0.92 & 0.06 & 0.02 & 0 & 0 \end{bmatrix}$$

4.4.3 修正的各指标权重

由于剔除了表观缺损检测指标,因此需对推荐的配筋混凝土桥梁结构或构件检测指标影响权重。

1. 根据推荐的检测指标影响权重构建相对重要性矩阵

$$\boldsymbol{\mu} = \begin{bmatrix} 1 & 1/4 & 1/2.5 & 1/3 & 1/2 & 1 \\ 4 & 1 & 1.7 & 1.3 & 1.8 & 4 \\ 2.5 & 1/1.7 & 1 & 1/1.25 & 1.1 & 2.5 \\ 3 & 1/1.3 & 1.25 & 1 & 1.36 & 3 \\ 2 & 1/1.8 & 1/1.1 & 1/1.36 & 1 & 2 \\ 1 & 1/4 & 1/2.5 & 1/3 & 1/2 & 1 \end{bmatrix}$$

2.计算修正的权重系数

根据和法可计算得到修正的权重系数,即

$$w = [0.07 \quad 0.29 \quad 0.18 \quad 0.22 \quad 0.15 \quad 0.07]$$

推荐的配筋混凝土桥梁结构或构件检测指标影响权重及修正值见表4.11。

表4.11 推荐的配筋混凝土桥梁结构或构件检测指标影响权重及修正值

序号	检测指标名称	权重 α_j	修正的指标权重
1	混凝土表观缺损	0.32	—
2	结构混凝土强度推定值	0.05	0.07
3	混凝土碳化深度	0.20	0.29
4	混凝土保护层厚度	0.12	0.18
5	氯离子(Cl^-)含量	0.15	0.22
6	钢筋自然电位	0.11	0.15
7	混凝土电阻率	0.05	0.07

该桥梁的综合测度评价向量

$$\boldsymbol{\mu}' = \sum_{i=1}^{6} \omega_i \mu_i$$

即

$$\boldsymbol{\mu}' = [0.72 \quad 0.14 \quad 0.12 \quad 0.02 \quad 0]$$

检测标度为1的概率为72%、检测标度为2、3的概率分别为14%、12%,因此该桥梁无损检测结果为基本完好,需定期检测,对锈蚀较严重的三片梁重点监测。

4.5 桥梁结构技术状况评定

根据检测结果,依照《城市桥涵养护技术规范》(CJJ 99—2017)附录D对桥面系、上部结构、下部结构评分等级进行评估。

4.5.1 桥面系各部件评分结果

桥面系各部件评分结果及桥面系技术状况指数得分结果见表4.12。

表 4.12 桥面系各部件评分结果及桥面系技术状况指数得分结果

桥梁部件	评估要素	权重 ω_h	修正后权重 ω_h	评分	BCI_m	评定等级	BSI_m	评定等级
桥面系	桥面铺装	0.30	0.30	100	100	A(完好)	100	A(完好)
	桥头平顺	0.15	0.15	100				
	伸缩装置	0.25	0.25	100				
	排水系统	0.10	0.10	100				
	人行道	0.10	0.10	100				
	栏杆或护栏	0.10	0.10	100				

4.5.2 上部结构各部件评分结果

上部结构各部件评分结果及上部结构技术状况指数得分结果见表 4.13。

表 4.13 上部结构各部件评分结果及上部结构技术状况指数得分结果

桥梁跨号	构件类型	权重 ω_h	修正后权重 ω_h	评分	BCI_{si}	BCI_s	评定等级	BSI_s	评定等级
1#跨	箱涵	0.60	0.60	95	81	81	B(良好)	81	B(良好)
	横向联系	0.40	0.40	60					

4.5.3 下部结构各部件评分结果

下部结构各部件评分结果及下部结构技术状况指数得分结果见表 4.14。

表 4.14 下部结构各部件评分结果及下部结构技术状况指数得分结果

桥梁跨号	构件类型	权重 ω_h	修正后权重 ω_h	评分	BCI_{xj}	BCI_x	评定等级	BSI_x	评定等级
基础	基础	1	1	100	100	100	A(完好)	100	A(完好)

4.5.4 桥梁整体技术状况评估

桥梁整体技术状况评估结果见表 4.15。

表 4.15 桥梁整体技术状况评估结果

序号	桥梁部位	权重	技术状况指数	评定等级	养护对策
1	桥面系	0.15	100	A(完好)	日常保养
2	上部结构	0.4	81	B(良好)	保养小修
3	下部结构	0.45	100	A(完好)	日常保养

续表4.15

序号	桥梁部位	权重	技术状况指数	评定等级	养护对策
	全桥总体技术状况指数 BCI		92.4		
	是否存在 D 级桥单项控制指标		否		
	全桥总体技术状况评定等级		A(完好)		
	养护对策		日常保养		

4.5.5 桥梁结构状况评估

桥梁结构状况评估结果见表 4.16。

表 4.16 桥梁结构状态评估结果

序号	桥梁部位	结构状况指数	评定等级	养护对策
1	桥面系	100	A(完好)	日常保养
2	上部结构	81	B(良好)	保养小修
3	下部结构	100	A(完好)	日常保养

本桥技术状况等级为 A 级(完好),桥面系的结构状况为 A 级(完好),上部结构的结构状况为 B 级(良好),下部结构的结构状况为 A 级(完好)。

4.6 桥梁静载试验

4.6.1 静载试验内容与方法

1. 检测内容

依据桥梁结构相关技术资料,确定结构材料特性和截面几何特性参数,利用有限元分析软件建立桥梁结构模型,对其进行试验理论计算分析。

根据桥梁结构受力及构造特点,选取桥梁具有代表性桥跨作为试验跨。对试验跨各控制截面进行应力(应变)、挠度等测试。

静载试验测试项目:
(1)试验荷载作用下,控制截面应力测试。
(2)试验荷载作用下,控制截面最大挠度测试。
(3)试验荷载作用下,应力测试截面附近区域裂缝观测。

2. 检测方法

静载试验采用试验载重车加载,使结构主控截面或部位的内力或应力达到与设计荷载标准值的作用效应等效,并在试验过程中测试关键部位应变及变形,评定结构的实际工作状况和承载能力。

本次静载试验主要测试内容包括：

(1)应力(应变)：在测试截面表面粘贴电阻应变片，配合 DH3819 静态应变分析系统进行应变测试。

(2)挠度：对主要控制截面的竖向位移采用机械百分表或者在桥面布置测点采用高精度水准仪进行测量。

(3)裂缝观测：裂缝观测需接近试验梁体表面，观测试验控制截面及附近区域梁体在加载前、加载中、卸载工况下有无裂缝出现及发展现象。

3. 控制截面与测点布置

(1)控制截面选取。

根据该桥受力特点、现场情况和业主委托，综合选择后，选取右幅进行荷载试验，试验桥跨各测试控制断面汇总表见表 4.17。具体截面布置图如图 4.20 所示。

表 4.17 试验桥跨各测试控制断面汇总表

序号	试验桥跨	试验工况	控制截面	截面位置	截面布置示意图
1	右幅	跨中截面主梁最大正弯矩工况	A—A 截面	右幅 0.5L 截面	图 4.20

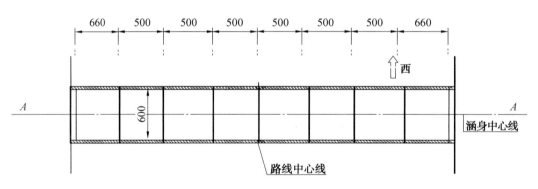

图 4.20 试验桥跨测试截面布置图(单位:cm)

(2)应变测点布置。

全桥共布置 1 个应变测试断面，试验桥跨应变测点截面布置图如图 4.21 所示。

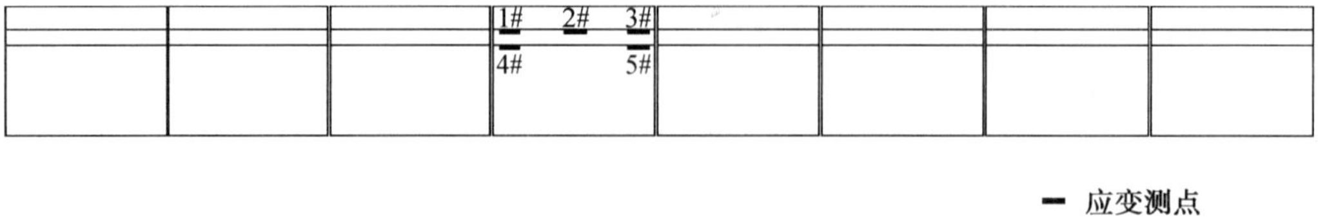

			1# 2# 3#			
			4# 5#			

— 应变测点

图 4.21 试验桥跨应变测点截面布置图

(3)挠度测点布置。

全桥共布置 1 个挠度测试断面，在试验桥跨测试断面上的梁中心布置挠度测点，布置图如图 4.22 所示。

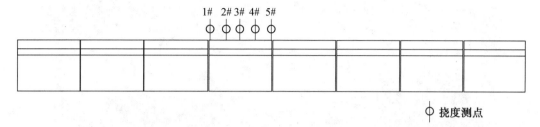

图 4.22　试验桥跨挠度测点截面布置图

4.6.2　试验荷载及加载工况

1. 设计控制内力

桥梁设计控制内力计算采用有限元分析软件 Midas Civil 建立空间模型进行分析计算,主梁及桥面铺装中钢筋混凝土层用块体单元模拟梁,铰缝用相邻单元 X、Y 向自由度约束,模型共包括 576 个节点,256 个块体单元。以设计荷载作为桥梁控制荷载。

试验桥跨计算模型如图 4.23 所示。变形图、应力云图如图 4.24 和图 4.25 所示。

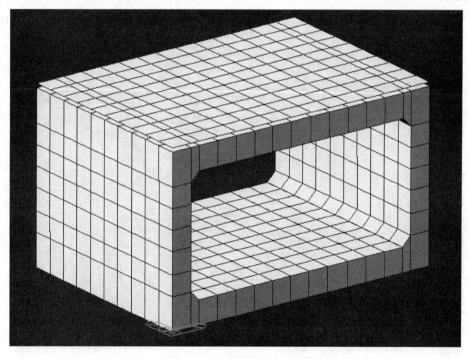

图 4.23　试验桥跨计算模型

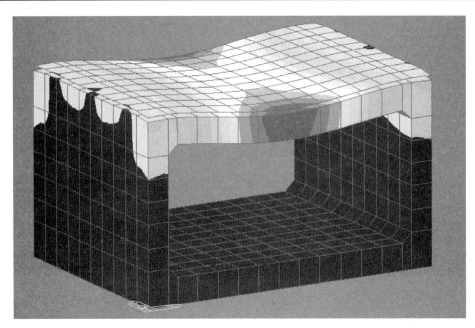

图 4.24 试验桥跨设计荷载下变形图

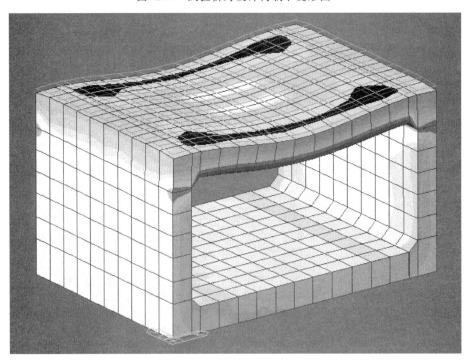

图 4.25 中载试验桥跨设计荷载下应力云图

2. 试验加载车辆选用

为了保证试验的有效性,采用标准车队进行加载,车队纵向位置按计算的影响线进行布设。根据本桥结构特点,在尽可能保证各主要测试截面试验荷载效率系数 η 在规范规定的范围内,经过计算确定,本次静载试验需用约 350 kN 载重车(车重+荷重)2 辆,具体数据见表 4.18,试验加载车辆轴距示意图如图 4.26 所示。

表 4.18 加载车辆参数表

编号	车牌号	4-3轴距 a/m	3-2轴距 b/m	2-1轴距 c/m	轮距 d/m	1轴重 /t	2轴重 /t	3轴重 /t	4轴重 /t	总重 /t
1	豫 RSS110	1.95	2.25	1.35	1.92	15.68	13.01	5.08	5.46	37.23
2	豫 RFF557	1.95	2.25	1.35	1.92	11.35	13.03	6.35	5.72	36.45

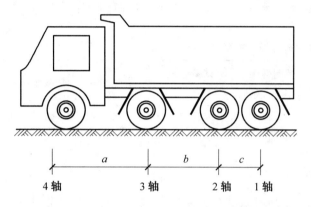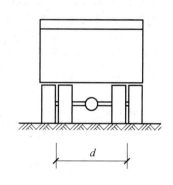

图 4.26 加载车辆轴距示意图

3. 试验工况

本次加载采用两辆约 35 t 重四轴载重车加载,载荷工况对称加载。跨中截面最大正弯矩车辆布置如图 4.27 所示。

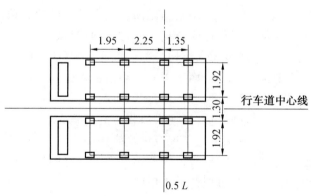

图 4.27 A—A 截面最大正弯矩中载车辆布置图(单位:m)

4. 荷载效率

本次静力试验荷载采用载重汽车(重约 350 kN)充当,就某一检验项目而言,所需车载质量,将根据设计控制荷载产生的该检验项目(内力和位移等)的最不利效应值,以满足下式所定原则等效换算而得

$$\eta_q = \frac{S_s}{S(1+\mu)}$$

式中 η_q——静载试验荷载效率,对交竣工验收荷载试验,宜介于 0.85~1.05;否则,宜介于 0.95~1.05;

S_s——静载试验荷载作用下,某一加载试验项目对应的加载控制截面内力或位移的计算效应值;

S——控制荷载产生的同一加载控制截面内力或位移的最不利效应计算值;

μ——按规范取用的冲击系数值。

对于该桥而言,根据设计荷载计算各控制截面的弯矩,并依此进行试验荷载设计。荷载效率系数均满足试验方法规定的 0.95~1.05 的范围。各试验截面的计算弯矩、试验弯矩及相应的荷载效率见表 4.19。

表 4.19 试验桥跨静力加载试验荷载效率

序号	加载内容	控制弯矩 /(kN·m)	试验弯矩 /(kN·m)	荷载效率	加载车布置图
1	A—A 截面最大正弯矩中载	69.316	66.6	0.96	如图 4.27

4.6.3 试验控制及安全措施

(1)试验指挥人员在加载试验过程中随时掌握各方面情况,对加载进行控制。既要取得良好的试验效果,又要确保人员、仪表设备及桥梁的安全,避免不应有的损失。严格按设计的加载程序进行加载,荷载的大小、截面内力的大小都应由小到大逐渐增加,并随时做好停止加载和卸载的准备。

(2)对加载试验的控制点随时观测,随时计算并将计算结果报告试验指挥人员,如实测值超过计算值较多,则应暂停加载,待查明原因再决定是否继续加载。试验人员如发现其他测点的测值有较大的反常变化也应查找原因,并及时向试验指挥人员报告。

(3)加载过程中指定人员随时观察结构各部位可能产生的裂缝,注意观察构件薄弱部位是否有开裂、破损,组合构件的结合面是否有开裂错位,支座附近混凝土是否开裂,横隔板的接头是否拉裂,结构是否产生不正常的响声,加载时桥墩是否发生摇晃现象,等等。如发生这些情况应报告试验指挥人员,以便采取相应的措施。

(4)终止加载控制条件。发生下列情况应中途终止加载:

①控制测点应变值达到或超过按规范安全条件理论计算的控制应变值时;

②控制测点变位(或挠度)超过规范允许值时;

③由于加载,使结构产生大量裂缝,有些裂缝宽度超过允许值,对结构使用寿命造成较大的影响时;

④加载时沿跨长方向的实测挠度曲线分布规律与计算值相差过大或实测挠度超过计算值过多时;

⑤发生其他损坏,影响桥梁承载能力或正常使用时。

4.6.4 静载试验结果分析

1. A—A 截面最大正弯矩中载应变测试结果分析

(1) 应变测试结果。

该试验工况作用下测试截面应变测试结果及校验系数详见表 4.20，测试截面应变计算值与实测值对比曲线如图 4.28 所示。

表 4.20 A—A 截面最大正弯矩中载测试截面应变测试结果及校验系数（单位：$\mu\varepsilon$）

试验位置	测点编号	实测值 S_t	残余值 S_p	弹性值 S_e	理论值 S_s	相对残余值 $\Delta S_p/\%$	校验系数 η
测试截面左侧面	1#	0.43	0.01	0.42	0.61	2.30	0.69
测试截面上表面	2#	−23.22	−1.02	−22.2	−37.01	5.40	0.60
对称中心	3#	12.48	0.07	12.41	19.4	0.60	0.64
测试截面上表面	4#	−17.19	−0.04	−17.15	−23.7	0.20	0.72
测试截面右侧面	5#	1.82	0.04	1.78	3.13	2.20	0.57

注：表中应变测试值和理论值为负表示在试验荷载作用下该测点受压，应变值为正则表示在试验荷载作用下该测点受拉。

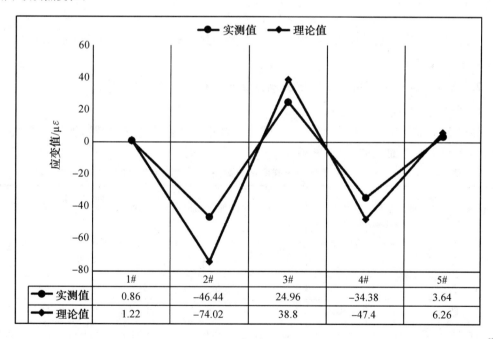

图 4.28 A—A 截面最大正弯矩中载测试截面应变计算值与实测值对比曲线

从表 4.20 中应变数据分析可以看出，试验桥跨在试验工况下，梁体应变校验系数在 0.57～0.72；试验荷载卸载后，相对残余应变最大值为 5.40%。符合《城市桥梁检测与评定技术规范》(CJJ/T 233—2015) 中的规定。

(2)应变实测值与理论计算值的相关度。

应变值矩阵表示为

$$\boldsymbol{\varepsilon} = \begin{bmatrix} \varepsilon_{实测} \\ \varepsilon_{理论} \end{bmatrix} = \begin{bmatrix} 0.43 & -23.22 & 12.48 & -17.19 & 1.82 \\ 0.61 & -37.01 & 19.4 & -23.7 & 3.13 \end{bmatrix}$$

根据灰色相关度计算公式,对梁的应变实测值与理论计算值进行初值化处理,即

$$\boldsymbol{\psi} = \begin{bmatrix} \psi_{实测} \\ \psi_{理论} \end{bmatrix} = \begin{bmatrix} 1.00 & -52.86 & 29.55 & -40.83 & 4.24 \\ 1.00 & -60.67 & 31.80 & -38.85 & 5.13 \end{bmatrix}$$

根据邓式灰色相关性计算公式

$$\xi_i(k) = \frac{\min\limits_{i}\min\limits_{k}|x_0(k)-x_i(k)| + \nu \max\limits_{i}\max\limits_{k}|x_0(k)-x_i(k)|}{|x_0(k)-x_i(k)| + \nu \max\limits_{i}\max\limits_{k}|x_0(k)-x_i(k)|}$$

则各梁的应变实测值与理论计算值相关系数矩阵为

$$\boldsymbol{\xi} = \begin{bmatrix} 1.00 & 0.34 & 0.53 & 0.55 & 0.87 \end{bmatrix}$$

平均相关性系数为 0.658。

根据两条曲线的相似度计算公式可得应变实测曲线与理论计算曲线的相似度为

$$\eta = \frac{\sum\limits_{i=1}^{n}\alpha_i\beta_i}{\sqrt{\sum\limits_{i=1}^{n}\alpha_i^2}\sqrt{\sum\limits_{i=1}^{n}\beta_i^2}} = 0.9967$$

因此试验桥跨在试验工况下,梁体应变实测曲线与理论计算曲线的相似度接近1,显示梁承载力完好。

2. A—A 截面最大正弯矩中载挠度测试结果分析

(1)挠度测试结果。

该试验工况作用下测试截面挠度测试结果及校验系数详见表 4.21,测试截面挠度计算值与实测值对比曲线如图 4.29 所示。

表 4.21 A—A 截面最大正弯矩中载测试截面挠度测试结果及校验系数(单位:mm)

试验位置	测点编号	实测值 S_t	残余值 S_p	弹性值 S_e	理论值 S_s	相对残余值 $\Delta S_p/\%$	校验系数 η
左边界	1#	−0.04	0	−0.04	−0.06	0.00	0.67
1/4 跨	2#	−0.1	0	−0.1	−0.12	0.00	0.83
1/2 跨	3#	−0.2	−0.02	−0.18	−0.24	10.00	0.75
3/4 跨	4#	−0.04	0	−0.04	−0.06	0.00	0.67
右边界	5#	−0.04	0	−0.04	−0.06	0.00	0.67

注:表中挠度测试值和理论值为负表示梁体向下变形,为正则表示梁体向上变形。

从表 4.21 中挠度数据分析可以看出,试验桥跨在试验工况下,梁体挠度校验系数在 0.67~0.83 之间;试验荷载卸载后,相对残余挠度最大值为 10.0%,符合《城市桥梁检测与评定技术规范》(CJJ/T 233—2015)中的规定。

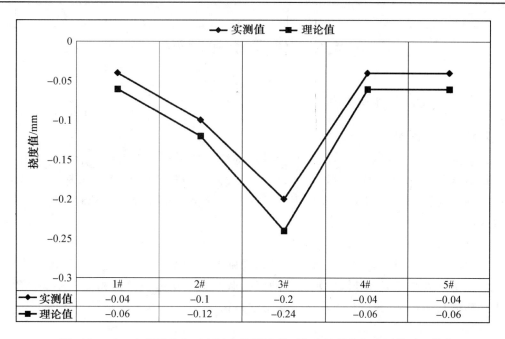

图 4.29 A-A 截面最大正弯矩中载测试截面挠度计算值与实测值对比曲线

(2)挠度实测值与理论计算值的相关度。

挠度实测值与理论计算值用矩阵表示为

$$y = \begin{bmatrix} -0.04 & -0.1 & -0.18 & -0.04 & -0.04 \\ -0.06 & -0.12 & -0.24 & -0.06 & -0.06 \end{bmatrix}$$

根据灰色相关度计算公式,对梁的挠度实测值与理论计算值进行初值化处理,即

$$\lambda = \begin{bmatrix} \lambda_{实测} \\ \lambda_{理论} \end{bmatrix} = \begin{bmatrix} 1 & 2.5 & 4.5 & 1 & 1 \\ 1 & 2 & 4 & 1 & 1 \end{bmatrix}$$

根据邓式灰色相关性计算公式,则检测梁体的挠度实测值与理论计算值相关系数矩阵为

$$\xi' = \begin{bmatrix} 1.00 & 1.00 & 0.56 & 1.00 & 1.00 \end{bmatrix}$$

平均相关性系数为 0.912。根据两条曲线的相似度计算公式可得挠度实测曲线与理论计算曲线的相似度为

$$\eta = \frac{\sum_{i=1}^{n} \alpha_i \beta_i}{\sqrt{\sum_{i=1}^{n} \alpha_i^2} \sqrt{\sum_{i=1}^{n} \beta_i^2}} = 0.998$$

因此试验桥跨在试验工况下,检测梁体挠度实测曲线与理论计算曲线的相似度接近 1,显示梁承载时变形情况完好。

3. 试验过程中结构裂缝观测情况

在整个试验过程中,试验桥跨控制截面未发现结构开裂。

4.7 桥梁动载试验

4.7.1 试验内容及方法

1. 动载试验内容

动载试验用于了解桥梁自身的动力特性,抵抗受迫振动和突发荷载的能力。其主要项目应包括:测定桥梁结构的自振特性,如结构或构件的自振频率、振型和阻尼比的脉动试验;检验桥梁结构在动力荷载作用下的受迫振动特性,如桥梁结构动位移、动应力、冲击系数等的跑车和刹车试验。

(1) 模态试验。

在桥面无任何交通荷载以及桥址附近无规则振源的情况下,通过高灵敏度动力测试系统测定桥址处风荷载、地脉动、水流等随机荷载激振而引起桥跨结构的微小振动响应,测得结构的自振频率、振型和阻尼比等动力学特征。

(2) 跑车试验。

试验时采用 1 辆载重试验车在不同车速时匀速通过桥跨结构,在设计时速内取多个大致均匀的车速进行试验。

2. 检测方法

动载试验是通过分布在桥面不同位置的传感器采集速度或加速度信号,利用屏蔽导线输入信号采集系统进行采集、储存,然后对储存的信号进行处理,选择其中的有效信号进行分析,得到桥梁结构的自振频率、振型和阻尼比等参数的实测值。

模态试验采用动点模态测试方法进行。采用东华测试 DH5907N 桥梁模态测试分析系统,低频高灵敏度的磁电式传感器集成在采集模块中,每个采集模块中都包含了一个垂直、一个水平向的速度传感器具有同时进行竖向、水平向数据采集功能,桥梁结构模态测试采用 7 个采集模块,分批次进行多点测试。

桥跨结构测点振动加速度,采用磁电式加速度传感器,配信号放大器由计算机记录其输出信号,如图 4.30 所示。

图 4.30 自振频率测试流程

梁体的动应力,采用在梁体控制断面的外表面粘贴电阻应变片,配动态应变分析仪输出电压信号传送至计算机记录其输出信号,如图 4.31 所示。

图 4.31 动态应变测试流程

3. 测点布置

(1)结构强迫振动测点布置。

试验桥跨动载结构强迫振动响应测试选取各试验桥跨跨中截面作为桥梁跑车、制动、跳车动应变测试截面。各试验桥跨结构强迫振动测试动应变及动挠度测点布置如图4.32所示。

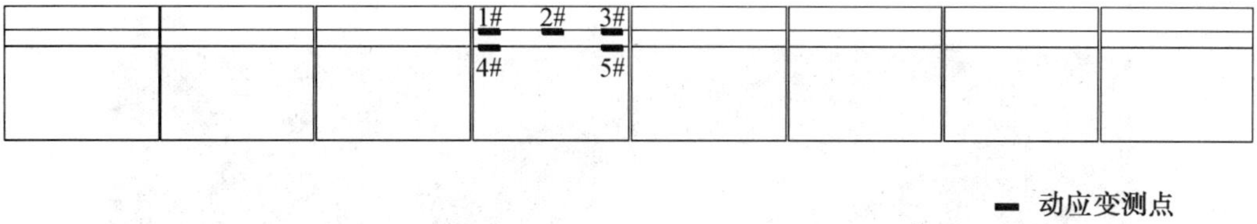

			1# 2# 3#				
			4# 5#				

━ 动应变测点

图4.32 强迫振动测试动应变及动挠度测点布置图

(2)桥梁自振动特性测试测点布置。

采集模块沿桥纵向布置跨中位置,采集模块竖直向垂直于桥面布置,以测定桥梁竖向振动响应,横向布置在距离防撞护栏50 cm处。测点位置确定后用橡皮泥将采集模块调平并与桥面耦合。试验桥跨自振特性测试测点平面布置示意图如图4.33所示。

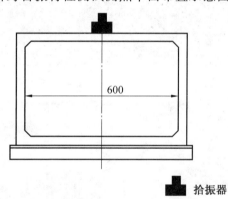

图4.33 试验桥跨自振特性测试测点平面布置示意图

4.7.2 动载试验结果分析

1. 模态试验

桥梁结构的振型是结构相应于各阶固有频率的振动形式,一个振动系统的振型数目与其自由度数相等。桥梁结构是一具有连续分布质量的体系,也是一个无限多自由度体系,因此其固有频率及相应的振型也有无限多个。但是,对于一般桥梁结构,第一个固有频率即基频,对结构动力分析才是重要的;对于较复杂的动力分析问题,也仅需要前几阶固有频率,因而在实际测试中,一些低阶振型才有实际意义。

试验桥跨的计算频率与实测频率对比结果见表4.22。分析可知,实测自振频率比理论计算结果略大,说明被测桥梁实际刚度较理论刚度大,实际振动特性与设计计算理论相符合。理论自振频率与实测值的误差主要是由于边界条件对桥梁结构的动态特性的影响。计算振型图如图4.34~4.36所示。

表 4.22　模态参数实测值及计算值

序号	阶次	计算频率/Hz	实测频率/Hz	实测频率/计算频率	阻尼比/%
1	一阶	45.68	46.74	1.046	5.50
2	二阶	59.87	62.36	1.041	3.42
3	三阶	78.14	85.61	1.095	5.78

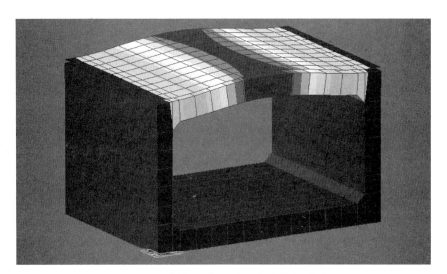

图 4.34　桥梁竖向一阶理论计算振型图

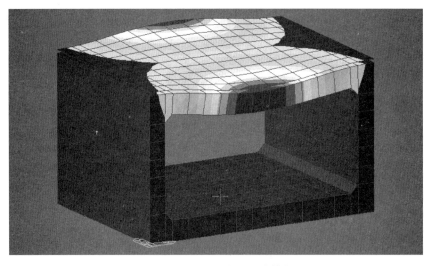

图 4.35　桥梁竖向二阶理论计算振型图

图 4.36 桥梁竖向三阶理论计算振型图

大地脉动状态模态测试的时域曲线如图 4.37 和图 4.38 所示。

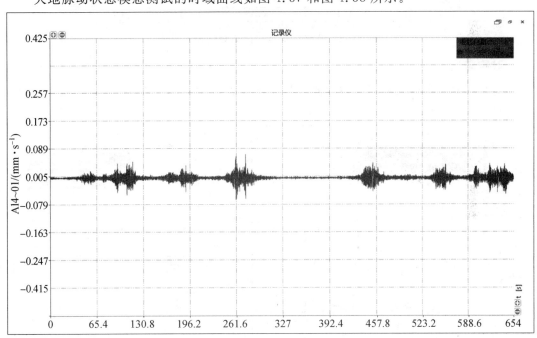

图 4.37 桥梁结构大地脉动时程曲线

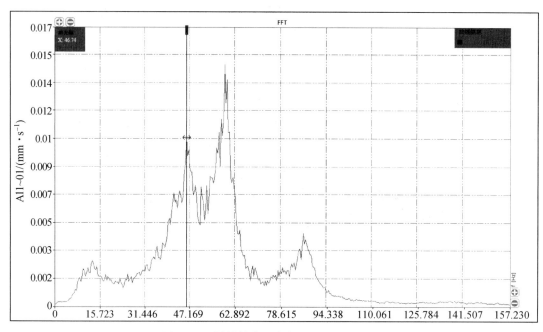

图 4.38 桥梁结构竖向振动对应频域曲线

2. 跑车试验

跑车试验跨中截面动应变时程曲线与冲击系数如图 4.39～4.41 所示。冲击系数与行车速度关系表见表 4.23。

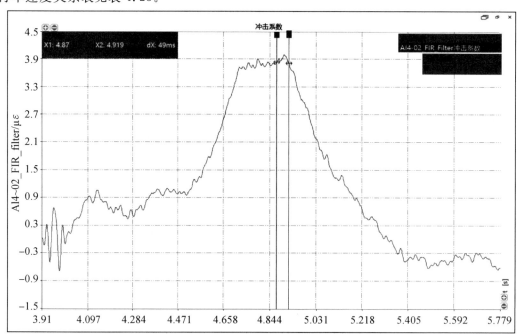

图 4.39　20 km/h 跑车试验跨中截面动应变时程曲线

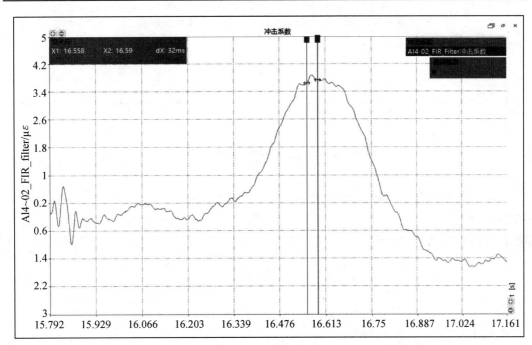

图 4.40　30 km/h 跑车试验跨中截面动应变时程曲线

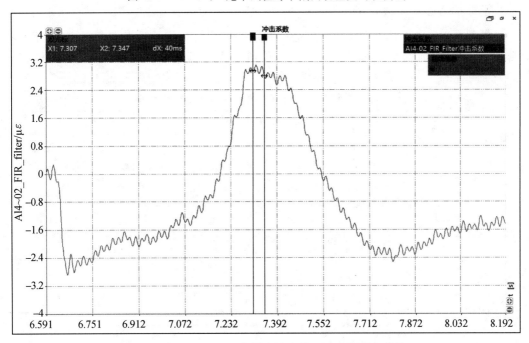

图 4.41　40 km/h 跑车试验跨中截面动应变时程曲线

由实验结果可知，跑车试验跨中截面冲击效应远小于理论冲击效应，且最大冲击系数为 0.056。

表 4.23 测试截面跑车冲击系数与行车速度关系表

时速 截面	20 km/h	30 km/h	40 km/h	理论冲击系数
跨中截面	0.024	0.030	0.056	0.45

4.8 桥梁结构检算

本节对该桥按基于检测结果的当前状态进行承载能力评定。依据《城市桥梁检测与评定技术规范》(CJJ/T 233—2015)的规定,通过对桥梁缺损状况检查、材质状况与状态参数检测和结构检算。结构检算主要依据现行规范,根据桥梁检测与检测结果,采用引入分项检算系数修正极限状态设计表达式的方法进行。分项检算系数主要包括:反映桥梁总体技术状况的检算系数 Z_1 或 Z_2;承载能力恶化系数 ξ_e、钢筋截面折减系数 ξ_s 和截面折减系数 ξ_c 的方法进行修正计算。

4.8.1 检算系数的确认

1. 承载能力恶化系数 ξ_e

根据现场检查,分别对各检测指标进行评定。检测桥梁位于河南省南阳市,属于干湿交替不冻的、无侵蚀性介质环境,根据计算得到承载能力恶化状况评定标度 E,依据表 4.24 内插确定桥梁的承载能力恶化系数 ξ_e 值,考虑权重的评定结果见表 4.25。

表 4.24 配筋混凝土桥梁的承载能力恶化系数 ξ_e 值

恶化状况评定标度 E	环境条件			
	干燥不冻 无侵蚀介质	干、湿交替 不冻、无侵蚀介质	干、湿交替冻 无侵蚀介质	干、湿交替冻 有侵蚀介质
1	0.00	0.02	0.05	0.06
2	0.02	0.04	0.07	0.08
3	0.05	0.07	0.10	0.12
4	0.10	0.12	0.14	0.18
5	0.15	0.17	0.20	0.25

表 4.25 配筋混凝土桥梁的承载能力恶化系数 ξ_e 评定表

序号	检测指标名称	权重 α_j	评定标度 E_j	恶化状况评定值 E	承载能力恶化系数 ξ_e 值
1	缺损状况	0.32	1	2	0.04
2	钢筋锈蚀电位	0.11	3		
3	混凝土电阻率	0.05	2		
4	混凝土碳化状况	0.20	1		
5	钢筋保护层厚度	0.12	3		
6	氯离子含量	0.15	2		
7	混凝土强度	0.05	1		

2. 截面折减系数 ξ_c

截面折减系数的确定,首先确定检测构件的材料风化、碳化、物理与化学损伤等指标的评定标度,而后依据各自所占的比例权重确定截面损伤的综合评定标度 R,内插得到配筋混凝土截面的折减系数 ξ_c,考虑权重的截面折减系数 ξ_c 评定见表 4.26 和表 4.27。

表 4.26 配筋混凝土桥梁截面折减系数 ξ_c 值

截面损伤综合评定标度 R	截面折减系数 ξ_c
$1 \leqslant R < 2$	$(0.98, 1.00]$
$2 \leqslant R < 3$	$(0.93, 0.98]$
$3 \leqslant R < 4$	$(0.85, 0.93]$
$4 \leqslant R < 5$	$\leqslant 0.85$

表 4.27 截面折减系数 ξ_c 评定表

结构类别	检测指标名称	权重 α_j	评定标度 E_j	恶化状况评定值 E	承载能力恶化系数 ξ_c 值
混凝土结构	材料风化	0.10	1	2	0.98
	碳化	0.35	1		
	物理与化学损伤	0.55	2		

3. 钢筋截面折减系数 ξ_s

配筋混凝土结构中,发生锈蚀的钢筋截面折减系数可以通过定性检查结果依据表 4.28 确定。根据检查结果,确定评定桥跨的钢筋截面折减系数 $\xi_s = 1$。

表 4.28 配筋混凝土钢筋截面折减系数 ξ_s 值

评定标度	性状描述	截面折减系数
1	沿钢筋出现裂缝,宽度小于限值	(0.98,1.00]
2	沿钢筋出现裂缝,宽度大于限值,或钢筋锈蚀引起混凝土发生层离	(0.95,0.98]
3	钢筋锈蚀引起混凝土剥落,钢筋外露,表面有膨胀薄锈层或坑蚀	(0.90,0.95]
4	钢筋锈蚀引起混凝土剥落,钢筋外露,表面膨胀性锈层显著,钢筋截面损失在10%以内	(0.80,0.90]
5	钢筋锈蚀引起混凝土剥落,钢筋外露,出现锈蚀剥落,钢筋截面损伤在10%以上	≤0.80

4. 活载影响修正系数 ξ_q

目前桥梁计算荷载等级为《城市桥梁设计规范》(CJJ 11—2011)中城—A 级,根据交通量调查,实际运营活载未出现明显超过设计荷载的情况,活载修正系数 ξ_q 取 1.0。

5. 承载能力检算系数 Z_1

根据桥梁检测结果,计算桥梁的技术状况评定值后依据表 4.29 和表 4.30,根据构件受力类型的不同,进行内插得到桥梁承载能力检算系数 Z_1。

表 4.29 配筋混凝土桥梁的承载能力检算系数 Z_1 值

承载能力检算系数评定标度 D	受弯	轴心受压	轴心受拉	偏心受压	偏心受拉	受扭	局部承压
1	1.15	1.20	1.05	1.15	1.15	1.10	1.15
2	1.10	1.15	1.00	1.10	1.10	1.05	1.10
3	1.00	1.05	0.95	1.00	1.00	0.95	1.00
4	0.90	0.95	0.85	0.90	0.90	0.85	0.90
5	0.80	0.85	0.75	0.80	0.80	0.75	0.80

表 4.30 配筋混凝土桥梁的承载能力检算系数 Z_1 值评定表

序号	检测指标名称	权重 α_j	评定标度 E_j	恶化状况评定值 E	承载能力恶化系数 ξ_e 值
1	缺损状况	0.4	1	2	1.1
2	混凝土强度	0.3	1		
3	结构自振频率	0.3	2		

4.8.2 承载能力评定结果及分析

配筋混凝土桥梁承载能力极限状态,应根据桥梁检测结构按下式进行计算评定。

$$\gamma_0 S \leqslant R(f_d, \xi_e a_{dc}, \xi_s a_{ds}) Z_1 (1-\xi_e)$$

上面公式中的检算系数、承载能力恶化系数、截面折减系数和活载修正系数根据桥梁现场检测结果,对《城市桥梁检测与评定技术规范》(CJJ/T 233—2015)中规定的相应标度进行取值,各检算系数及评定参数取值汇总见表 4.31。

表 4.31 检算系数及评定参数取值汇总

参数	Z_1	ξ_e	ξ_c	ξ_s	ξ_q
系数值	1.1	0.04	0.98	1	1

基于检测结果的承载能力评定结果见表 4.32。

表 4.32 基于检测结果的承载能力评定结果

验算截面	验算内容	设计效力①	修正后设计荷载	设计截面结构抗力 R	修正后设计截面结构抗力 R②	比值 ①/②	结论
跨中截面	跨中截面最大正弯矩/(kN·m)	1 005.45	1 005.45	1 241.39	1 285.69	0.783	满足要求
支点截面	支点截面最大负弯矩/(kN·m)	717.3	717.3	1 279.64	1 325.27	0.542	满足要求
支点附近	支点附近最不利剪力/(kN/m)	318.08	318.08	493.41	500.20	0.636	满足要求

由表 4.32 可知,最大作用效应小于修正后结构抗力,满足《城市桥梁设计规范》(CJJ 11—2011)中城—A 级的承载能力要求。

4.9 结论和建议

4.9.1 桥梁病害总结

(1)桥面系:该桥桥面铺装主要病害为桥面铺装松散露骨。

(2)上部结构:该桥上部结构主要病害为箱涵顶板、锚固端、侧墙局部剥落露筋、麻面、车辆刮痕。横向联系渗水腐蚀、脱落。

(3)下部结构:无明显病害。

4.9.2 桥梁特殊检查总结

(1)混凝土强度检测结果:该桥结构各构件的强度推定值在 36.8~48.3 MPa,根据相关设计资料,推定强度匀质系数为 0.99~1.38,标度评定为 1,强度状况良好。

(2)混凝土保护层厚度检测结果:抽样检测构件的钢筋保护层,该桥所选构件保护层厚度特征值与设计值的比值介于 0.70~0.93,根据钢筋保护层厚度评定标准,大部分桥梁钢筋保护层状况评定标度为 3,即对结构钢筋耐久性有影响。五片梁钢筋保护层状况评定标度为 2,即对结构钢筋耐久性有轻度影响。

(3)碳化深度检测结果:碳化深度和保护层厚度比值均小于 0.5,根据《城市桥梁检测与评定技术规范》(CJJ/T 233—2015),该桥各构件碳化深度评定标度均为 1,混凝土碳化对钢筋耐久性影响不显著。

(4)混凝土氯离子检测结果:依据测试结果按照《城市桥梁检测与评定技术规范》(CJJ/T 233—2015)评定,该桥所选构件混凝土氯离子含量均介于 0.12%～0.48%,根据混凝土氯离子含量评定标准,大部分桥梁混凝土氯离子含量状况评定标度为 1,即诱发钢筋锈蚀的可能性很小。五片梁混凝土氯离子含量状况评定标度为 2,即诱发钢筋锈蚀的可能性不确定。两片梁混凝土氯离子含量状况评定标度为 3,即有可能诱发钢筋锈蚀。

(5)钢筋锈蚀检测结果:参照《城市桥梁检测与评定技术规范》(CJJ/T 233—2015) 5.6.9 节表 5.6.9,该桥部分测点锈蚀电位实测值介于 $-363 \sim -30$ mV。侧墙、锚固端和部分梁构件钢筋无锈蚀活动性或锈蚀活动性不确定,评定标度为 1。三片梁构件有锈蚀活动性,发生锈蚀的概率大于 90%,评定标度为 3。

(6)混凝土电阻率检测结果:依据测试结果按照《城市桥梁检测与评定技术规范》(CJJ/T 233—2015)评定,通过数据分析,该桥所选构件混凝土电阻率均介于 10 874～49 366 Ω·cm,大部分被测构件的混凝土电阻率评定标度为 1,钢筋锈蚀速率很慢。两个梁构件的混凝土电阻率评定标度分别为 2 和 3,可能的锈蚀速率慢或一般。

通过层次分析法模糊评判,该桥梁各主要构件无损检测标度为 1 的概率为 96%、检测标度为 2、3 的概率均为 2%,因此该桥梁无损检测结果为完好。

4.9.3　桥梁状况技术评估及结构状况评估总结

本桥技术状况等级为 A 级(完好),桥面系的结构状况为 A 级(完好),上部结构的结构状况为 B 级(良好),下部结构的结构状况为 A 级(完好)。

4.9.4　静动载试验结论

1. 静载试验结论

(1)校验系数。

中载工况作用下该桥控制截面挠度校验系数在 0.67～0.83,校验系数均小于规范不大于 1 的要求。中载工况作用下该桥控制截面应变校验系数在 0.57～0.72,校验系数均小于规范不大于 1 的要求。桥梁刚度和承载能力满足规范和设计要求。

控制截面最大正弯矩偏载试验中,应变实测曲线与理论计算曲线的相似度为 0.998,挠度实测曲线与理论计算曲线的相似度为 0.996 8;控制截面最大正弯矩中载试验中,应变实测曲线与理论计算曲线的相似度为 0.991 2,挠度实测曲线与理论计算曲线的相似度为 0.999 6。

(2)相对残余。

卸载后桥梁挠度及应变均能较好地恢复,最大挠度相对残余为 10.0%,最大应变相对残余为 7.20%,均满足《城市桥梁检测与评定技术规范》(CJJ/T 233)中规定不大于

20%的要求,桥梁弹性工作状态良好。

(3)横向联系性。

各主梁或板挠度整体横向挠度曲线较为平顺,未发生明显突变,测试跨横向联系性能基本良好。

2. 动载试验结论

(1)该桥实测竖向基频明显大于理论计算竖向基频,桥梁结构的实际刚度大于理论刚度。

(2)实测桥梁阻尼比为 0.042,桥梁阻尼特性正常。

(3)试验车在不同车速作用时,实测冲击系数接近理论值,桥梁的抗冲击性能接近设计要求。

4.9.5 桥梁结构检算

经桥梁承载能力验算,该桥满足《城市桥梁设计规范》(CJJ 11—2011)中城－A 级荷载等级承载能力要求。

4.9.6 建议

(1)对于桥面铺装松散露骨,建议采用沥青混合料覆盖车辙并加铺沥青混合料薄层罩面的方法对病害位置进行及时修补。如条件许可时,可采用加热切副法(使用铣刨机或加热切削整平机)铣刨或切削。

(2)对于箱涵顶板擦痕问题,建议对箱涵顶板擦痕进行修补,并对箱涵下通道限高 3 m。

(3)对于箱涵下通道积水问题,建议尽快将桥下积水排出,桥下通道做硬化处理,通道内采取排水措施。对漏水处先处置渗水源头,再进行防水处理,建议对缺失的横向联系用混凝土修补处理。

(4)对于剥落露筋,应先处治渗水源头,再处理锈胀部位,同时注意对锈蚀钢筋的处理,剥落部位采用新鲜混凝土进行修补,用于修补的混凝土要级配良好,并且特别注意保证具有良好的和易性,以减少捣实工作的困难,混凝土的修补可以采用直接浇筑、喷射和压浆等几种方法。

(5)建议该桥限载 40 t。

第5章　基于模糊评判理论的拱桥安全性评估

5.1　工程概述

该桥位于南阳市独山大道上。原桥建于1969年,为6 m长、矢跨比1/5的石拱桥,拱圈宽度为9.3 m,下部为片石重力式桥台。后期在石拱桥两侧各加设一块现浇板,东侧现浇板宽为8.3 m,西侧现浇板宽为9.2 m,桥台为壁式浆砌桥台,支座为油毛毡支座。

该桥位于城市主干路上,为双向四车道设计。

该桥建成年代较早,由于本桥无设计图纸,根据实际年代及区位,估测20世纪80年代该桥梁按照公路85规范汽超-20设计,桥梁无损检测评定参考同期相同桥型设计图纸,以《城市桥梁设计规范》(CJJ 11—2011(2019年版))中城-A级荷载为荷载试验和承载能力检算的控制荷载。

该桥梁现状图如图5.1所示,立面照如图5.2所示,平面照如图5.3所示,总体布置图如图5.4所示,断面图如图5.5所示。

图5.1　桥梁现状图

图5.2　桥梁立面照

图 5.3　桥梁平面照

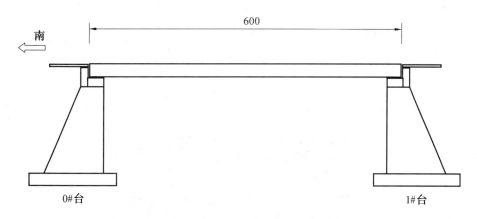

图 5.4　桥梁总体布置图

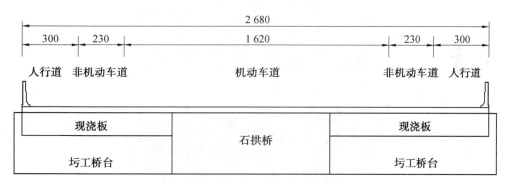

图 5.5　纱厂桥桥梁横断面图

本次检测的纱厂桥为石拱桥＋混凝土现浇梁桥。根据桥型的结构特点检测内容有所不同。

5.2 桥梁外观检测结果

5.2.1 桥面系检测结果

1. 桥面铺装检测结果

该桥桥面铺装主要病害为桥面铺装横向开裂、纵向开裂、网裂,具体检测情况见表 5.1。

表 5.1 桥面铺装检测结果汇总表

序号	编号	名称	病害位置	病害类型	病害尺寸	照片编号
1	1#	桥面铺装	桥面	横向开裂	—	图 5.6
2	1#	桥面铺装	桥面	网裂	—	图 5.7
3	1#	桥面铺装	桥面	纵向开裂	—	图 5.8
4	1#	桥面铺装	桥面	纵向开裂	—	图 5.9

图 5.6 桥面铺装横向开裂

图 5.7 桥面铺装网裂

第 5 章 基于模糊评判理论的拱桥安全性评估

图 5.8 桥面铺装纵向开裂 1

图 5.9 桥面铺装纵向开裂 2

2. 桥头平顺检测结果

该桥平顺主要病害为桥台明显沉陷导致 1 号桥头平顺有明显沉陷,具体检测情况见表 5.2。

表 5.2 桥面平顺检测结果汇总表

序号	编号	名称	病害位置	病害类型	病害尺寸	照片编号
1	1#	桥头平顺	北侧	沉陷	$H=10\ cm$	图 5.10
2	1#	桥头平顺	北侧	沉陷	$H=10\ cm$	图 5.11

图 5.10 1 号桥头平顺处有明显凹陷 1

图 5.11　1 号桥头平顺处有明显凹陷 2

3. 伸缩装置检测结果

该桥未设置伸缩缝装置。

4. 排水系统检测结果

该桥排水系统主要病害为局部漏水,具体检测情况见表 5.3。

表 5.3　排水系统检测结果汇总表

序号	编号	名称	病害位置	病害类型	病害尺寸	照片编号
1	1#	排水系统	梁侧	漏水	—	图 5.12
2	1#	排水系统	距东侧 8.3 m 处	漏水	—	图 5.13

图 5.12　梁侧漏水

图 5.13　拱桥与梁相交处漏水

5. 人行道检测结果

该桥人行道主要病害为人行道板混凝土剥落,具体检测情况见表 5.4。

表 5.4 人行道板检测结果汇总表

序号	编号	名称	病害位置	病害类型	病害尺寸	照片编号
1	Y#	人行道	人行道板底部侧面	混凝土大面积剥落、掉块、钢筋锈蚀	—	图 5.14 图 5.15

图 5.14 人行道板大面积露筋、锈蚀、断裂 1

图 5.15 人行道板大面积露筋、锈蚀、断裂 2

6. 栏杆或护栏检测结果

该桥栏杆、护栏主要病害为护栏剥落露筋、断裂,具体检测情况见表 5.5。

表 5.5 栏杆、护栏检测结果汇总表

序号	编号	名称	病害位置	病害类型	病害尺寸	照片编号
1	Y#	护栏	局部	破损	—	图 5.16
2	Z#	护栏	局部	破损	—	图 5.17

图 5.16 Y♯护栏破损

图 5.17 Z♯护栏破损

7. 桥面系检测评分

根据各构件检测结果,桥面系构件评分见表 5.6。

表 5.6 桥面系构件评分

桥梁部件	评估要素	评分
桥面系	桥面铺装	20
	桥头平顺	0
	伸缩装置	—
	排水系统	0
	人行道	0
	栏杆或护栏	0

5.2.2 上部结构检测结果

1. 主梁检测结果

该桥上部结构主要病害为:现浇板底板局部剥落露筋、蜂窝、铰缝大面积脱落,主拱圈砂浆开裂。具体病害情况见表 5.7。

表 5.7　上部承重结构检测记录表

序号	编号	名称	病害位置	病害类型	病害尺寸	照片编号
1	1#、3#	现浇板	梁底	开裂、露筋、锈蚀	大面积	图 5.18~5.23
2	2#	主拱圈	主拱圈	砂浆开裂	大面积	图 5.24、图 5.25

图 5.18　现浇板底部露筋锈蚀

图 5.19　现浇板底部露筋腐蚀

图 5.20　现浇板底部露筋腐蚀

图 5.21 现浇板底部露筋腐蚀混凝土掉块

图 5.22 现浇板支点处受力钢筋露筋腐蚀

图 5.23 现浇板支点处受力钢筋裸露锈蚀

图 5.24 主拱圈砂浆网裂

图 5.25　主拱圈砂浆开裂

2. 横向联系检测结果

该桥横向联系主要病害为:横向联系漏水、脱落。具体病害情况见表 5.8。

表 5.8　横向联系检测记录表

序号	编号	名称	病害位置	病害类型	病害尺寸	照片编号
1	Z-1#	横向联系构件	沿着铰缝方向	脱落	大面积	图 5.26
2	Y-1#	横向联系构件	沿着铰缝方向	脱落	大面积	图 5.27

图 5.26　横向联系构件脱落 1

图 5.27　横向联系构件脱落 2

3. 上部结构检测评分

根据检测结果,上部结构各构件评分见表5.9。

表 5.9 上部结构各构件评分

桥梁跨号	构件类型	评分
1#跨	主拱圈	60
	拱上构造	70
1#跨	现浇梁	0

5.2.3 下部结构检测结果

1. 拱桥桥台

该桥桥台主要病害为拱桥桥台拱脚处开裂,具体检测情况见表5.10。

表 5.10 桥台检测结果汇总表

序号	编号	名称	病害位置	病害类型	病害尺寸	照片编号
1	0#	桥台	东侧	开裂	$W=1.5$ cm	图 5.28~5.30
2	0#	桥台	西侧	开裂	$W=2$ cm	图 5.31~5.33

图 5.28 拱桥桥台处开裂 1

图 5.29　拱桥桥台处开裂 2

图 5.30　拱桥桥台处开裂 3

图 5.31　拱桥桥台处开裂 4

图 5.32　拱桥桥台处开裂 5

图 5.33 拱桥桥台处开裂 6

2. 支座检测结果

该桥无支座。

3. 基础检测结果

该桥基础未见明显病害。

4. 耳墙(翼墙)检测结果

该桥耳墙(翼墙)未见明显病害。

5.3 桥梁无损检测结果

桥梁结构状况无损检测主要是对桥梁主要部件中的部分构件进行检测,本次检测内容包括混凝土强度、碳化深度、保护层厚度、混凝土氯离子含量、钢筋锈蚀电位、混凝土电阻率等。

5.3.1 混凝土强度检测结果

本桥采用回弹法检测混凝土强度。由于该桥混凝土龄期较长,检测结果仅供参考。根据《公路桥梁承载能力检测评定规程》(JTG/T J21—2011)中 5.3.5 规定进行评定,检测结果见表 5.11。

表5.11 混凝土强度检测结果

序号	构件编号	设计强度/MPa	测区	测区回弹平均值	测区强度/MPa	推算强度值/MPa	推算强度值/设计强度	评定标度	强度状况
1	1#现浇板-1	35	1	32.2	23.3	23.8	0.68	5	危险
			2	33.9	25.8				
			3	35.4	28.2				
			4	35.5	28.3				
			5	38.3	33.0				
			6	35.8	28.8				
			7	36.9	30.6				
			8	42.8	41.3				
			9	37	30.8				
			10	37.9	32.3				
2	1#现浇板-2	35	1	36.3	29.0	25.1	0.69	5	危险
			2	36.4	29.2				
			3	36.1	28.7				
			4	36.5	29.4				
			5	36.1	28.7				
			6	35.7	26.5				
			7	35.6	26.4				
			8	36.3	29.0				
			9	36.9	30.0				
			10	38.8	33.2				
3	1#现浇板-3	35	1	37.6	32.5	23.6	0.67	5	危险
			2	31.6	22.9				
			3	35.3	27.0				
			4	36.6	30.8				
			5	33.9	26.4				
			6	35.2	26.8				
			7	36.8	31.1				
			8	37.5	32.3				
			9	33	25.0				
			10	33.6	25.9				

续表5.11

序号	构件编号	设计强度/MPa	测区	测区回弹平均值	测区强度/MPa	推算强度值/MPa	推算强度值/设计强度	评定标度	强度状况
4	1#现浇板-4	35	1	38.7	33.0	23.5	0.67	5	危险
			2	35.7	28.1				
			3	35.3	25.9				
			4	37.6	31.2				
			5	33.8	25.2				
			6	33.8	25.2				
			7	35.1	27.1				
			8	36	28.6				
			9	35.6	26.4				
			10	37	30.2				
5	1#现浇板-5	35	1	32.1	22.7	22.7	0.65	5	危险
			2	35.6	27.9				
			3	35.2	25.8				
			4	38.3	32.3				
			5	32.6	23.4				
			6	35.3	27.5				
			7	36.4	29.2				
			8	35.7	28.1				
			9	37.1	30.3				
			10	36.4	29.2				
6	2#现浇板-1	35	1	30.4	20.8	25.5	0.73	5	危险
			2	30	20.2				
			3	30.8	21.3				
			4	32.2	23.3				
			5	37.1	31.0				
			6	38.4	33.2				
			7	39.5	35.1				
			8	39	35.2				
			9	37.9	32.3				
			10	41	37.9				

第5章 基于模糊评判理论的拱桥安全性评估

续表5.11

序号	构件编号	设计强度/MPa	测区	测区回弹平均值	测区强度/MPa	推算强度值/MPa	推算强度值/设计强度	评定标度	强度状况
7	2#现浇板—2	35	1	38	31.2	25.7	0.73	4	差
			2	36.9	29.4				
			3	36.4	28.6				
			4	43.7	41.3				
			5	36.9	29.4				
			6	37.4	30.2				
			7	36.8	29.2				
			8	36.3	28.4				
			9	37.3	30.0				
			10	36.5	28.8				
8	2#现浇板—3	35	1	38.2	32.2	25.4	0.70	5	危险
			2	37.1	30.3				
			3	35.4	27.6				
			4	37.4	30.8				
			5	35.2	27.3				
			6	35.7	28.1				
			7	35.1	27.1				
			8	36.7	29.7				
			9	37.5	31.0				
			10	36.8	29.9				
9	2#现浇板—4	35	1	35.6	27.9	22.9	0.65	5	危险
			2	36.4	29.2				
			3	35	27.0				
			4	35.5	26.2				
			5	35.1	25.6				
			6	35.5	27.8				
			7	35.5	27.8				
			8	35.2	27.3				
			9	33.6	25.9				
			10	36.1	28.7				

续表5.11

序号	构件编号	设计强度/MPa	测区	测区回弹平均值	测区强度/MPa	推算强度值/MPa	推算强度值/设计强度	评定标度	强度状况
10	2#现浇板-5	35	1	33.7	26.1	23.7	0.68	5	危险
			2	36	29.8				
			3	36.2	30.1				
			4	35.4	27.2				
			5	35.6	29.1				
			6	35.8	29.4				
			7	33.5	25.8				
			8	35.4	28.8				
			9	39.7	36.2				
			10	33.7	26.1				

通过数据分析,该桥上部结构梁构件的强度推定值在22.7~25.7 MPa,根据相关设计资料,推定强度匀质系数为0.35~0.73,标度评定为5,该桥强度状况危险。

5.3.2 混凝土碳化深度检测结果

根据《公路桥梁承载能力检测评定规程》(JTG/T J21—2011)中5.7.3规定和《城市桥梁检测与评定技术规范》(CJJ/T 233—2015)中5.6.8规定进行评定,利用碳化深度测量仪对桥梁部分构件的混凝土碳化深度进行了抽检及数据分析,检测结果见表5.12。

表5.12 混凝土碳化深度检测结果

序号	构件编号	测区	测区碳化深度/mm			平均值/mm	实测保护层厚度平均值/mm	K_c	评定标度	影响程度
1	1#现浇板-1	1	1.50	1.50	1.75	1.75	22.1	0.08	1	无影响
		2	1.75	2.00	1.75					
		3	1.75	2.00	1.75					
2	1#现浇板-2	1	1.75	2.00	2.00	2.00	20.6	0.09	1	无影响
		2	2.00	2.00	2.00					
		3	2.00	1.75	2.00					
3	1#现浇板-3	1	1.50	1.75	1.50	1.50	21.2	0.07	1	无影响
		2	1.50	1.25	1.50					
		3	1.75	1.50	1.50					

续表5.12

序号	构件编号	测区	测区碳化深度/mm			平均值/mm	实测保护层厚度平均值/mm	K_c	评定标度	影响程度
4	1#现浇板-4	1	2.00	2.00	2.00	2.00	25.6	0.08	1	无影响
		2	1.75	2.25	2.00					
		3	2.00	1.75	2.00					
5	1#现浇板-5	1	2.00	2.00	2.00	2.00	21.4	0.09	1	无影响
		2	2.00	1.75	2.00					
		3	1.75	2.00	2.00					

通过数据分析,所选测区的混凝土碳化深度与实测保护层厚度平均值的比值K_c均小于0.5,根据混凝土碳化深度评定标准,桥梁混凝土碳化状况评定标度为1,碳化深度对钢筋的锈蚀无影响。

5.3.3 钢筋保护层厚度检测结果

根据《公路桥梁承载能力检测评定规程》(JTG/T J21—2011)中5.6规定进行评定,利用钢筋保护层测定仪对桥梁部分构件的钢筋保护层厚度进行了抽检及数据分析,检测结果见表5.13。

通过数据分析,本桥所选构件梁的保护层厚度特征值与设计值的比值均小于0.55,梁构件评定标度为5,钢筋失去碱性保护,发生锈蚀。

本桥采用在结构上钻取不同深度的混凝土粉末样品的方法,通过化学分析测定混凝土中氯离子含量。共选择2个构件,根据《公路桥梁承载能力检测评定规程》(JTG/T J21—2011)中5.5.3规定和《城市桥梁检测与评定技术规范》(CJJ/T 233—2015)中5.6.10规定进行评定,检测结果见表5.14。

表 5.13 钢筋保护层厚度检测结果(单位:mm)

序号	构件编号	设计值 D_{nd}	实测值											平均值	标准差 S_D	特征值 D_{ne}	D_{ne}/D_{nd}	评定标度	对结构构件耐久性的影响
1	1#现浇板—1	35	17	24	18	17	19	21	18	20	17	18	22.1	5.5	15.7	0.42	5	钢筋易失去碱性保护,发生锈蚀
			22	23	25	25	20	25	26	35	26	25						
2	1#现浇板—2	35	23	25	25	17	25	20	13	23	25	16	20.6	5.5	13.2	0.38	5	钢筋易失去碱性保护,发生锈蚀
			25	20	20	16	25	25	25	25	25	14						
3	1#现浇板—3	35	25	25	20	25	24	18	17	19	17	26	21.2	3.7	15.1	0.43	5	钢筋易失去碱性保护,发生锈蚀
			20	16	25	17	23	25	25	20	25	16						
4	1#现浇板—4	35	15	25	21	25	25	20	25	20	25	24	21.9	3.5	16.2	0.46	5	钢筋易失去碱性保护,发生锈蚀
			20	20	19	20	18	20	17	25	20	28						
5	1#现浇板—5	35	25	17	25	20	26	26	20	20	14	20	21.4	5.5	15.2	0.40	5	钢筋易失去碱性保护,发生锈蚀
			20	28	24	19	14	20	25	28	24	19						
6	1#现浇板—6	35	16	14	16	23	25	20	16	26	16	25	20.9	5.1	15.2	0.40	5	钢筋易失去碱性保护,发生锈蚀
			17	18	20	20	20	25	25	25	25	25						
7	1#现浇板—7	35	24	18	25	23	20	17	26	23	14	25	21.8	3.7	15.8	0.45	5	钢筋易失去碱性保护,发生锈蚀
			23	25	18	20	25	20	18	23	25	16						
8	1#现浇板—8	35	18	24	25	25	25	25	20	20	25	25	21.7	3.6	15.7	0.45	5	钢筋易失去碱性保护,发生锈蚀
			23	25	18	20	20	20	25	23	16	16						

续表5.13

序号	构件编号	设计值 D_{nd}	实测值								平均值	标准差 S_D	特征值 D_{ne}	D_{ne}/D_{nd}	评定标度	对结构耐久性的影响
9	2#现浇板-1	35	10	27	11	10	12	20	19	18	18	14	20.1	6.3	9.6	0.28	5	钢筋易失去碱性保护,发生锈蚀
			28	31	18	29	22	25	23	23	22	21						
10	2#现浇板-2	35	25	23	25	23	16	20	25	13	26	25	21.0	5.8	13.1	0.37	5	钢筋易失去碱性保护,发生锈蚀
			23	14	22	16	26	25	26	26	26	16						
11	2#现浇板-3	35	17	25	24	18	26	20	26	14	17	19	21.5	3.8	15.2	0.44	5	钢筋易失去碱性保护,发生锈蚀
			20	20	28	24	25	20	25	24	19	19						
12	2#现浇板-4	35	16	17	23	25	18	20	20	28	16	20	22.0	3.6	16.1	0.46	5	钢筋易失去碱性保护,发生锈蚀
			21	25	20	23	25	25	25	25	25	20						
13	2#现浇板-5	35	25	17	23	20	25	-14	25	24	18	25	21.4	5.0	15.9	0.43	5	钢筋易失去碱性保护,发生锈蚀
			21	25	20	23	25	16	17	23	25	14						
14	2#现浇板-6	35	25	20	26	18	17	19	21	23	25	25	20.9	3.7	15.9	0.43	5	钢筋易失去碱性保护,发生锈蚀
			24	19	14	25	16	25	25	20	20	16						
15	2#现浇板-7	35	16	26	25	26	16	20	16	14	26	26	20.7	5.1	15.0	0.40	5	钢筋易失去碱性保护,发生锈蚀
			20	20	16	20	17	25	20	25	25	20						

表 5.14 桥梁构件混凝土氯离子含量表

序号	构件编号	氯离子含量/%			氯离子含量最大值/%	评定标度	诱发钢筋锈蚀的可能性
1	1#现浇板-1	0.63	0.62	0.64	0.54	3	可能诱发
2	1#现浇板-2	0.58	0.60	0.56	0.50	3	可能诱发
3	1#现浇板-3	0.63	0.62	0.64	0.54	3	可能诱发
4	1#现浇板-4	0.62	0.57	0.55	0.52	3	可能诱发
5	1#现浇板-5	0.61	0.65	0.65	0.55	3	可能诱发
6	1#现浇板-6	0.60	0.58	0.63	0.53	3	可能诱发
7	1#现浇板-7	0.56	0.64	0.55	0.54	3	可能诱发
8	1#现浇板-8	0.61	0.65	0.64	0.55	3	可能诱发
9	2#现浇板-1	0.77	0.80	0.78	0.70	3	可能诱发
10	2#现浇板-2	0.79	0.63	0.66	0.69	3	可能诱发
11	2#现浇板-3	0.83	0.82	0.84	0.74	4	诱发
12	2#现浇板-4	1.08	1.11	1.06	1.11	5	钢筋锈蚀活化
13	2#现浇板-5	0.64	0.63	0.65	0.65	3	可能诱发
14	2#现浇板-6	0.42	0.48	0.45	0.48	3	可能诱发
15	2#现浇板-7	0.22	0.26	0.26	0.26	2	不确定
16	2#现浇板-8	0.61	0.59	0.64	0.64	3	可能诱发

通过数据分析,该桥所选构件混凝土氯离子含量介于 0.26%～0.74%,抽样该桥构件大部分测区的氯离子含量评定标度为 3,有可能诱发钢筋锈蚀。个别板梁测点的氯离子含量评定标度为 4 或 5,会诱发钢筋锈蚀或有钢筋锈蚀活化。

5.3.4 钢筋锈蚀电位检测结果

本桥采用半电池电位法测定混凝土钢筋锈蚀,按照测区锈蚀电位水平最低值确定钢筋锈蚀电位评定标度。本桥共检测 2 个构件,根据《公路桥梁承载能力检测评定规程》(JTG/T J21—2011)中 5.5.3 规定和《城市桥梁检测与评定技术规范》(CJJ/T 233—2015)中 5.6.9 规定进行评定,检测结果见表 5.15。

第5章 基于模糊评判理论的拱桥安全性评估

表 5.15 钢筋锈蚀电位表

序号	构件编号	实测值/mV								最低实测值/mV	评定标度	钢筋锈蚀状况的可能性
1	1#现浇板-1	−159	−145	−184	−132	−164	−119	−119	−169	−147	−113	−206	2	钢筋锈蚀性状不确定,可能存在坑蚀现象
		−199	−172	−206	−161	−167	−123	−122	−166	−144	−110
2		−204	−177	−211	−166	−172	−128	−127	−171	−149	−115	−211	2	钢筋锈蚀性状不确定,可能存在坑蚀现象
		−124	−114	−131	−122	−121	−114	−117	−132	−124	−133
3	1#现浇板-2	−124	−142	−163	−135	−141	−177	−176	−137	−128	−130	−202	2	钢筋锈蚀性状不确定,可能存在坑蚀现象
		−132	−202	−176	−154	−192	−152	−116	−158	−176	−137
4		−119	−137	−158	−130	−136	−172	−171	−132	−123	−125	−214	2	钢筋锈蚀性状不确定,可能存在坑蚀现象
		−189	−113	−149	−155	−182	−133	−132	−214	−152	−173
5	1#现浇板-3	−227	−151	−187	−193	−202	−229	−195	−200	−197	−215	−229	2	钢筋锈蚀性状不确定,可能存在坑蚀现象
		−151	−169	−190	−162	−189	−214	−175	−162	−157	−145
6		−172	−132	−171	−192	−194	−201	−167	−156	−161	−160	−206	2	钢筋锈蚀性状不确定,可能存在坑蚀现象
		−177	−137	−176	−197	−199	−206	−172	−161	−166	−165

续表5.15

序号	构件编号	实测值/mV						最低实测值/mV	评定标度	钢筋锈蚀状况的可能性
7	1#现浇板—4	−152	−158	−147	−155	−124	−114	−131	−122	−147	−214	−214	2	钢筋锈蚀性状不确定,可能存在坑蚀现象
8		−155	−144	−179	−180	−157	−121	−139	−160	−132	−166			
9	1#现浇板—5	−169	−177	−166	−201	−202	−162	−153	−155	−157	−195	−202	2	钢筋锈蚀性状不确定,可能存在坑蚀现象
10		−117	−110	−135	−110	−176	−177	−137	−176	−197	−160			
11	1#现浇板—5	−140	−164	−119	−119	−116	−152	−158	−147	−155	−144	−180	1	无锈蚀活动性或锈蚀活动性不确定,锈蚀概率小于10%
12		−143	−167	−122	−123	−179	−180	−140	−131	−178	−130			
		−159	−167	−156	−191	−192	−152	−143	−145	−147	−185	−192	1	无锈蚀活动性或锈蚀活动性不确定,锈蚀概率小于10%
		−144	−121	−117	−114	−155	−191	−145	−142	−133	−129			
		−152	−141	−176	−177	−154	−176	−153	−152	−176	−111	−197	1	无锈蚀活动性或锈蚀活动性不确定,锈蚀概率小于10%
		−152	−197	−116	−152	−156	−152	−142	−181	−129	−108			
	1#现浇板—6	−206	−204	−228	−168	−204	−210	−228	−189	−196	−166	−228	2	钢筋锈蚀性状不确定,可能存在坑蚀现象
		−117	−182	−132	−133	−143	−182	−130	−162	−117	−131			

续表 5.15

序号	构件编号	实测值/mV									最低实测值/mV	评定标度	钢筋锈蚀状况的可能性
13	1#现浇板-7	−197	−172	−165	−199	−170	−159	−165	−120	−128	−204	2	钢筋锈蚀性状不确定,可能存在坑蚀现象
		−155	−159	−145	−184	−112	−120	−119	−115	−135			
14		−201	−199	−223	−163	−199	−205	−184	−191	−161	−223	2	钢筋锈蚀性状不确定,可能存在坑蚀现象
		−178	−199	−172	−207	−140	−161	−139	−174	−171			
15	1#现浇板-8	−146	−124	−114	−131	−200	−174	−190	−114	−183	−200	2	钢筋锈蚀性状不确定,可能存在坑蚀现象
		−160	−124	−142	−163	−111	−147	−153	−130	−113			
16		−206	−204	−214	−168	−204	−210	−189	−196	−166	−224	2	钢筋锈蚀性状不确定,可能存在坑蚀现象
		−141	−132	−202	−176	−119	−155	−161	−163	−163			
17	2#现浇板-1	−307	−298	−302	−303	−329	−301	−295	−314	−306	−362	3	钢筋发生锈蚀概率大于90%
		−329	−337	−326	−361	−362	−322	−313	−317	−355			
18		−343	−319	−312	−337	−312	−332	−313	−381	−321	−381	3	钢筋发生锈蚀概率大于90%
		−323	−299	−292	−317	−292	−312	−295	−361	−301			

续表5.15

序号	构件编号	实测值/mV									最低实测值/mV	评定标度	钢筋锈蚀状况的可能性
19	2#现浇板-2	-323	-342	-366	-321	-321	-371	-349	-315	-321	-322	-371	3	钢筋发生锈蚀概率大于90%
		-326	-345	-369	-324	-325	-368	-346	-312	-318	-319			
20		-363	-361	-377	-325	-361	-367	-385	-346	-353	-323	-385	3	钢筋发生锈蚀概率大于90%
		-306	-326	-303	-299	-296	-314	-306	-315	-313	-352			
21		-488	-509	-484	-477	-511	-482	-479	-497	-481	-496	-511	5	钢筋发生锈蚀概率大于90%
		-459	-467	-471	-457	-496	-444	-439	-427	-454	-444			
22	2#现浇板-3	-368	-389	-364	-357	-391	-362	-359	-377	-361	-376	-397	3	钢筋发生锈蚀概率大于90%
		-390	-390	-393	-384	-390	-373	-378	-377	-397	-390			
23		-314	-322	-311	-346	-347	-307	-298	-300	-302	-340	-362	3	钢筋发生锈蚀概率大于90%
		-324	-322	-362	-286	-322	-328	-346	-307	-314	-284			
24	2#现浇板-4	-374	-298	-334	-340	-329	-337	-341	-327	-305	-348	-374	3	钢筋发生锈蚀概率大于90%
		-292	-287	-352	-302	-303	-367	-322	-343	-331	-336			

第 5 章 基于模糊评判理论的拱桥安全性评估

续表 5.15

序号	构件编号	实测值/mV									最低实测值/mV	评定标度	钢筋锈蚀状况的可能性
25	2#现浇板-5	-417	-438	-416	-406	-414	-423	-439	-506	-463	-436	-506	5	钢筋发生锈蚀概率大于90%
26		-445	-452	-416	-434	-427	-455	-425	-452	-489	-446	-394	3	钢筋发生锈蚀概率大于90%
27	2#现浇板-6	-394	-368	-346	-345	-368	-344	-369	-329	-320	-322	-379	3	钢筋发生锈蚀概率大于90%
		-306	-313	-304	-374	-326	-348	-325	-324	-302	-300			
		-333	-331	-371	-295	-337	-331	-355	-316	-323	-293			
28	2#现浇板-6	-341	-339	-379	-303	-345	-339	-363	-324	-331	-301	-389	3	钢筋发生锈蚀概率大于90%
		-367	-374	-338	-356	-349	-377	-347	-374	-389	-368			
		-362	-369	-333	-351	-344	-372	-342	-369	-386	-363			
29	2#现浇板-7	-323	-358	-359	-319	-379	-358	-354	-347	-301	-351	-379	3	钢筋发生锈蚀概率大于90%
		-374	-298	-334	-340	-337	-329	-341	-327	-305	-348			
30		-382	-306	-342	-348	-345	-337	-349	-335	-313	-356	-382	3	钢筋发生锈蚀概率大于90%
		-326	-361	-362	-322	-360	-313	-360	-381	-354	-342			

通过数据分析,该桥部分测点锈蚀电位实测值介于-506～-180 mV。1♯现浇板大部分构件有锈蚀活动,但锈蚀状态不确定,部分可能坑蚀,评定标度为2。2♯现浇板大部分有锈蚀活动,发生锈蚀的概率大于90%,评定标度为3。个别测区存在锈蚀开裂区,评定标度为5。

5.3.5 混凝土电阻率检测结果

本桥采用四电极法测定混凝土电阻率,按照测区电阻率最小值确定混凝土电阻率评定标度。本桥共检测2个构件,根据《公路桥梁承载能力检测评定规程》(JTG/T J21—2011)中5.6.3规定和《城市桥梁检测与评定技术规范》(CJJ/T 233—2015)中5.6.11规定进行评定,检测结果见表5.16。

表5.16 混凝土电阻率

序号	构件编号	实测值/($\Omega \cdot cm$)						最小值/($\Omega \cdot cm$)	评定标度	可能的钢筋锈蚀速率
1	1♯现浇板—1	90 400	76 900	61 900	30 500	43 200	75 900	12 800	3	一般
		32 100	91 300	30 000	31 500	32 000	82 300			
		26 800	26 000	27 100	29 600	19 400	15 200			
		33 600	40 900	13 600	27 700	35 100	18 900			
		14 500	14 100	12 800	16 600	15 300	27 000			
2	1♯现浇板—2	26 800	85 200	34 700	49 500	38 400	26 400	14 500	3	一般
		67 900	49 400	51 800	40 400	14 500	21 200			
		31 100	92 600	93 600	29 200	23 200	17 400			
		43 500	39 900	22 200	33 000	28 100	19 900			
		31 200	58 100	68 900	80 700	18 800	20 400			
3	1♯现浇板—3	54 800	51 300	66 900	46 400	50 200	39 200	13 300	3	一般
		78 500	66 000	27 100	38 300	28 700	28 900			
		21 100	19 300	16 800	25 500	19 100	14 600			
		25 300	18 800	21 100	30 900	17 500	37 100			
		50 200	56 600	98 200	13 300	47 900	18 800			
4	1♯现浇板—4	45 000	38 300	52 200	49 900	42 200	94 200	19 300	2	慢
		99 500	41 100	26 600	44 000	31 100	26 100			
		24 300	48 200	36 200	36 500	22 300	27 000			
		59 400	37 800	22 100	38 800	73 100	61 200			
		35 100	20 800	23 400	19 300	44 300	61 300			

续表5.16

序号	构件编号	实测值/(Ω·cm)						最小值/(Ω·cm)	评定标度	可能的钢筋锈蚀速率
5	1#现浇板—5	26 700	14 500	14 300	24 200	47 500	20 500	12 100	3	一般
		21 000	15 900	24 400	24 200	19 600	55 400			
		83 000	38 400	14 400	30 300	14 500	58 900			
		24 600	12 100	12 100	44 100	16 500	66 400			
		15 300	14 800	18 800	62 800	68 200	26 800			
6	1#现浇板—6	28 200	50 000	57 200	46 900	15 400	15 700	15 400	2	慢
		19 200	34 300	16 000	15 400	85 100	81 100			
		23 200	35 000	27 900	20 900	15 900	33 700			
		76 000	29 700	15 600	53 400	75 900	54 300			
		71 900	60 600	33 000	25 400	52 200	47 900			
7	1#现浇板—7	50 200	56 600	98 200	18 300	47 900	18 800	16 100	2	慢
		21 100	19 300	26 800	25 500	19 100	24 600			
		24 300	48 200	36 200	36 500	22 300	27 000			
		30 900	17 500	37 100	18 800	73 100	61 200			
		35 100	20 800	23 400	29 300	44 300	16 100			
8	1#现浇板—8	38 100	27 500	30 300	42 400	82 000	40 000	15 500	2	慢
		22 800	23 800	31 300	64 000	21 700	16 500			
		48 400	65 000	40 400	61 600	73 200	53 200			
		15 700	15 500	58 900	49 400	48 500	39 100			
		75 000	84 800	61 500	73 100	47 900	49 400			
9	2#现浇板—1	25 400	59 100	24 000	67 100	43 800	75 400	12 700	3	一般
		20 700	12 700	85 100	82 700	42 000	30 200			
		52 600	54 300	58 300	37 000	50 500	71 600			
		50 200	90 300	99 000	43 000	71 600	23 000			
		29 300	84 200	21 700	89 900	25 100	53 700			
10	2#现浇板—2	80 000	61 100	40 200	89 400	70 700	44 900	14 100	3	一般
		61 300	86 900	24 600	27 700	14 100	22 800			
		15 600	15 500	63 500	31 100	36 300	28 300			
		29 600	33 100	64 100	26 100	63 500	31 100			
		43 700	16 400	93 900	33 600	93 900	91 200			

续表5.16

序号	构件编号	实测值/(Ω·cm)						最小值/(Ω·cm)	评定标度	可能的钢筋锈蚀速率
11	2#现浇板—3	42 800	16 000	92 100	58 200	92 100	89 500	10 000	4	快
		15 300	52 600	59 400	37 800	51 500	73 000			
		10 800	10 000	77 400	75 100	12 900	12 200			
		12 500	73 000	12 500	45 600	82 100	90 000			
		41 700	47 000	45 400	21 700	50 400	55 600			
12	2#现浇板—4	72 200	36 500	55 000	11 800	39 100	15 100	11 800	3	一般
		20 100	53 900	34 300	15 300	65 400	36 000			
		61 300	86 900	77 400	75 100	12 900	28 200			
		13 500	77 400	90 900	45 600	82 100	90 000			
		80 000	61 100	22 600	89 400	70 700	44 900			
13	2#现浇板—5	21 700	89 900	12 500	15 300	15 300	54 300	8 500	4	快
		97 700	10 200	40 300	39 100	67 600	66 700			
		77 900	42 800	22 000	8 500	47 600	91 200			
		23 700	42 700	46 800	34 900	26 700	18 400			
		57 300	34 600	12 200	14 800	15 900	28 300			
14	2#现浇板—6	88 000	67 200	22 800	98 300	77 800	49 400	16 200	2	慢
		67 400	95 600	25 100	19 700	70 700	34 700			
		17 200	16 200	25 600	27 300	72 100	35 400			
		40 500	31 500	29 100	41 300	32 100	29 700			
		48 000	18 000	29 400	17 300	17 300	17 400			
15	2#现浇板—7	56 500	21 100	12 500	14 700	12 600	11 800	11 800	3	一般
		20 200	14 100	47 200	23 100	27 000	21 000			
		72 100	22 200	66 700	23 700	42 700	46 800			
		94 800	47 200	23 100	36 100	37 200	64 400			
		94 100	71 900	30 700	35 100	83 200	52 900			

通过数据分析,该桥所选构件混凝土电阻率介于 8 580~19 300 Ω·cm,两构件大部分测区的混凝土电阻率评定标度为 3,钢筋锈蚀速率一般。2#现浇板两个测区的混凝土电阻率评定标度为 4,钢筋可能的锈蚀速率快。其余构件测区的混凝土电阻率评定标度为 2,钢筋可能的锈蚀速率慢。

5.4 基于模糊评判理论的拱桥安全性评定

5.4.1 各指标测度矩阵

根据该桥梁的混凝土强度、碳化深度、保护层厚度、氯离子、钢筋锈蚀、电阻率现场检测数据,由测度函数可得到各检测指标的测度矩阵如下:

$$\boldsymbol{\mu}_1 = \begin{bmatrix} 0 & 0 & 0 & 0 & 1 \\ 0 & 0 & 0 & 0 & 1 \\ 0 & 0 & 0 & 0 & 1 \\ 0 & 0 & 0 & 0 & 1 \\ 0 & 0 & 0 & 0 & 1 \\ 0 & 0 & 0 & 0.6 & 0.4 \\ 0 & 0 & 0 & 0.6 & 0.4 \\ 0 & 0 & 0 & 0 & 1 \\ 0 & 0 & 0 & 0 & 1 \\ 0 & 0 & 0 & 0 & 1 \end{bmatrix}$$

$$\boldsymbol{\mu}_2 = \begin{bmatrix} 1 & 0 & 0 & 0 & 0 \\ 1 & 0 & 0 & 0 & 0 \\ 1 & 0 & 0 & 0 & 0 \\ 1 & 0 & 0 & 0 & 0 \\ 1 & 0 & 0 & 0 & 0 \end{bmatrix}$$

$$\boldsymbol{\mu}_3 = \begin{bmatrix} 0 & 0 & 0 & 0 & 1 \\ 0 & 0 & 0 & 0 & 1 \\ 0 & 0 & 0 & 0 & 1 \\ 0 & 0 & 0 & 0 & 1 \\ 0 & 0 & 0 & 0 & 1 \\ 0 & 0 & 0 & 0 & 1 \\ 0 & 0 & 0 & 0 & 1 \\ 0 & 0 & 0 & 0 & 1 \\ 0 & 0 & 0 & 0 & 1 \\ 0 & 0 & 0 & 0 & 1 \\ 0 & 0 & 0 & 0 & 1 \\ 0 & 0 & 0 & 0 & 1 \\ 0 & 0 & 0 & 0 & 1 \\ 0 & 0 & 0 & 0 & 1 \\ 0 & 0 & 0 & 0 & 1 \end{bmatrix}$$

$$\boldsymbol{\mu}_4 = \begin{bmatrix} 0 & 0.04 & 0.96 & 0 & 0 \\ 0 & 0.18 & 0.82 & 0 & 0 \\ 0 & 0.04 & 0.96 & 0 & 0 \\ 0 & 0.11 & 0.89 & 0 & 0 \\ 0 & 0.00 & 1.00 & 0 & 0 \\ 0 & 0.07 & 0.93 & 0 & 0 \\ 0 & 0.04 & 0.96 & 0 & 0 \\ 0 & 0 & 1.00 & 0 & 0 \\ 0 & 0 & 0.50 & 0.50 & 0 \\ 0 & 0 & 0.53 & 0.47 & 0 \\ 0 & 0 & 0.37 & 0.63 & 0 \\ 0 & 0 & 0 & 0 & 1 \\ 0 & 0.67 & 0.33 & 0 & 0 \\ 0 & 0.25 & 0.75 & 0 & 0 \\ 0.12 & 0.88 & 0.00 & 0 & 0 \\ 0 & 0 & 0.7 & 0.30 & 0 \end{bmatrix} \quad \boldsymbol{\mu}_5 = \begin{bmatrix} 0.88 & 0.12 & 0 & 0 & 0 \\ 0.78 & 0.22 & 0 & 0 & 0 \\ 0.96 & 0.04 & 0 & 0 & 0 \\ 0.72 & 0.28 & 0 & 0 & 0 \\ 0.42 & 0.58 & 0 & 0 & 0 \\ 0.88 & 0.12 & 0 & 0 & 0 \\ 0.72 & 0.28 & 0 & 0 & 0 \\ 0.96 & 0.04 & 0 & 0 & 0 \\ 1 & 0 & 0 & 0 & 0 \\ 1 & 0 & 0 & 0 & 0 \\ 1 & 0 & 0 & 0 & 0 \\ 0.44 & 0.56 & 0 & 0 & 0 \\ 0.92 & 0.08 & 0 & 0 & 0 \\ 0.54 & 0.46 & 0 & 0 & 0 \\ 1 & 0 & 0 & 0 & 0 \\ 0.52 & 0.48 & 0 & 0 & 0 \\ 0 & 0 & 0.88 & 0.12 & 0 \\ 0 & 0 & 0.69 & 0.31 & 0 \\ 0 & 0 & 0.79 & 0.21 & 0 \\ 0 & 0 & 0.65 & 0.35 & 0 \\ 0 & 0 & 0 & 0 & 1 \\ 0 & 0 & 0.53 & 0.47 & 0 \\ 0 & 0 & 0.88 & 0.12 & 0 \\ 0 & 0 & 0.76 & 0.24 & 0 \\ 0 & 0 & 0 & 0 & 1 \\ 0 & 0 & 0.56 & 0.44 & 0 \\ 0 & 0 & 0.71 & 0.29 & 0 \\ 0 & 0 & 0.61 & 0.39 & 0 \\ 0 & 0 & 0.71 & 0.29 & 0 \\ 0 & 0 & 0.68 & 0.32 & 0 \end{bmatrix}$$

第 5 章 基于模糊评判理论的拱桥安全性评估

$$\boldsymbol{\mu}_6 = \begin{bmatrix} 0 & 0.06 & 0.94 & 0 & 0 \\ 0 & 0.4 & 0.6 & 0 & 0 \\ 0 & 0.16 & 0.84 & 0 & 0 \\ 0 & 0.72 & 0.28 & 0 & 0 \\ 0 & 0 & 0.92 & 0.08 & 0 \\ 0 & 0.58 & 0.42 & 0 & 0 \\ 0 & 0.72 & 0.28 & 0 & 0 \\ 0 & 0.6 & 0.4 & 0 & 0 \\ 0 & 0.04 & 0.96 & 0 & 0 \\ 0 & 0.32 & 0.68 & 0 & 0 \\ 0 & 0 & 0.5 & 0.5 & 0 \\ 0 & 0 & 0.86 & 0.14 & 0 \\ 0 & 0 & 0 & 0.2 & 0.8 \\ 0 & 0.74 & 0.26 & 0 & 0 \\ 0 & 0 & 0.86 & 0.14 & 0 \end{bmatrix}$$

5.4.2 指标评价测度

1. 各指标测度

混凝土强度的评价测度

$$\boldsymbol{\mu}'_1 = \begin{bmatrix} 0 & 0 & 0 & 0.12 & 0.88 \end{bmatrix}$$

碳化深度的评价测度

$$\boldsymbol{\mu}'_2 = \begin{bmatrix} 1 & 0 & 0 & 0 & 0 \end{bmatrix}$$

保护层厚度的评价测度

$$\boldsymbol{\mu}'_3 = \begin{bmatrix} 0 & 0 & 0 & 0 & 1 \end{bmatrix}$$

氯离子的评价测度

$$\boldsymbol{\mu}'_4 = \begin{bmatrix} 0.01 & 0.14 & 0.67 & 0.12 & 0.06 \end{bmatrix}$$

钢筋锈蚀的评价测度

$$\boldsymbol{\mu}'_5 = \begin{bmatrix} 0.42 & 0.11 & 0.28 & 0.12 & 0.07 \end{bmatrix}$$

电阻率的评价测度

$$\boldsymbol{\mu}'_6 = \begin{bmatrix} 0 & 0.29 & 0.59 & 0.07 & 0.05 \end{bmatrix}$$

2. 修正的权重系数

根据和法可计算得到修正的权重系数,即

$$w = \begin{bmatrix} 0.07 & 0.30 & 0.18 & 0.23 & 0.15 & 0.07 \end{bmatrix}$$

该桥梁的综合测度评价向量

$$\boldsymbol{\mu}' = \sum_{i=1}^{6} \omega_i \mu_i$$

即

$$\mu' = [0.37 \quad 0.07 \quad 0.24 \quad 0.06 \quad 0.27]$$

检测标度为1的概率为37%、检测标度为3、4、5的概率均为57%,因此该桥梁无损检测结果为损伤严重。

5.5 桥梁结构技术状况评定

根据检测结果,依照《城市桥涵养护技术规范》(CJJ 99—2017)附录D对桥面系、上部结构、下部结构评分等级进行评估。

5.5.1 桥面系评分

桥面系各部件评分结果及桥面技术状况指数得分结果见表5.17。

表5.17 桥面系各部件评分结果及桥面系技术状况指数得分结果

桥梁部件	评估要素	权重 ω_h	修正后权重 ω_h	评分	BCI_m	评定等级	BSI_m	评定等级
桥面系	桥面铺装	0.30	0.30	20	6	E(危险)	6	E(危险)
	桥头平顺	0.15	0.15	0				
	伸缩装置	0.25	0.25	0				
	排水系统	0.10	0.10	0				
	人行道	0.10	0.10	0				
	栏杆或护栏	0.10	0.10	0				

5.5.2 上部结构各部件评分

上部结构各部件评分结果及上部结构技术状况指数得分结果见表5.18。

表5.18 上部结构各部件评分结果及上部结构技术状况指数得分结果

桥梁跨号	构件类型	权重 ω_h	修正后权重 ω_h	评分	BCI_{si}	BCI_s	评定等级	BSI_s	评定等级
1#跨	主拱圈	0.60	0.208	60	62	62	D(不合格)	20.67	E(危险)
1#跨	拱上构造	0.4	0.132	70					
1#跨	现浇梁	0.6	0.33	0	0	0	E(危险)		

5.5.3 下部结构各部件评分

下部结构各部件评分结果及下部结构技术状况指数得分结果见表5.19。

表 5.19 下部结构各部件评分结果及下部结构技术状况指数得分结果

桥梁墩台数	构件类型	权重 ω_h	修正后权重 ω_h	评分	BCI_{xj}	BCI_x	评定等级	BSI_x	评定等级
0#桥台	台帽	0.15	0.15	60	9	67	C(合格)	49.25	E(危险)
	台身	0.2	0.2	60	12				
	基础	0.4	0.4	90	36				
	支座	0.15	0.15	0	0				
	翼墙	0.1	0.1	100	10				
1#桥墩	墩帽	0.15	0.15	60	9	67	C(合格)		
	墩身	0.2	0.2	60	12				
	基础	0.4	0.4	90	36				
	支座	0.15	0.15	0	0				
	翼墙	0.1	0.1	100	10				
0#拱桥桥台	拱脚	0.15	0.25	60	15	63	D(不合格)		
	基础	0.35	0.45	60	27				
	台身	0.3	0.3	70	21				
1#拱桥桥台	拱脚	0.15	0.25	0	0	0	E(危险)		
	基础	0.35	0.45	0	0				
	台身	0.3	0.3	0	0				

5.5.4 桥梁整体技术状况评估

桥梁整体技术状况评估结果见表 5.20。

表 5.20 桥梁整体技术状况评估结果

序号	桥梁部位	权重	技术状况指数	评定等级	养护对策
1	桥面系	0.15	6	E(危险)	大修
2	上部结构	0.4	20.67	E(危险)	大修
3	下部结构	0.45	49.25	E(危险)	大修
全桥总体技术状况指数 BCI				47.8625	
是否存在 D 级桥单项控制指标				是	
全桥总体技术状况评定等级				E(危险)	
养护对策				大修、加固或拆除	

桥梁结构状况评估结果见表5.21。

表5.21 桥梁结构状况评估结果

序号	桥梁部位	结构状况指数	评定等级	养护对策
1	桥面系	6	E(危险)	大修
2	上部结构	20.67	E(危险)	大修
3	下部结构	49.25	E(危险)	大修

本桥技术状况等级为E(危险),桥面系的结构状况为E(危险),上部结构的结构状况为E(危险),下部结构的结构状况为E(危险)。

5.6 桥梁静载试验

5.6.1 静载试验内容

1. 检测内容

依据桥梁结构相关技术资料,确定结构材料特性和截面几何特性参数,利用有限元分析软件建立桥梁结构模型,对其进行试验理论计算分析。

根据桥梁结构受力及构造特点,选取桥梁具有代表性桥跨作为试验跨。对试验跨各控制截面进行应力(应变)、挠度等测试。

静载试验测试项目:
(1)试验荷载作用下,控制截面应力测试。
(2)试验荷载作用下,控制截面最大挠度测试。
(3)试验荷载作用下,应力测试截面附近区域裂缝观测。

2. 检测方法

静载试验采用试验载重车加载,使结构主控截面或部位的内力或应力达到与设计荷载标准值的作用效应等效,并在试验过程中测试关键部位应变及变形,评定结构的实际工作状况和承载能力。

本次静载试验主要测试内容包括:
(1)应力(应变):在测试截面表面粘贴电阻应变片,配合DH3819静态应变分析系统进行应变测试。
(2)挠度:对主要控制截面的竖向位移采用机械百分表或者在桥面布置测点采用高精度水准仪进行测量。
(3)裂缝观测:裂缝观测需接近试验梁体表面,观测试验控制截面及附近区域梁体在加载前、加载中、卸载工况下有无裂缝出现及发展现象。

3. 控制截面与测点布置

(1) 控制截面选取。

根据该桥受力特点、现场情况和业主委托，综合选择后，选取右幅进行荷载试验，试验桥跨各测试控制断面汇总表见表 5.22。具体截面布置如图 5.34 所示。

表 5.22　试验桥跨各测试控制断面汇总表

序号	试验桥跨	试验工况	控制截面	截面位置	截面布置示意图
1	右幅	跨中截面主梁最大正弯矩工况	$A-A$ 截面	右幅 $0.5L$ 截面	图 5.34

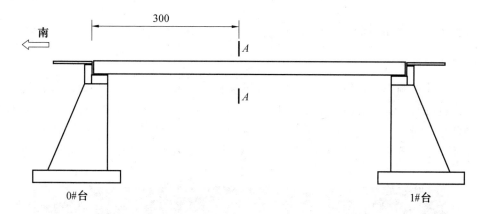

图 5.34　试验桥跨测试截面布置图（单位：cm）

(2) 应变测点布置。

全桥共布置 1 个应变测试断面，测试断面的应变测点布置图如图 5.35 所示。

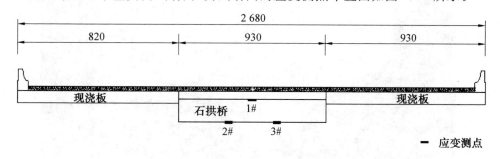

图 5.35　试验桥跨应变测点截面布置图

(3) 挠度测点布置。

全桥共布置 1 个挠度测试断面，在试验桥跨测试断面上的梁中心布置挠度测点，布置图如图 5.36 所示。

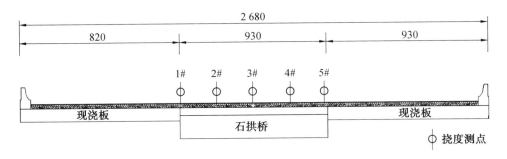

图 5.36　试验桥跨挠度测点截面布置图

5.6.2　试验荷载及加载工况

1. 设计控制内力

桥梁设计控制内力计算采用有限元分析软件 Midas Civil 建立空间模型进行分析计算,主梁及桥面铺装中钢筋混凝土层用块体单元模拟梁,铰缝用相邻单元 X、Y 向自由度约束,模型共包括 2 250 个节点,1 788 个块体单元。以设计荷载作为桥梁控制荷载。

该桥有限元分析模型如图 5.37 所示。变形图、应力云图如图 5.38 和图 5.39 所示。

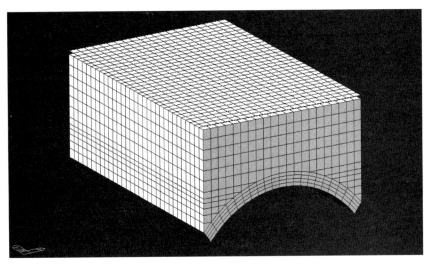

图 5.37　试验桥跨计算模型

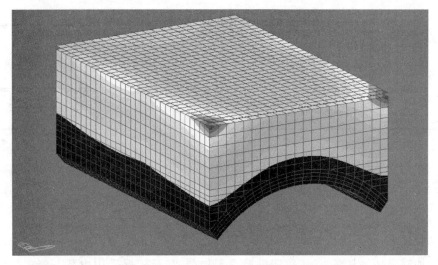

图 5.38 试验桥跨设计荷载下变形图

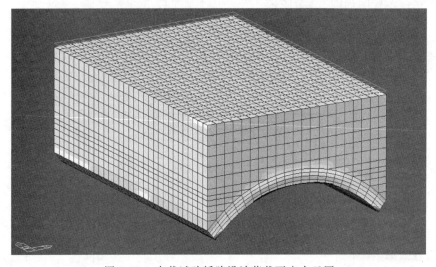

图 5.39 中载试验桥跨设计荷载下应力云图

2. 试验加载车辆选用

为了保证试验的有效性,采用标准车队进行加载,车队纵向位置按计算的影响线进行布设。根据本桥结构特点,在尽可能保证各主要测试截面试验荷载效率系数 η 在规范规定的范围内,经过计算确定,本次静载试验需用约 350 kN 载重车(车重+荷重)2 辆,具体数据见表 5.23,试验加载车辆轴距示意图如图 5.40 所示。

表 5.23 加载车辆参数表

编号	车牌号	4—3轴距 a/m	3—2轴距 b/m	2—1轴距 c/m	轮距 d/m	1轴重 /t	2轴重 /t	3轴重 /t	4轴重 /t	总重 /t
1	豫 RSS110	1.95	2.25	1.35	1.92	5.824 5	5.56	3.075	2.28	30.759
2	豫 RFF557	1.95	2.25	1.35	1.92	5.615	5.26	3.23	2.70	30.05

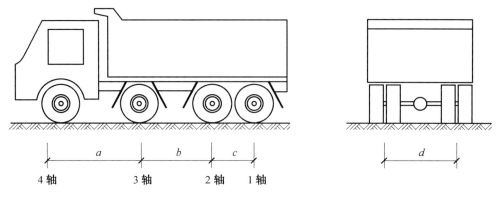

图 5.40 加载车辆轴距示意图

3. 试验工况

本次加载采用两辆约 30 t 重四轴载重车加载,载荷工况采用中载。跨中截面最大正弯矩中载车辆布置图如图 5.41 所示。

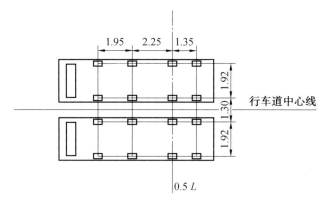

图 5.41 A—A 截面最大正弯矩中载车辆布置图(单位:m)

4. 荷载效率

本次静力试验荷载采用载重汽车(重约 300 kN)充当,就某一检验项目而言,所需车载重量,将根据设计控制荷载产生的该检验项目(内力和位移等)的最不利效应值,以满足下式所定原则等效换算而得

$$\eta_q = \frac{S_s}{S(1+\mu)}$$

式中 η_q——静载试验荷载效率,对交竣工验收荷载试验,宜介于 0.85~1.05;否则,宜介于 0.95~1.05;

S_s——静载试验荷载作用下,某一加载试验项目对应的加载控制截面内力或位移的计算效应值;

S——控制荷载产生的同一加载控制截面内力或位移的最不利效应计算值;

μ——按规范取用的冲击系数值。

对于该桥而言,根据设计荷载计算各控制截面的弯矩,并依此进行试验荷载设计。荷

载效率系数均满足试验方法规定的 0.95~1.05 的范围。各试验截面的计算弯矩、试验弯矩及相应的荷载效率见表 5.24。

表 5.24 试验桥跨静力加载试验荷载效率

序号	加载内容	控制弯矩/(kN·m)	试验弯矩/(kN·m)	荷载效率	加载车布置图
1	$A-A$ 截面最大正弯矩中载	505.06	433.4	0.96	图 5.41

5.6.3 试验控制及安全措施

(1)试验指挥人员在加载试验过程中随时掌握各方面情况,对加载进行控制。既要取得良好的试验效果,又要确保人员、仪表设备及桥梁的安全,避免不应有的损失。严格按设计的加载程序进行加载,荷载的大小、截面内力的大小都应由小到大逐渐增加,并随时做好停止加载和卸载的准备。

(2)对加载试验的控制点随时观测,随时计算并将计算结果报告试验指挥人员,如实测值超过计算值较多,则应暂停加载,待查明原因再决定是否继续加载。试验人员如发现其他测点的测值有较大的反常变化也应查找原因,并及时向试验指挥人员报告。

(3)加载过程中指定人员随时观察结构各部位可能产生的裂缝,注意观察构件薄弱部位是否有开裂、破损,组合构件的结合面是否有开裂错位,支座附近混凝土是否开裂,横隔板的接头是否拉裂,结构是否产生不正常的响声,加载时桥墩是否发生摇晃现象,等等。如发生这些情况应报告试验指挥人员,以便采取相应的措施。

(4)终止加载控制条件。

发生下列情况应中途终止加载:

①控制测点应变值达到或超过按规范安全条件理论计算的控制应变值时;

②控制测点变位(或挠度)超过规范允许值时;

③由于加载,使结构产生大量裂缝,有些裂缝宽度超过允许值,对结构使用寿命造成较大的影响时;

④加载时沿跨长方向的实测挠度曲线分布规律与计算值相差过大或实测挠度超过计算值过多时;

⑤发生其他损坏,影响桥梁承载能力或正常使用时。

5.6.4 静载试验结果分析

1. $A-A$ 截面最大正弯矩中载应变测试结果分析

该试验工况作用下测试截面应变测试结果及校验系数详见表 5.25,测试截面应变计算值与实测值对比曲线如图 5.42 所示。

表 5.25 A—A 截面最大正弯矩中载测试截面应变测试结果及校验系数(单位:$\mu\varepsilon$)

试验梁号	测点编号	实测值 S_t	残余值 S_p	弹性值 S_e	理论值 S_s	相对残余值 $\Delta S_p/\%$	校验系数 η
拱脚	1#	−21.64	−5.26	−16.38	−20.22	25.3	0.81
拱顶	2#	1.73	0.12	1.61	1.66	6.9	0.97
拱脚	3#	−25.22	−6.56	−17.66	−21.58	27.1	0.82

注:表中应变测试值和理论值为负表示在试验荷载作用下该测点受压,应变值为正则表示在试验荷载作用下该测点受拉。

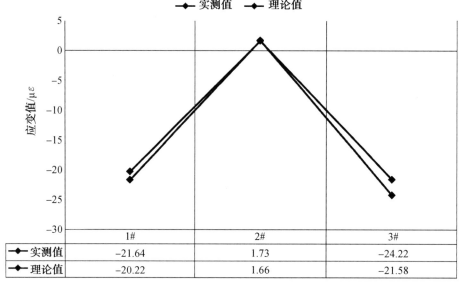

图 5.42 A—A 截面最大正弯矩中载测试截面应变计算值与实测值对比曲线

从表 5.25 中应变数据分析可以看出,试验桥跨在试验工况下,梁体应变校验系数在 0.81~0.97;试验荷载卸载后,相对残余应变最大值为 27.1%。不符合《城市桥梁检测与评定技术规范》(CJJ/T 233)中的规定,该桥属危桥。

2. A—A 截面最大正弯矩中载挠度测试结果分析

该试验工况作用下测试截面挠度测试结果及校验系数详见表 5.26,测试截面挠度计算值与实测值对比曲线如图 5.43 所示。

表 5.26　A—A 截面最大正弯矩中载测试截面挠度测试结果及校验系数(单位:mm)

试验位置	测点编号	实测值 S_t	残余值 S_p	弹性值 S_e	理论值 S_s	相对残余值 $\Delta S_p/\%$	校验系数 η
左边界	1#	−0.04	0	−0.04	−0.06	0.0	0.67
1/4 跨	2#	−0.3	−0.02	−0.28	−0.36	6.7	0.78
1/2 跨	3#	−0.18	0	−0.18	−0.24	0.0	0.75
3/4 跨	4#	−0.42	−0.1	−0.32	−0.36	23.8	0.89
右边界	5#	−0.04	0	−0.04	−0.06	0.0	0.67

注:表中挠度测试值和理论值为负表示梁体向下变形,为正则表示梁体向上变形。

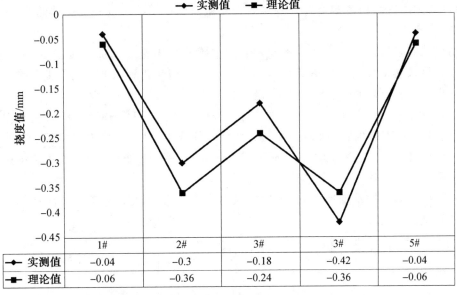

图 5.43　A—A 截面最大正弯矩中载测试截面挠度计算值与实测值对比曲线

从表 5.26 中挠度数据分析可以看出,试验桥跨在试验工况下,梁体挠度校验系数在 0.67~0.89;试验荷载卸载后,相对残余挠度最大值为 23.8%,不符合《城市桥梁检测与评定技术规范》(CJJ/T 233)中的规定,该桥属危桥。

3. 试验过程中结构裂缝观测情况

在整个试验过程中,试验桥跨控制截面未发现结构开裂。

5.7　桥梁动载试验

5.7.1　动载试验内容与方法

1. 检测内容

动载试验用于了解桥梁自身的动力特性,抵抗受迫振动和突发荷载的能力。其主要项目应包括：测定桥梁结构的自振特性，如结构或构件的自振频率、振型和阻尼比的脉动试验；检验桥梁结构在动力荷载作用下的受迫振动特性，如桥梁结构动位移、动应力、冲击系数等的跑车和刹车试验。

（1）模态试验。

在桥面无任何交通荷载以及桥址附近无规则振源的情况下，通过高灵敏度动力测试系统测定桥址处风荷载、地脉动、水流等随机荷载激振而引起桥跨结构的微小振动响应，测得结构的自振频率、振型和阻尼比等动力学特征。

（2）跑车试验。

试验时采用一辆载重试验车在不同车速时匀速通过桥跨结构，在设计时速内取多个大致均匀的车速进行试验。车辆在行驶过程中对桥面产生冲击，从而使桥梁结构产生振动，通过动力测试系统测定桥跨结构主要控制截面测点的动应变和动位移曲线。

（3）检测方法。

动载试验是通过分布在桥面不同位置的传感器采集速度或加速度信号，利用屏蔽导线输入信号采集系统进行采集、储存，然后对储存的信号进行处理，选择其中的有效信号进行分析，得到桥梁结构的自振频率、振型和阻尼比等参数的实测值。

模态试验采用动点模态测试方法进行。采用东华测试DH5907N桥梁模态测试分析系统，低频高灵敏度的磁电式传感器集成在采集模块中，每个采集模块中都包含了一个垂直、一个水平向的速度传感器，具有同时进行竖向、水平向数据采集功能，桥梁结构模态测试采用7个采集模块，分批次进行多点测试。

桥跨结构测点振动加速度，采用磁电式加速度传感器，配信号放大器由计算机记录其输出信号，如图5.44所示。

图5.44 自振频率测试流程

梁体的动应力，采用在梁体控制断面的外表面粘贴电阻应变片，配动态应变分析仪输出电压信号传送至计算机记录其输出信号，如图5.45所示。

图5.45 动态应变测试流程

2. 测点布置

（1）结构强迫振动测点布置。

试验桥跨动载结构强迫振动响应测试选取各试验桥跨跨中截面作为桥梁跑车、制动、跳车动应变测试截面。各试验桥跨结构强迫振动测试动应变及动挠度测点布置如图5.46所示。

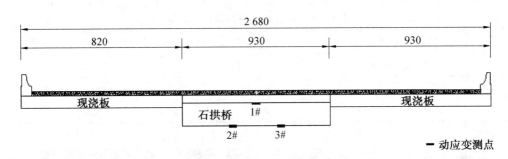

图 5.46 强迫振动测试断面测点布置图

(2)桥梁自振动特性测试测点布置。

采集模块沿桥纵向布置跨中位置,采集模块竖直向垂直于桥面布置,以测定桥梁竖向振动响应,横向布置在距离防撞护栏 50 cm 处。测点位置确定后用橡皮泥将采集模块调平并与桥面耦合。试验桥跨自振特性测试测点平面布置示意图如图 5.47 所示。

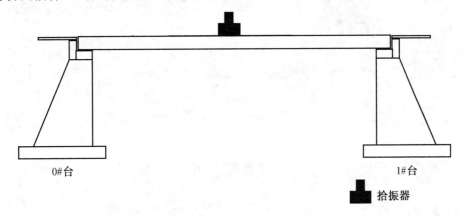

图 5.47 试验桥跨自振特性测试测点平面布置示意图

5.7.2 动载试验结果分析

1. 模态试验

桥梁结构的振型是结构相应于各阶固有频率的振动形式,一个振动系统的振型数目与其自由度数相等。桥梁结构是一具有连续分布质量的体系,也是一个无限多自由度体系,因此其固有频率及相应的振型也有无限多个。但是,对于一般桥梁结构,第一个固有频率即基频,对结构动力分析才是重要的;对于较复杂的动力分析问题,也仅需要前几阶固有频率,因而在实际测试中,一些低阶振型才有实际意义。

试验桥跨的频率计算值与实测值对比结果见表 5.27。分析可知,实测自振频率比理论计算结果小,说明被测桥梁实际刚度较理论刚度小,实际振动特性与设计计算理论不符合。理论自振频率与实测值的误差主要是由于边界条件对桥梁结构的动态特性的影响。计算振型图如图 5.48~5.50 所示。

表 5.27　模态参数实测值及计算值

序号	阶次	计算频率/Hz	实测频率/Hz	实测频率/计算频率	阻尼比/%
1	一阶	15.24	6.613	0.434	3.68
2	二阶	15.53	9.961	0.641	7.42
3	三阶	15.57	11.328	0.728	5.15

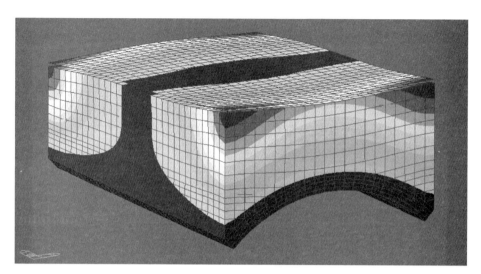

图 5.48　桥梁竖向一阶理论计算振型图

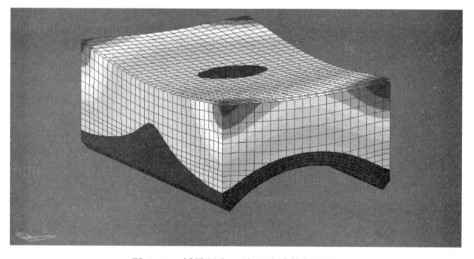

图 5.49　桥梁竖向二阶理论计算振型图

第 5 章 基于模糊评判理论的拱桥安全性评估

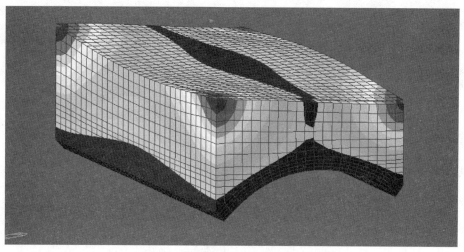

图 5.50 桥梁竖向三阶理论计算振型图

大地脉动状态模态测试的时域曲线如图 5.51 和图 5.52 所示。

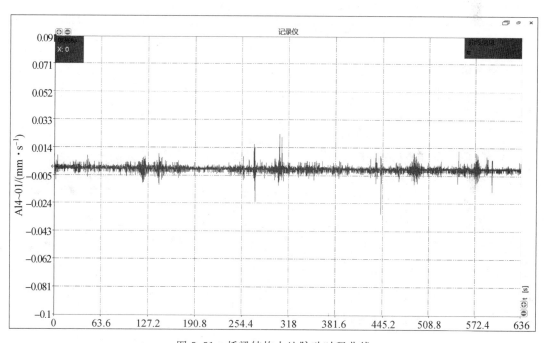

图 5.51 桥梁结构大地脉动时程曲线

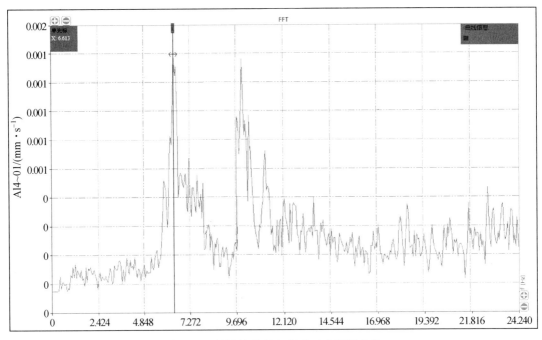

图 5.52 桥梁结构竖向振动对应频域曲线

2. 跑车试验

跑车试验跨中截面动应变时程曲线与冲击系数如图 5.53～5.55 所示。冲击系数与行车速度关系表见表 5.28。

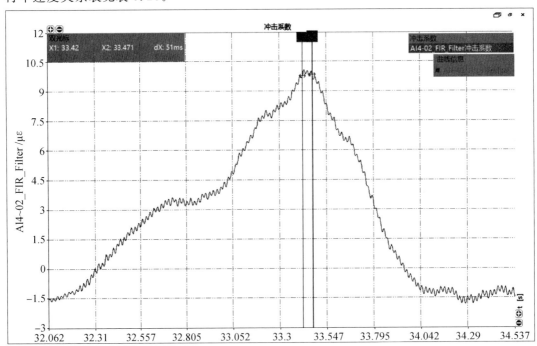

图 5.53 20 km/h 跑车试验跨中截面动应变时程曲线

第 5 章 基于模糊评判理论的拱桥安全性评估

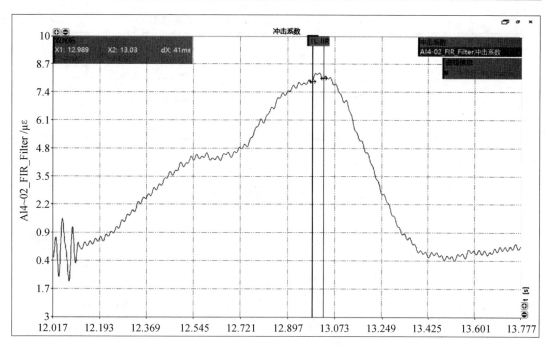

图 5.54 30 km/h 跑车试验跨中截面动应变时程曲线

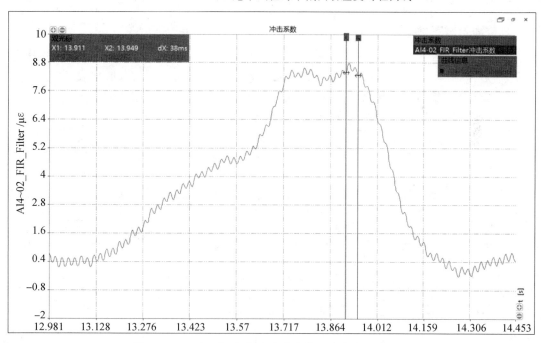

图 5.55 40 km/h 跑车试验跨中截面动应变时程曲线

表 5.28　测试截面跑车冲击系数与行车速度关系表

时速 截面	20 km/h	30 km/h	40 km/h	理论冲击系数
跨中截面	0.017	0.024	0.031	0.45

由实验结果可知,跑车试验跨中截面冲击效应远小于理论冲击效应,且最大冲击系数为 0.031。

5.8　桥梁结构检算

本节对该桥按基于检测结果的当前状态进行承载能力评定。依据《城市桥梁检测与评定技术规范》(CJJ/T 233—2015)的规定,通过对桥梁缺损状况检查、材质状况与状态参数检测和结构检算。结构检算主要依据现行规范,根据桥梁检测与检测结果,采用引入分项检算系数修正极限状态设计表达式的方法进行。分项检算系数主要包括：反映桥梁总体技术状况的检算系数 Z_1 或 Z_2；承载能力恶化系数 ξ_e 的方法进行修正计算。

5.8.1　检算系数的确认

1. 截面折减系数 ξ_c

截面折减系数的确定,首先确定检测构件的材料风化、物理与化学损伤等指标的评定标度,而后依据各自所占的比例权重确定截面损伤的综合评定标度 R,依据表 5.29 内插得到配筋混凝土截面的折减系数 ξ_c,考虑权重的截面折减系数 ξ_c 评定见表 5.30。

表 5.29　圬工桥梁截面折减系数 ξ_c 值

截面损伤综合评定标度 R	截面折减系数 ξ_c
$1 \leqslant R < 2$	(0.98, 1.00]
$2 \leqslant R < 3$	(0.93, 0.98]
$3 \leqslant R < 4$	(0.85, 0.93]
$4 \leqslant R < 5$	$\leqslant 0.85$

表 5.30　截面折减系数 ξ_c 评定表

结构类别	检测指标名称	权重 α_j	评定标度 E_j	截面损伤综合标度 R	截面折减系数 ξ_c
圬工结构	材料风化	0.2	4	4	0.85
	物理与化学损伤	0.8	4		

2. 活载修正系数 ξ_q

活载修正系数是为了考虑桥梁所承受的汽车荷载和标准汽车荷载之间的差异,目的在于对于频繁通行大吨位车、超重运输严重和交通量严重超限的重载交通桥梁应考虑实际运营荷载状况对桥梁承载能力所造成的不利影响。

目前桥梁计算荷载等级为《城市桥梁设计规范》(CJJ 11—2011)中城—A级,根据交通量调查,实际运营活载未出现明显超过设计荷载的情况,活载修正系数 ξ_q 取1.0。

3. 承载能力检算系数 Z_1

承载能力检算系数 Z_1 是根据结构或构件的实际技术状况,对结构或构件的抗力进行折减或提高。根据桥梁检测结果,计算桥梁的技术状况评定值后依据表5.31,根据构件受力类型的不同,进行内插得到桥梁承载能力检算系数 Z_1,考虑权重的桥梁承载能力检算系数见表5.32。

表5.31 圬工桥梁的承载能力检算系数 Z_1 值

承载能力检算系数评定标度 D	受弯	轴心受压	轴心受拉	偏心受压	偏心受拉	受扭	局部承压
1	1.15	1.20	1.05	1.15	1.15	1.10	1.15
2	1.10	1.15	1.00	1.10	1.10	1.05	1.10
3	1.00	1.05	0.95	1.00	1.00	0.95	1.00
4	0.90	0.95	0.85	0.90	0.90	0.85	0.90
5	0.80	0.85	0.75	0.80	0.80	0.75	0.80

表5.32 圬工桥梁的承载能力检算系数 Z_1 值评定表

序号	检测指标名称	权重 α_j	评定标度 E_j	承载能力检算系数评定度 D	承载能力检算系数 Z_1
1	缺损状况	0.4	5	5	0.85
2	材质强度	0.3	4		
3	结构自振频率	0.3	5		

5.8.2 承载能力评定结果及分析

圬工桥梁承载能力极限状态,应根据桥梁检测结构按下式进行计算评定。

$$\gamma_0 S \leqslant R(f_d, \xi_c a_d) Z_1$$

上面公式中的检算系数、承载能力恶化系数、截面折减系数和活载修正系数根据桥梁现场检测结果,对于《城市桥梁检测与评定技术规范》(CJJ/T 233—2015)中规定的相应标度进行取值,各检算系数及评定参数取值汇总见表5.33。

表5.33 检算系数及评定参数取值汇总

参数	Z_1	ξ_e	ξ_q
系数值	0.85	0.85	1

基于检测结果的承载能力评定结果见表5.34。

表5.34 基于检测结果的承载能力评定结果

验算截面	验算内容	设计效力①	修正后设计荷载	设计截面结构抗力 R	修正后设计截面结构抗力 R②	比值 ①/②	结论
跨中截面	最大轴力/kN	6 170.81	6 170.81	8 331.25	5 116.43	1.21	不满足要求
跨中截面	弯矩/(kN·m)	37.4	37.4	65.875	65.875	0.67	满足要求
跨中截面	纵向稳定性/kN	6 170.81	6 170.81	7 385.327	4 535.514	1.42	不满足要求

由表5.34可知,最大作用效应大于修正后结构抗力,不满足《城市桥梁设计规范》(CJJ 11—2011)中城-A级的承载能力要求,该桥属危桥。

5.9 结论和建议

5.9.1 桥梁病害总结

(1)桥面系:该桥桥面铺装主要病害为桥面铺装横向开裂、纵向开裂、松散露骨;1号桥头平顺有明显沉陷;排水系统局部漏水;人行道板横向开裂、纵向开裂;护栏剥落露筋、断裂。

(2)上部结构:现浇板底板局部剥落露筋、蜂窝、铰缝大面积脱落,主拱圈砂浆开裂。横向联系漏水、脱落。

(3)下部结构:拱桥桥台拱脚处开裂。

5.9.2 桥梁特殊检查总结

(1)混凝土强度检测结果:该桥上部结构梁构件的强度推定值在22.7~25.7 MPa,根据相关设计资料,推定强度匀质系数为0.35~0.73,标度评定为5,该桥强度状况危险。

(2)混凝土保护层厚度检测结果:本桥所选构件梁的保护层厚度特征值与设计值的比值均小于0.55,梁构件评定标度为5,钢筋失去碱性保护,发生锈蚀。

(3)碳化深度检测结果:碳化深度和保护层厚度比值均小于0.5,根据《城市桥梁检测与评定技术规范》(CJJ/T 233—2015),该桥各构件碳化深度评定标度均为1,混凝土碳化对钢筋耐久性影响不显著。

(4)混凝土氯离子检测结果:依据测试结果按照《城市桥梁检测与评定技术规范》(CJJ/T 233—2015)评定,该桥所选构件混凝土氯离子含量介于0.26%~0.74%,抽样该桥构件大部分测区的氯离子含量评定标度为3,有可能诱发钢筋锈蚀。个别板梁测点的氯离子含量评定标度为4或5,会诱发钢筋锈蚀或有钢筋锈蚀活化。

(5)钢筋锈蚀检测结果:参照《城市桥梁检测与评定技术规范》(CJJ/T 233—2015) 5.6.9节表5.6.9,该桥部分测点锈蚀电位实测值介于$-506\sim-180$ mV。1#现浇板大部分构件有锈蚀活动,但锈蚀状态不确定,部分可能坑蚀,评定标度为2。2#现浇板大部分有锈蚀活动,发生锈蚀的概率大于90%,评定标度为3。个别测区存在锈蚀开裂区,评定标度为5。

(6)混凝土电阻率检测结果:依据测试结果按照《城市桥梁检测与评定技术规范》(CJJ/T 233—2015)评定,该桥所选构件混凝土电阻率介于$8\,580\sim19\,300\,\Omega\cdot cm$,两构件大部分测区的混凝土电阻率评定标度为3,钢筋锈蚀速率一般。2#现浇板两个测区的混凝土电阻率评定标度为4,钢筋可能的锈蚀速率快。其余构件测区的混凝土电阻率评定标度为2,钢筋可能的锈蚀速率慢。

5.9.3 桥梁状况技术评估及结构状况评估总结

本桥技术状况等级为E(危险),桥面系的结构状况为E(危险),上部结构的结构状况为E(危险),下部结构的结构状况为E(危险)。

5.9.4 静动载试验结论

1. 静载试验结论

(1)校验系数。

中载工况作用下该桥控制截面挠度校验系数在0.67~0.89,校验系数均小于规范不大于1的要求。中载工况作用下该桥控制截面应变校验系数在0.81~0.97,校验系数均小于规范不大于1的要求。

(2)相对残余。

卸载后桥梁最大挠度相对残余为23.8%,最大应变相对残余为27.1%,均不满足《城市桥梁检测与评定技术规范》(CJJ/T 233—2015)中规定不大于20%的要求,桥梁弹性工作状态较差。

(3)横向联系性。

各主梁或板挠度整体横向挠度曲线较为平顺,未发生明显突变,测试跨横向联系性能基本良好。

2. 动载试验结论

(1)该桥实测竖向基频明显小于理论计算竖向基频,桥梁结构的实际刚度小于理论刚度。

(2)实测桥梁阻尼比为0.042,桥梁阻尼特性正常。

(3)试验车在不同车速作用时,实测冲击系数小于理论值,桥梁的抗冲击性能满足设计要求。

5.9.5 桥梁结构检算

经桥梁承载能力验算,该桥不满足《城市桥梁设计规范》(CJJ 11—2011)中城－A级荷载等级承载能力要求。

5.9.6 建议

鉴于该桥拱脚开裂严重,现浇板混凝土掉块、钢筋裸露锈蚀断裂,建议该桥拆除重建。拆除重建前,限载6 t,现浇板部分禁止行人及车辆通行。

第6章 基于模糊评判理论的斜拉桥安全性评估

6.1 工程概况

6.1.1 概况

该桥梁主桥由南北两侧桥梁构成,北侧桥梁全长948 m、南侧桥梁全长1 890 m,桥宽33 m。上部结构采用装配式预应力混凝土变截面连续箱梁和预应力混凝土连续梁;下部结构采用箱梁中间墩和过渡墩,桥面铺装采用沥青混凝土。

桥梁正面照、侧面照如图6.1和图6.2所示。

图6.1 正面照

图6.2 侧面照

6.1.2 桥梁部件划分及构件数量

根据桥梁结构特点,参照《公路桥梁现场检测技术规程》(征求意见稿及条文说明),该桥部件划分及构件数量表见表 6.1~6.3。

表 6.1 北侧左(右)幅桥梁部件划分及构件数量表

序号	桥梁结构	桥梁部件	构件数量	备注
1	上部结构	上部承重构件	20	每跨 1 个构件,共 20 跨
2		上部一般构件	24	共 24 横隔板
3		支座	42	全桥桥墩均设置单排支座,每排 2 个支座
4	下部结构	翼墙、耳墙	—	无该构件
5		锥坡、护坡	—	无该构件
6		桥墩	21	每个桥墩 1 个立柱
7		桥台	—	无该构件
8		墩台基础	21	每个墩台 1 个基础
9		河床	1	共 1 个
10		调治构造物	—	无该构件
11	桥面系	桥面铺装	20	桥梁每跨 1 个,共 20 跨
12		伸缩缝装置	5	—
13		人行道	—	无该构件
14		栏杆、护栏	2	桥梁左右两侧各 1 个
15		排水系统	1	共 1 个
16		照明、标志	1	共 1 个

表 6.2 主桥左(右)幅桥梁部件划分及构件数量表

序号	桥梁结构	桥梁部件	构件数量	备注
1	上部结构	斜拉索系统	704	每侧 22 根索
2		主梁	945	97 个节段,266 道横隔板
3		索塔	4	2 座索塔
4		支座	12	全桥桥墩单排支座,每排 2 个支座

续表6.2

序号	桥梁结构	桥梁部件	构件数量	备注
5	下部结构	翼墙、耳墙	0	无该构件
6		锥坡、护坡	0	无该构件
7		桥墩	8	共4跨
8		桥台	0	0#桥台和3#桥台
9		墩台基础	6	每个墩台1个基础
10		河床	1	共1个
11		调治构造物	—	无该构件
12	桥面系	桥面铺装	5	共5跨
13		伸缩缝装置	2	共1联
14		人行道	—	无该构件
15		栏杆、护栏	2	桥梁左右两侧各1个
16		排水系统	1	共1个
17		照明、标志	1	共1个

表6.3 南侧 左(右) 幅桥梁部件划分及构件数量表

序号	桥梁结构	桥梁部件	构件数量	备注
1	上部结构	上部承重构件	29	每跨1个构件,共29跨
2		上部一般构件	34	共34横隔板
3		支座	42	全桥桥墩均设置单排支座,每排2个支座
4	下部结构	翼墙、耳墙	—	无该构件
5		锥坡、护坡	—	无该构件
6		桥墩	30	每个桥墩1个立柱
7		桥台	0	无该构件
8		墩台基础	30	每个墩台1个基础
9		河床	1	共1个
10		调治构造物	—	无该构件

续表6.3

序号	桥梁结构	桥梁部件	构件数量	备注
11	桥面系	桥面铺装	29	桥梁每孔各1个,共29孔
12		伸缩缝装置	7	—
13		人行道	—	无该构件
14		栏杆、护栏	2	桥梁左右两侧各1个
15		排水系统	1	共1个
16		照明、标志	1	共1个

6.1.3 检测内容

1. 桥面系检测内容

桥面系检测内容包括桥面铺装、人行道、栏杆、排水设施及伸缩缝等。

(1)桥面铺装有无裂缝、剥落、洼地积水、坑穴、鼓包、波浪、拱起、错台、磨光、泛油、变形、脱皮、露骨、接缝料损坏、桥头跳车等现象。

(2)伸缩缝有无破损、异常变形、脱落、淤塞、漏水,功能是否正常,锚固区有无缺陷,是否存在明显的跳车。

(3)人行道及缘石有无剥落、开裂、断裂、缺失、破损。

(4)栏杆系有无缺失、锈蚀、撞击损坏、松动、开裂、下挠、上拱、歪斜及构件混凝土开裂。

(5)桥面排水系统是否顺畅,泄水管、引水槽有无明显缺陷,排水设施有无破损、堵塞和漏水。

(6)桥上交通信号、标志、标线、照明设施是否损坏、失效。

2. 上部结构检测内容

(1)桥塔有无异常变位,锚固区是否有开裂、水渍,有无渗水现象。混凝土结构有无缺损、裂缝、剥落、露筋、钢筋锈蚀。钢结构涂装是否粉化、脱落、起泡、开裂,钢结构是否锈蚀、变形、裂缝;螺栓是否缺失、损坏、松动;钢与混凝土连接是否完好。

(2)拉索索力有无异常变化,观测斜拉索线形有无异常。

(3)斜拉索防护套有无开裂、鼓包、破损、老化变质,必要时可以打开防护套,检查斜拉索的钢丝涂层劣化、破损、锈蚀及断丝情况。

(4)逐个检查锚具及周围锚固区的情况,锚具是否渗水、锈蚀,是否有锈水流出的痕迹,锚固区是否开裂。必要时可打开锚具后盖抽查锚杯内是否积水、潮湿,防锈油是否结块、乳化失效,锚杯是否锈蚀。锚头是否锈蚀、开裂,镦头或夹片是否异常,锚头螺母位置有无异常。

(5)主梁的检测,除同混凝土梁桥、钢桥外,还应检查梁体拉索锚固区域的混凝土结构是否开裂、渗水,钢结构是否有裂纹、锈蚀、渗水。

(6)钢护筒是否脱漆、锈蚀,钢护筒内有无积水,钢护筒与斜拉索密封是否可靠,橡胶圈是否老化或严重磨损,橡胶圈固定装置有无损坏,阻尼器有无异常变形、松动、漏油、螺栓缺失、结构脱漆、锈蚀、裂缝。

(7)桥梁构件气动外形是否发生改变;气动措施和风障是否完好;钢主梁检修车轨道、桥面风障、护栏、栏杆的形状及位置是否发生改变。

3. 支座的检测内容

(1)支座是否缺失。组件是否完整、清洁,有无断裂、错位、脱空。

(2)活动支座实际位移量、转角量是否正常,固定支座的锚销是否完好。

(3)橡胶支座是否老化、开裂,有无位置串动、脱空,有无过大的剪切变形或压缩变形,各夹层钢板之间的橡胶层外凸是否均匀。

(4)盆式橡胶支座的固定螺栓是否剪断,螺母是否松动,钢盆外露部分是否锈蚀,防尘罩是否完好,抗震装置是否完好。

(5)组合式钢支座是否干涩、锈蚀,固定支座的锚栓是否紧固,销板或销钉是否完好。钢支座部件是否出现磨损、开裂。

(6)支承垫石是否开裂、破损。

(7)支座螺纹、螺帽是否松动,锚螺杆有无剪切变形,上下座板(盆)的锈蚀状况。

(8)支座封闭材料是否老化、开裂、脱落。

(9)斜拉桥、悬索桥的纵向和横向限位支座的检测,应按本条执行。

4. 下部结构检测内容

(1)墩身、台身及基础变位情况。

(2)混凝土墩身、台身、盖梁、台帽及系梁有无开裂、蜂窝、麻面、剥落、露筋、空洞、孔洞、钢筋锈蚀等。

(3)墩台顶面是否清洁,有无杂物堆积,伸缩缝处是否漏水。

(4)桥台翼墙、侧墙、耳墙有无破损、裂缝、位移、鼓肚、砌体松动。台背填土有无沉降或挤压隆起,排水是否畅通。

(5)基础是否发生冲刷或淘空现象,地基有无侵蚀。水位涨落、干湿交替变化处基础有无冲刷磨损、颈缩、露筋,有无开裂,是否受到腐蚀。

(6)锥坡、护坡有无缺陷、冲刷。

5. 河床及调治构造物检测内容

(1)桥位段河床有无明显冲淤或漂流物堵塞现象,有无冲刷及变迁状况。河底铺砌是否完好。

(2)调治构造物是否完好,功能是否适用。

6.1.4 桥梁编号方法及说明

按桩号前进方向,桩号逐级增加的方式对跨及墩台进行编号;起始桥台编号定义为0,起始桥墩编号定义为1,起始跨编号定义为1;各跨编号依次为第1跨、第2跨;各墩台编号依次为0♯台、1♯墩、2♯台、0♯伸缩缝。

(1)T梁、小箱梁、铰缝、湿接缝编号采用A－B,A表示桥跨序号,B表示各构件在该跨自左向右排列序号,如1－1♯T、1－1♯小箱梁、1－1♯铰缝、1－1♯湿接缝等。

(2)箱梁编号为箱梁所在孔编码。

(3)防震挡块、墩柱、支座编号采用A－B,A表示桥梁墩台序号,B表示构件自左向右排列序号,如1－1♯防震挡块、1－1♯墩柱等。

(4)横隔板编号A－B－C中:A表示桥跨序号,B表示纵向沿小桩号到大桩号排列序号,C表示自左向右排列序号,如3－2－1♯横隔板,表示桥梁第3♯跨,从小桩号到大桩号第2排,自左向右第1道横隔板。

(5)支座编号A－B－C中:A表示桥跨序号,B表示桥梁墩台序号,C表示自左向右排列序号,如1－0－1♯支座,表示桥梁第1♯跨0♯台上方,自左向右第1♯支座。

(6)墩帽、台身、台帽、桥面铺装、伸缩缝装置编号沿小桩号至大桩号方向递增,如1♯墩帽、0♯台身等。

(7)护栏、栏杆:右侧为R,左侧为L。

(8)其他未定义的部件,按照以上编码规则相应进行编码。

6.1.5 桥梁技术状况评定流程

桥梁技术状况评定工作流程如图6.3所示。

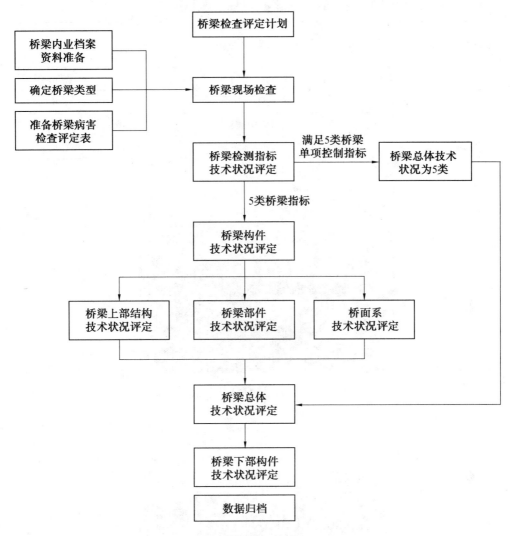

图 6.3 桥梁技术状况评定工作流程

6.2 北侧孔桥检测

本检测报告依据《公路桥梁技术状况评定标准》(JTG/T H21—2011)中的评定标准进行评定。

6.2.1 北侧孔桥左幅外观检测

1. 上部承重构件

该桥上部结构采用装配式预应力混凝土变截面连续箱梁和预应力混凝土连续梁。经检查,该桥上部承重构件未见明显病害。上部承重构件缺陷统计表见表 6.4。

表 6.4 上部承重构件缺陷统计表

构件编号	病害位置	病害描述	病害标度	构件评分	图片编号
7#跨箱内	—	未见明显病害	1	100	图 6.4
8#跨箱内	—	未见明显病害	1	100	图 6.5
4#跨	—	少量破损	1	90	图 6.6
17#跨	—	未见明显病害	1	100	图 6.7

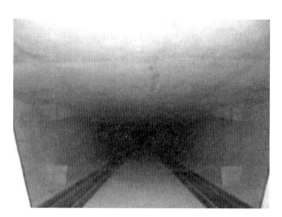

图 6.4 7#跨箱内

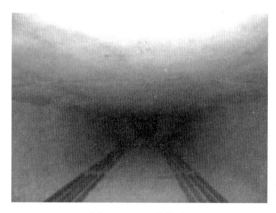

图 6.5 8#跨箱内

图 6.6 4#跨

图 6.7 17#跨

2. 上部一般构件

经检查,该桥上部一般构件是湿接缝、横隔板,左腹板存在渗水现象。上部一般构件缺陷见表 6.5。

表 6.5 上部一般构件缺陷

构件编号	病害位置	病害描述	病害标度	构件评分	图片编号
9#横隔板	大桩号面	少量裂缝	1	95	
12#横隔板	小桩号面	少量裂缝	1	95	
20#横隔板	小桩号面	少量裂缝	1	95	图 6.8
16#横隔板	小桩号面	少量裂缝	1	95	
18#横隔板	小桩号面	少量裂缝	1	95	
左腹板	距 15#墩 15 m	渗水	2	75	图 6.9
预应力锚固	—	未见明显病害	1	100	图 6.10

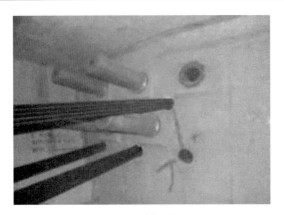

图 6.8　横隔板

图 6.9　左腹板渗水

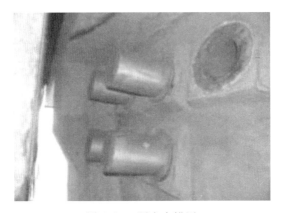

图 6.10　预应力锚固

3. 支座

支座轻微堵塞。支座缺陷统计表见表 6.6。

表 6.6　支座缺陷统计表

构件编号	病害位置	病害描述	病害标度	构件评分	图片编号
10—10—1#支座	—	轻微堵塞	1	95	图 6.11
15—15—1#支座	—	轻微堵塞	1	95	图 6.12

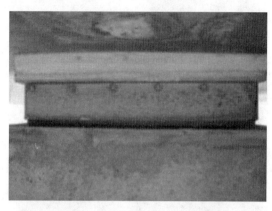

图 6.11　10—10—1#支座

图 6.12　15—15—1#支座

4. 桥墩

该桥墩轻微泛碱。桥墩状况如图 6.13 所示,构件评分 95 分。

5. 墩台基础

墩台基础混凝土少量剥落,构件评分 92 分。

6. 河床

未见明显病害。

7. 桥面铺装

桥面有少量裂缝。桥面铺装情况如图 6.14 所示,构件评分 95 分。

图 6.13 12#墩

图 6.14 桥面铺装

8.伸缩缝

该桥伸缩缝存在渗水病害,伸缩缝缺陷统计表见表 6.7。

表 6.7 伸缩缝缺陷统计表

构件编号	病害位置	病害描述	病害标度	构件评分	图片编号
0#伸缩缝	—	渗水	2	75	图 6.15
1#伸缩缝	—	渗水	2	75	
2#伸缩缝	—	渗水	2	75	
4#伸缩缝	—	渗水	2	75	
5#伸缩缝	—	未见明显病害	1	100	—

图 6.15　伸缩缝渗水

9. 栏杆、护栏

该桥左右两侧均设有栏杆、护栏。左侧护栏存在锈胀病害。栏杆、护栏缺陷如图 6.16 所示,构件评分 90 分。

图 6.16　右侧护栏

10. 排水设施

未见明显病害。

11. 照明、标志

未见明显病害。

6.2.2　北侧孔桥右幅外观检测

1. 上部承重构件

该桥上部结构采用装配式预应力混凝土变截面连续箱梁和预应力混凝土连续梁。经检查,该桥上部承重构件未见明显病害。上部承重构件缺陷统计表见表 6.8。

表 6.8 上部承重构件缺陷统计表

构件编号	病害位置	病害描述	病害标度	构件评分	图片编号
18#跨箱内	顶板	少量裂缝	1	95	图 6.17
19#跨箱内	顶板	少量裂缝	1	95	
19#跨箱内	顶板	少量裂缝	1	95	
20#跨箱内	顶板	少量裂缝	1	95	
8#跨	—	未见明显病害	1	100	—
17#跨	—	未见明显病害	1	100	—

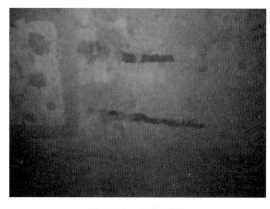

图 6.17 顶板裂缝

2. 上部一般构件

该桥上部一般构件是湿接缝、横隔板。未见明显病害。上部一般构件缺陷统计表见表 6.9。

表 6.9 上部一般构件缺陷统计表

构件编号	病害位置	病害描述	病害标度	构件评分	图片编号
4#横隔板	小桩号面	少量裂缝	1	95	图 6.18
6#横隔板	小桩号面	少量裂缝	1	95	
6#横隔板	大桩号面	少量裂缝	1	95	
10#横隔板	小桩号面	少量裂缝	1	95	
12#横隔板	小桩号面	少量裂缝	1	95	
21#横隔板	小桩号面	少量裂缝	1	95	
6#跨预应力锚固	—	未见明显病害	1	100	—
9#跨预应力锚固	—	轻微锈蚀	1	95	图 6.19
18#跨预应力锚固	—	未见明显病害	1	100	—

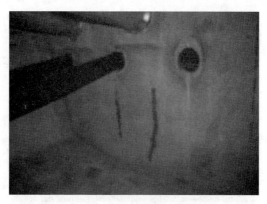

图 6.18 横隔板裂缝

图 6.19 9#跨预应力锚固

3. 支座

支座轻微堵塞。支座缺陷统计表见表 6.10。

表 6.10 支座缺陷统计表

构件编号	病害位置	病害描述	病害标度	构件评分	图片编号
15—15—2#支座	—	轻微堵塞	1	95	图 6.20
7—7—1#支座	—	轻微堵塞	1	95	图 6.21

图 6.20 15—15—2#支座

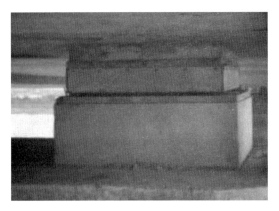

图 6.21 7—7—1#支座

4. 桥墩

该桥桥墩有少量麻面,构件评分 96 分。

5. 墩台基础

墩台基础混凝土少量剥落,构件评分 95 分。

6. 河床

未见明显病害。

7. 桥面铺装

该桥桥面铺装为沥青路面,未见明显病害。

8. 伸缩缝

伸缩缝存在渗水现象,伸缩缝缺陷统计表见表 6.11。

表 6.11 伸缩缝缺陷统计表

构件编号	病害位置	病害描述	病害标度	构件评分	图片编号
0#伸缩缝	—	渗水	2	75	图 6.22
3#伸缩缝	—	未见明显病害	1	100	图 6.23

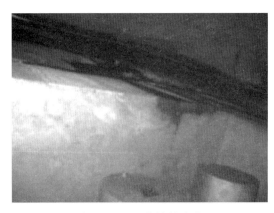

图 6.22 0#伸缩缝渗水

图 6.23 3#伸缩缝

9. 栏杆、护栏

该桥左右两侧均设有栏杆、护栏。栏杆轻微锈胀,构件评分 95 分。

10. 排水设施

未见明显病害。

11. 照明、标志

未见明显病害。

6.2.3 北侧孔桥无损检测

1. 混凝土回弹强度检测

根据现场的检测条件和外观情况,运用混凝土回弹仪对构件进行了抗压强度检测,测区的分布根据《回弹法检测混凝土抗压强度技术规程》的要求来确定。桥梁结构构件材质强度见表 6.12。

表 6.12 桥梁结构构件材质强度(回弹法测定混凝土强度)

构件编号	混凝土抗压强度/MPa					推定强度匀质系数	平均强度匀质系数	评定标准值	构件强度状态
	设计值	实测平均值	实测标准差	实测最小值	实测推定值				
左幅:2#箱内左腹板	55	61.7	—	—	60.9	1.11	1.12	1	良好
2#箱内底板	55	63.0	—	—	62.2	1.13	1.15	1	良好
2#墩柱	40	49.7	1.81	45.6	46.7	1.17	1.24	1	良好
左幅:8#箱内右腹板	55	64.2	—	—	62.3	1.13	1.17	1	良好

续表6.12

构件编号	混凝土抗压强度/MPa					推定强度匀质系数	平均强度匀质系数	评定标度值	构件强度状态
	设计值	实测平均值	实测标准差	实测最小值	实测推定值				
8#箱内底板	55	67.5	—	—	69.6	1.26	1.23	1	良好
7#墩柱	40	49.3	1.76	46.9	46.4	1.16	1.23	1	良好
左幅:15#箱内右腹板	55	66.6	—	—	62.5	1.14	1.21	1	良好
15#箱内底板	55	60.9	—	—	69.0	1.26	1.11	1	良好
14#墩柱	40	48.4	1.63	45.8	45.7	1.14	1.21	1	良好
右幅:3#箱内左腹板	55	64.7	—	—	65.5	1.19	1.18	1	良好
3#箱内底板	55	63.6	—	—	63.2	1.15	1.16	1	良好
3#墩柱	40	49.6	1.56	47.3	47.0	1.18	1.24	1	良好
右幅:6#箱内右腹板	55	69.8	—	—	69.7	1.27	1.27	1	良好
6#箱内底板	55	67.1	—	—	68.4	1.24	1.22	1	良好
6#墩柱	40	48.0	1.19	46.4	46.1	1.15	1.20	1	良好
右幅:12#箱内右腹板	55	66.7	—	—	65.4	1.19	1.21	1	良好
12#箱内底板	55	67.1	—	—	64.8	1.18	1.22	1	良好
13#墩柱	40	51.2	2.15	47.7	47.7	1.19	1.28	1	良好

2. 混凝土碳化状况检测结果

钢筋在混凝土内处于碱性保护的钝化状态,混凝土碳化将造成钢筋失去保护,在受外界条件影响时,钢筋就会发生锈蚀。检测混凝土碳化深度可间接评定钢筋可能锈蚀状态。采用浓度为1‰~2‰的酚酞酒精溶液对构件进行了混凝土碳化深度检测,混凝土碳化状况检测结果见表6.13。

表6.13 混凝土碳化状况检测结果

构件编号	混凝土碳化深度实测平均值/mm	混凝土保护层厚度实测平均值/mm	K_c	评定标度值	混凝土碳化影响程度
左幅:2#箱内左腹板	1.0	70.5	0.01	1	影响不显著
2#箱内底板	1.0	70.1	0.01	1	影响不显著
2#墩柱	1.5	70.1	0.02	1	影响不显著
左幅:8#箱内右腹板	1.0	69.4	0.01	1	影响不显著
8#箱内底板	1.0	69.5	0.01	1	影响不显著
7#墩柱	1.5	69.9	0.02	1	影响不显著
左幅:15#箱内右腹板	1.0	70.0	0.01	1	影响不显著
15#箱内底板	1.0	69.5	0.01	1	影响不显著
14#墩柱	1.5	69.5	0.02	1	影响不显著
右幅:3#箱内左腹板	1.0	70.0	0.01	1	影响不显著
3#箱内底板	1.0	69.2	0.01	1	影响不显著
3#墩柱	1.5	70.5	0.02	1	影响不显著
右幅:6#箱内右腹板	1.0	70.0	0.01	1	影响不显著
6#箱内底板	1.0	69.4	0.01	1	影响不显著
6#墩柱	1.5	69.4	0.02	1	影响不显著
右幅:12#箱内右腹板	1.0	69.2	0.01	1	影响不显著
12#箱内底板	1.0	69.8	0.01	1	影响不显著
13#墩柱	1.5	70.3	0.02	1	影响不显著

3. 混凝土保护层厚度检测结果

混凝土保护层为钢筋提供了良好的保护,必要的保护层能够推迟环境中的水气、有害离子等扩散到钢筋表面的时间以及因砼碳化使钢筋失去碱性保护的时间,因此,混凝土保护层厚度及其分布均匀性是影响结构钢筋耐久性的一个重要因素。此次采用抽检的方式,利用ZBL-R630混凝土钢筋检测仪对箱梁腹板、底板、墩柱进行测试保护层厚度,保护层厚度检测结果见表6.14。

表 6.14 混凝土保护层厚度检测结果

检查部位位置	保护层厚度/mm					特征值 D_{ne}	D_{ne}/D_{nd}	评定标度	混凝土耐久性影响程度
	设计值 D_{nd}	最大值	最小值	平均值	标准差				
左幅：2#箱内左腹板	70	72	68	70.5	1.43	68.1	0.97	1	影响不显著
2#箱内底板	70	72	68	70.1	1.45	67.7	0.97	1	影响不显著
2#墩柱	70	72	68	70.1	1.20	68.1	0.97	1	影响不显著
左幅：8#箱内右腹板	70	71	68	69.4	1.07	67.6	0.97	1	影响不显著
8#箱内底板	70	72	69	69.5	0.97	67.9	0.97	1	影响不显著
7#墩柱	70	72	68	69.9	1.20	67.9	0.97	1	影响不显著
左幅：15#箱内右腹板	70	72	68	70.0	1.49	67.5	0.96	1	影响不显著
15#箱内底板	70	72	68	69.5	1.51	67.0	0.96	1	影响不显著
14#墩柱	70	72	68	69.5	1.58	66.9	0.96	1	影响不显著
右幅：3#箱内左腹板	70	72	68	70.0	1.70	67.2	1.00	1	影响不显著
3#箱内底板	70	71	68	69.2	0.92	67.7	0.97	1	影响不显著
3#墩柱	70	72	69	70.5	1.08	68.7	0.98	1	影响不显著
右幅：6#箱内右腹板	70	72	68	70.0	1.49	67.5	0.96	1	影响不显著
6#箱内底板	70	71	68	69.4	1.35	67.2	0.96	1	影响不显著
6#墩柱	70	72	68	69.4	1.35	67.2	0.96	1	影响不显著

续表6.14

检查部位位置	保护层厚度/mm					特征值 D_{ne}	D_{ne}/D_{nd}	评定标度	混凝土耐久性影响程度
	设计值 D_{nd}	最大值	最小值	平均值	标准差				
右幅:12#箱内右腹板	70	70	68	69.2	0.79	67.9	0.97	1	影响不显著
12#箱内底板	70	71	68	69.8	1.23	67.8	0.97	1	影响不显著
13#墩柱	70	72	69	70.3	0.95	68.7	0.98	1	影响不显著

6.3 主桥检测分析

本检测报告依据《公路桥梁技术状况评定标准》(JTG/T H21—2011)中的评定标准进行评定。

6.3.1 主桥左幅外观检测

1. 上部承重构件——斜拉索系统

该桥斜拉索系统未见明显病害,锚具缺陷统计表见表6.15。

表 6.15 锚具缺陷统计表

构件编号	病害位置	病害描述	病害标度	构件评分	图片编号
2—4	—	轻微锈蚀	2	90	图 6.24
3—18	—	轻微锈蚀	2	90	图 6.25
斜拉索	—	防护漆少量脱落	1	95	
斜拉索	—	防护漆少量脱落	1	95	图 6.26
斜拉索	—	防护漆少量脱落	1	95	

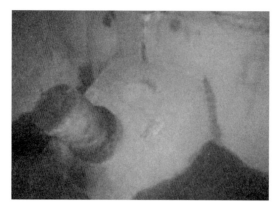

图 6.24　2-4 现状照

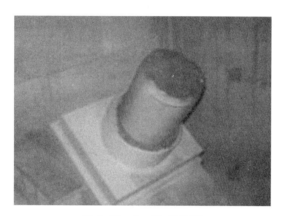

图 6.25　3-18 现状照

图 6.26　斜拉索现状照

2. 主梁

该桥主梁为流线型扁平钢箱叠合梁,顶板出现少量裂缝、涂层剥落和钢梁锈蚀。主梁缺陷统计表见表6.16。

表6.16 主梁缺陷统计表

构件编号	病害位置	病害描述	病害标度	构件评分
5−4#箱内	顶板	纵裂 $L=2.5$ m,$W=0.08$ mm 纵裂 $L=0.35$ m,$W=0.06$ mm	2	65
1#纵梁	左侧	涂层剥落、锈蚀,面积 $S=0.02$ m²	2	75
2#纵梁	左侧	涂层剥落,面积 $S=0.06$ m²	2	75
2−2#梁	左侧	涂层剥落,面积 $S=0.01$ m²	2	75
6#纵梁	左侧	涂层剥落,面积 $S=0.01$ m²	2	75
2−9#梁	左侧	涂层剥落,面积 $S=0.15$ m²	2	75
2−10#梁	左侧	涂层剥落,面积 $S=0.04$ m²	2	75
2−10#箱外	左侧近16梁0.5 m	砼破损,面积 $S=0.01$ m²	2	75
2−11#梁	左侧	涂层剥落,面积 $S=0.16$ m²	2	75
16#纵梁	左侧	锈蚀,面积 $S=0.02$ m²	2	75
2−17#梁	左侧	锈胀,面积 $S=0.03$ m²	2	75
2−30#梁	左侧	涂层剥落,面积 $S=0.02$ m²	2	75
3−3#梁	左侧	涂层剥落,面积 $S=0.02$ m²	2	75
3−6#梁	左侧	涂层剥落,面积 $S=0.06$ m²	2	75
3−9#梁	左侧	涂层剥落,面积 $S=0.08$ m²	2	75
3−10#梁	左侧	涂层剥落,面积 $S=0.02$ m²	2	75
3−15#梁	左侧	涂层剥落,面积 $S=0.06$ m²	2	75
3−16#梁	左侧	涂层剥落,面积 $S=0.045$ m²	2	75
3−18#梁	左侧	涂层剥落,面积 $S=0.20$ m²	2	75
3−19#梁	左侧	涂层剥落,面积 $S=0.15$ m²	2	75
3−25#梁	左侧	涂层剥落,面积 $S=0.10$ m²	2	75
3−27#梁	左侧	涂层剥落,面积 $S=0.04$ m²	2	75
3−28#梁	左侧	涂层剥落,面积 $S=0.06$ m²	2	75
3−30#梁	左侧	涂层剥落,面积 $S=0.12$ m²	2	75
3−35#梁	左侧	涂层剥落,面积 $S=0.12$ m²	2	75
3−41#梁	左侧	涂层剥落,面积 $S=0.09$ m²	2	75

续表6.16

构件编号	病害位置	病害描述	病害标度	构件评分
3-111#梁	左侧	涂层剥落,面积 $S=0.045$ m²	2	75
3-116#梁	左侧	涂层剥落,面积 $S=0.125$ m²	2	75
3-121#梁	左侧	涂层剥落,面积 $S=0.06$ m²	2	75
132#纵梁	左侧	涂层剥落,面 $S=0.15$ m²	2	75
5-6#梁	左侧	涂层剥落,面积 $S=0.038$ m²	2	75
7#纵梁	左侧	涂层剥落,面积 $S=0.025$ m²	2	75
5-9#梁	左侧	涂层剥落,面积 $S=0.125$ m²	2	75
5-11#梁	左侧	涂层剥落,面积 $S=0.015$ m²	2	75
5-14#梁	左侧	涂层剥落,面积 $S=0.02$ m²	2	75
5-15#梁	左侧	涂层剥落,面积 $S=0.025$ m²	2	75
5-17#梁	左侧	涂层剥落,面积 $S=0.003$ m²	2	75
5-23#梁	左侧	涂层剥落,面积 $S=0.008$ m²	2	75
5-24#梁	左侧	涂层剥落,面积 $S=0.08$ m²	2	75
5-26#梁	左侧	涂层剥落,面积 $S=0.24$ m²	2	75
5-27#梁	左侧	涂层剥落,面积 $S=0.045$ m²	2	75

3. 主塔

该桥索塔轻微麻面,索塔缺陷如图6.27所示,部件评分95分。

图6.27 左索塔现状照

4. 支座

该桥支座轻微堵塞。支座缺陷统计表见表6.17。

表 6.17 支座缺陷统计表

构件编号	病害位置	病害描述	病害标度	构件评分	图片编号
2-2-1#支座	—	轻微堵塞	1	95	图 6.28
5-5-2#支座	—	轻微堵塞	1	95	图 6.29

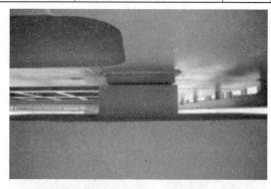

图 6.28　2-2-1#支座

图 6.29　5-5-2#支座

5. 桥墩

该桥墩少量麻面,如图 6.30 所示,部件评分 95 分。

图 6.30　2#墩现状照

6. 墩台基础

墩台基础未见明显病害。

7. 河床

未见明显病害。

8. 桥面铺装

本桥桥面铺装经检查有少量小裂纹,具体如图 6.31 所示,部件评分 97 分。

图 6.31 2#桥面铺装整体照

9. 伸缩缝

该桥伸缩缝未见明显病害。

10. 栏杆、护栏

该桥左右两侧均设有栏杆、护栏,右侧护栏油漆少量脱落,具体如图 6.32 所示,部件评分 97 分。

图 6.32 右护栏现状照

11. 排水设施

未见明显病害。

12. 照明、标志

经现场检查,未见明显病害。

6.3.2 主桥右幅外观检测

1. 上部承重构件——斜拉索系统

该桥斜拉索系统未见明显病害。

2. 主梁

该桥主梁为流线型扁平钢箱叠合梁,顶板出现少量裂缝、钢梁锈蚀和湿接缝露筋等。主梁缺陷统计表见表 6.18。

表 6.18 主梁缺陷统计表

构件编号	病害位置	病害描述	病害标度	构件评分
4#箱内顶板	距右端 2 m,距 4#横隔板 0.5 m	纵裂 $L=0.7$ m,$W=0.04$ mm	2	65
5#箱内顶板	—	纵裂 $L=1.4$ m,$W=0.8$ mm	2	65
5#箱内顶板	—	纵裂 $L=0.7$ m,$W=0.6$ mm	2	65
1—1#梁	跨中行车轨道	涂层剥落	2	75
1—2#梁	右侧纵梁跨中	涂层剥落	2	75
1—6#湿接缝	—	橡胶条脱落	2	75
1#纵梁	距 2#墩 1 m	锈蚀,面积 $S=0.02$ m²	2	75
2—3#梁	梁右侧与纵梁锚接处	涂层剥落,面积 $S=0.12$ m²	2	75
2—3#湿接缝	右侧端部	破损露筋	2	75
2—5#梁	右侧端部	涂层剥落	2	75
2—8#梁	右端	涂层剥落,面积 $S=0.24$ m²	2	75
2—9#梁	下方行车轨道	涂层剥落,面积 $S=2.1$ m²	2	75
1—14#梁	右端	涂层剥落,面积 $S=0.08$ m²	2	75
2—15#梁	右端	涂层剥落,面积 $S=0.12$ m²	2	75
46#纵梁	右端	涂层剥落,面积 $S=0.20$ m²	2	75
3—3#梁	梁右侧与纵梁锚接处	涂层剥落,面积 $S=0.08$ m²	2	75
3—9#梁	梁右侧与纵梁锚接处	涂层剥落,面积 $S=0.12$ m²	2	75
3—19#梁	梁右侧与纵梁锚接处	涂层剥落,面积 $S=0.20$ m²	2	75
3—22#梁	梁右侧与纵梁锚接处	涂层剥落,面积 $S=0.30$ m²	2	75
3—24#梁	梁右侧与纵梁锚接处	涂层剥落,面积 $S=0.08$ m²	2	75
3—25#梁	梁右侧与纵梁锚接处	涂层剥落,面积 $S=0.10$ m²	2	75
3—28#梁	梁右侧与纵梁锚接处	涂层剥落,面积 $S=0.50$ m²	2	75

续表6.18

构件编号	病害位置	病害描述	病害标度	构件评分
3-31#梁	梁右侧与纵梁锚接处	涂层剥落,面积 $S=0.15$ m²	2	75
3-33#梁	梁右侧与纵梁锚接处	涂层剥落,面积 $S=0.20$ m²	2	75
3-36#梁	梁右侧与纵梁锚接处	涂层剥落,面积 $S=0.15$ m²	2	75
3-42#梁	距49#梁0.5 m处	锈蚀,面积 $S=0.08$ m²	2	75
3-48#梁	梁右侧与纵梁锚接处	涂层剥落,面积 $S=0.50$ m²	2	75
49#纵梁	梁右侧与纵梁锚接处	涂层剥落,面积 $S=0.49$ m²	2	75
3-91#梁	梁右侧与纵梁锚接处	涂层剥落,面积 $S=0.24$ m²	2	75
3-115#梁	梁右侧与纵梁锚接处	涂层剥落,面积 $S=0.16$ m²	2	75
3-118#梁	梁右侧与纵梁锚接处	涂层剥落,面积 $S=0.25$ m²	2	75
3-119#梁	梁右侧与纵梁锚接处	涂层剥落,面积 $S=0.06$ m²	2	75
3-127#梁	梁右侧与纵梁锚接处	涂层剥落,面积 $S=0.2$ m²	2	75
3-130#梁	梁右侧与纵梁锚接处	涂层剥落,面积 $S=0.09$ m²	2	75

3. 支座

该桥支座为板式橡胶支座,未见明显病害。支座缺陷统计表见表6.19。

表6.19 支座缺陷统计表

构件编号	病害位置	病害描述	病害标度	构件评分	图片编号
2-2-1#支座	—	轻微堵塞	1	95	图6.33

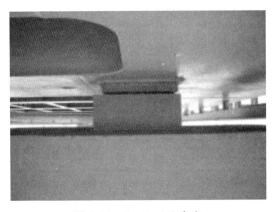

图6.33 2-2-1#支座

4. 桥墩

该桥墩未见明显病害。桥墩缺陷统计表见表6.20。

表6.20 桥墩缺陷统计表

构件编号	病害位置	病害描述	病害标度	构件评分	图片编号
5#墩	—	少量麻面	1	95	图6.34

图6.34 5#墩

5. 墩台基础

墩台基础未见明显病害。

6. 河床

未见明显病害。

7. 桥面铺装

本桥桥面铺装未见明显病害。桥面铺装缺陷统计表见表6.21。

表6.21 桥面铺装缺陷统计表

构件编号	病害位置	病害描述	病害标度	构件评分	图片编号
桥面铺装	—	少量裂纹	1	95	图6.35

图6.35 桥面铺装

8. 伸缩缝

该桥伸缩缝轻微堵塞,综合评价95分。

9. 栏杆、护栏

该桥左右两侧均设有栏杆、护栏,未见明显病害。栏杆、护栏缺陷统计表见表6.22。

表6.22 栏杆、护栏缺陷统计表

构件编号	病害位置	病害描述	病害标度	构件评分	图片编号
右侧护栏	—	涂层少量剥落	1	95	图6.36

图6.36 右侧护栏

10. 排水设施

未见明显病害。

11. 照明、标志

经现场检查,未见明显病害。

6.4 南侧孔桥检测

本检测报告依据《公路桥梁技术状况评定标准》(JTG/T H21—2011)中的评定标准进行评定。

6.4.1 南侧孔桥左幅桥梁外观检测

1. 上部承重构件

该桥上部结构主要承重构件为装配式预应力混凝土变截面连续箱梁和预应力混凝土连续梁。该桥上部承重构件未见明显病害。上部承重构件缺陷统计表见表6.23。

表 6.23 上部承重构件缺陷统计表

构件编号	病害位置	病害描述	病害标度	构件评分	图片编号
3#跨（箱内）	—	未见明显病害	1	100	图 6.37
12#横隔板（箱内）	左侧	渗水	2	80	图 6.38、图 6.39
21#跨	箱外底板，居中，距20#墩 3 m	砼破损	2	80	图 6.40

图 6.37　3#跨（箱内）

图 6.38　12#横隔板（箱内）左侧渗水存有积水 1

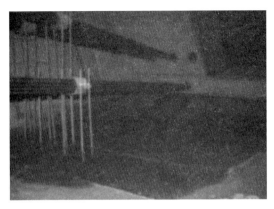

图 6.39　12♯横隔板（箱内）左侧渗水存有积水 2

图 6.40　21♯跨砼破损

2. 上部一般构件

该桥上部一般构件是湿接缝、横隔板。未见明显病害。上部一般构件缺陷统计表见表 6.24。

表 6.24　上部一般构件缺陷统计表

构件编号	病害位置	病害描述	病害标度	构件评分	图片编号
4♯横隔板（箱内）	小桩号面	裂缝修补	1	95	图 6.41
7♯横隔板（箱内）	小桩号面	裂缝修补	1	95	图 6.42
12♯横隔板（箱内）	小桩号面	裂缝修补	1	95	图 6.43
15♯横隔板（箱内）	小桩号面	裂缝修补	1	95	图 6.44
15♯横隔板（箱内）	大桩号面	裂缝修补	1	95	图 6.45
17♯横隔板（箱内）	大桩号面	裂缝修补	1	95	图 6.46
预应力锚固	—	未见明显病害	1	100	图 6.47

图 6.41　4#(箱内)小桩号面裂缝修补

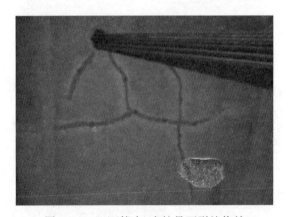

图 6.42　7#(箱内)小桩号面裂缝修补

图 6.43　12#(箱内)小桩号面裂缝修补

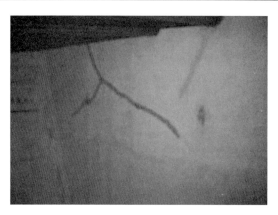

图 6.44　15#（箱内）小桩号面裂缝修补

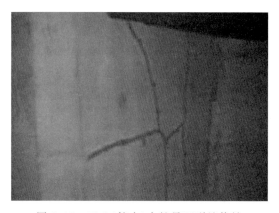

图 6.45　15#（箱内）大桩号面裂缝修补

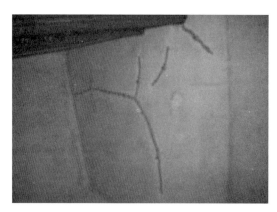

图 6.46　17#（箱内）大桩号面裂缝修补

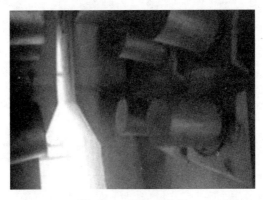

图 6.47　预应力锚固

3. 支座

该桥支座为板式橡胶支座,支座未见明显病害。支座缺陷统计表见表 6.25。

表 6.25　支座缺陷统计表

构件编号	病害位置	病害描述	病害标度	构件评分	图片编号
10—10—1#支座	—	轻微堵塞	1	95	图 6.48
29—29—1#支座	—	轻微堵塞	1	95	图 6.49

图 6.48　10—10—1#支座

图 6.49　29—29—1#支座

4. 翼墙、耳墙

该桥翼墙、耳墙未见明显病害。

5. 锥坡、护坡

该桥锥坡、护坡未见明显病害。

6. 桥墩

该桥桥墩未见明显病害。桥墩缺陷统计表见表 6.26。

表 6.26 桥墩缺陷统计表

构件编号	病害位置	病害描述	病害标度	构件评分	图片编号
8#墩	—	少量麻面	1	95	图 6.50
20#墩	墩顶距右 2 m	网状裂缝	2	65	图 6.51

图 6.50 8#墩

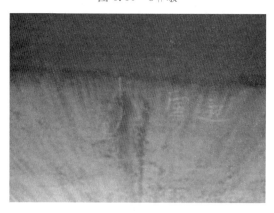

图 6.51 20#墩网状裂缝

7. 墩台基础

墩台基础未见明显病害。

8. 河床

河床未见明显病害。

9. 桥面铺装

该桥桥面铺装未见明显病害。桥面铺装缺陷统计表见表 6.27。

表 6.27 桥面铺装缺陷统计表

构件编号	病害位置	病害描述	病害标度	构件评分	图片编号
桥面铺装	—	少量裂纹	1	95	图 6.52

图 6.52 桥面铺装

10. 伸缩缝

伸缩缝未见明显病害。伸缩缝缺陷统计表见表 6.28。

表 6.28 伸缩缝缺陷统计表

构件编号	病害位置	病害描述	病害标度	构件评分	图片编号
2#伸缩缝	—	轻微堵塞	1	95	图 6.53

图 6.53 2#伸缩缝

11. 人行道

该桥未设人行道。

12. 栏杆、护栏

该桥左右两侧均设有栏杆、护栏,未见明显病害。栏杆、护栏缺陷统计表见表 6.29。

表 6.29　栏杆、护栏缺陷统计表

构件编号	病害位置	病害描述	病害标度	构件评分	图片编号
左侧护栏	—	涂层少量剥落	1	95	图 6.54
右侧护栏	—	涂层少量剥落	1	95	图 6.55

图 6.54　左侧护栏

图 6.55　右侧护栏

13. 排水设施

排水设施未见明显病害。

14. 照明、标志

经现场检查,照明、标志未见明显病害。

15. 其他

无。

6.4.2 南侧孔桥右幅桥梁外观检测

1. 上部承重构件

该桥上部结构主要承重构件为装配式预应力混凝土矮 T 梁。该桥上部承重构件未见明显病害。上部承重构件缺陷统计表见表 6.30。

表 6.30 上部承重构件缺陷统计表

构件编号	病害位置	病害描述	病害标度	构件评分	图片编号
20#跨(箱内)	—	渗水	2	75	图 6.56

图 6.56 20#跨(箱内)渗水

2. 上部一般构件

该桥上部一般构件是湿接缝、横隔板,未见明显病害。上部一般构件缺陷统计表见表 6.31。

表 6.31 上部一般构件缺陷统计表

构件编号	病害位置	病害描述	病害标度	构件评分	图片编号
17#横隔板(箱内)	小桩号面	少量裂缝	1	95	图 6.57

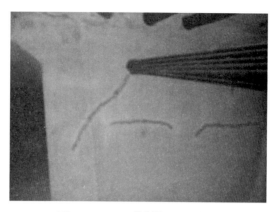

图 6.57　17#横隔板少量裂缝

3. 支座

该桥支座为板式橡胶支座,未见明显病害。支座缺陷统计表见表 6.32。

表 6.32　支座缺陷统计表

构件编号	病害位置	病害描述	病害标度	构件评分	图片编号
5－5－2#支座	—	轻微堵塞	1	95	图 6.58
17－17－1#支座	—	轻微堵塞	1	95	图 6.59

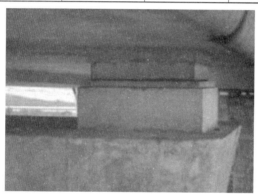

图 6.58　5－5－2#支座

图 6.59　17－17－1#支座

4. 翼墙、耳墙

该桥翼墙、耳墙未见明显病害。

5. 锥坡、护坡

该桥锥坡、护坡未见明显病害。

6. 桥墩

该桥桥墩未见明显病害。桥墩缺陷统计表见表6.33。

表 6.33 桥墩缺陷统计表

构件编号	病害位置	病害描述	病害标度	构件评分	图片编号
15#墩	—	少量麻面	1	95	图6.60

图 6.60　15#墩

7. 桥台

该桥未设桥台。

8. 墩台基础

墩台基础未见明显病害。

9. 河床

河床未见明显病害。

10. 调治构造物

该桥未设调治构造物。

11. 桥面铺装

该桥桥面铺装未见明显病害。桥面铺装缺陷统计表见表6.34。

表 6.34 桥面铺装缺陷统计表

构件编号	病害位置	病害描述	病害标度	构件评分	图片编号
桥面铺装	—	少量裂纹	1	95	图 6.61

图 6.61 桥面铺装

12. 伸缩缝

伸缩缝未见明显病害。伸缩缝缺陷统计表见表 6.35。

表 6.35 伸缩缝缺陷统计表

构件编号	病害位置	病害描述	病害标度	构件评分	图片编号
1#伸缩缝	—	轻微堵塞	1	95	图 6.62

图 6.62 1#伸缩缝

13. 人行道

该桥未设人行道。

14. 栏杆、护栏

该桥左右两侧均设有栏杆、护栏,未见明显病害。栏杆、护栏缺陷统计表见表6.36。

表 6.36　栏杆、护栏缺陷统计表

构件编号	病害位置	病害描述	病害标度	构件评分	图片编号
左侧护栏	—	涂层少量剥落	1	95	图 6.63
右侧护栏	—	涂层少量剥落	1	95	图 6.64

图 6.63　左侧护栏

图 6.64　右侧护栏

15. 排水设施

排水设施未见明显病害。

16. 照明、标志

经现场检查,照明、标志未见明显病害。

17. 其他

无。

6.4.3　北侧孔桥无损检测

1. 混凝土回弹强度检测结果

根据现场的检测条件和外观情况,运用 ZC3-A 数显混凝土回弹仪对构件进行了抗压强度检测,测区的分布根据《回弹法检测混凝土抗压强度技术规程》的要求来确定。混凝土强度检测结果见表6.37。

表6.37 桥梁结构构件材质强度(回弹法测定混凝土强度)

构件编号	混凝土抗压强度/MPa					推定强度匀质系数	平均强度匀质系数	评定标度值	构件强度状态
	设计值	实测平均值	实测标准差	实测最小值	实测推定值				
左幅:4#箱内左腹板	55	69.0	—	—	64.2	1.17	1.25	1	良好
4#箱内底板	55	61.0	—	—	62.4	1.13	1.11	1	良好
5#墩柱	40	48.2	1.59	45.8	45.6	1.14	1.20	1	良好
左幅:7#箱内右腹板	55	67.8	—	—	67.5	1.23	1.23	1	良好
7#箱内底板	55	62.5	—	—	69.5	1.26	1.14	1	良好
7#墩柱	40	49.8	1.76	47.9	46.9	1.17	1.24	1	良好
左幅:12#箱内左腹板	55	68.9	—	—	62.5	1.14	1.25	1	良好
12#箱内底板	55	65.5	—	—	68.0	1.24	1.19	1	良好
13#墩柱	40	49.2	1.59	46.4	46.6	1.16	1.23	1	良好
左幅:15#箱内右腹板	55	67.0	—	—	69.3	1.26	1.22	1	良好
15#箱内底板	55	60.5	—	—	68.6	1.25	1.10	1	良好
15#墩柱	40	49.1	0.85	47.9	47.7	1.19	1.23	1	良好
左幅:17#箱内左腹板	55	60.7	—	—	69.5	1.26	1.10	1	良好
17#箱内底板	55	62.4	—	—	68.7	1.25	1.14	1	良好

续表6.37

构件编号	混凝土抗压强度/MPa					推定强度匀质系数	平均强度匀质系数	评定标度值	构件强度状态
	设计值	实测平均值	实测标准差	实测最小值	实测推定值				
18#墩柱	40	49.6	0.87	48.2	48.2	1.20	1.24	1	良好
右幅:6#箱内左腹板	55	63.2	—	—	64.2	1.17	1.15	1	良好
6#箱内底板	55	66.5	—	—	65.8	1.20	1.21	1	良好
6#墩柱	40	49.5	1.42	46.6	47.2	1.18	1.24	1	良好
右幅:9#箱内右腹板	55	66.8	—	—	68.2	1.24	1.22	1	良好
9#箱内底板	55	62.7	—	—	60.2	1.09	1.14	1	良好
10#墩柱	40	49.4	2.14	46.6	45.8	1.14	1.24	1	良好
右幅:15#箱内右腹板	55	65.5	—	—	61.7	1.17	1.19	1	良好
15#箱内底板	55	69.5	—	—	64.5	1.17	1.26	1	良好
16#墩柱	40	49.8	1.24	47.5	47.8	1.20	1.25	1	良好
右幅:17#箱内左腹板	55	62.8	—	—	66.4	1.21	1.14	1	良好
17#箱内底板	55	64.6	—	—	63.3	1.15	1.17	1	良好
17#墩柱	40	49.8	1.63	46.9	47.1	1.18	1.25	1	良好
右幅:20#箱内右腹板	55	60.8	—	—	63.8	1.16	1.11	1	良好
20#箱内底板	55	69.1	—	—	67.8	1.23	1.26	1	良好

续表6.37

构件编号	混凝土抗压强度/MPa					推定强度匀质系数	平均强度匀质系数	评定标度值	构件强度状态
	设计值	实测平均值	实测标准差	实测最小值	实测推定值				
20#墩柱	40	50.1	1.23	48.6	48.1	1.2	1.25	1	良好

2. 混凝土碳化状况检测结果

钢筋在混凝土内处于碱性保护的钝化状态,混凝土碳化将造成钢筋失去保护,在受外界条件影响时,钢筋就会发生锈蚀。检测混凝土碳化深度可间接评定钢筋可能锈蚀状态。采用浓度为1%~2%的酚酞酒精溶液对构件进行了混凝土碳化深度检测,碳化深度检测结果见表6.38。

表6.38 混凝土碳化状况检测结果

构件编号	混凝土碳化深度实测平均值/mm	混凝土保护层厚度实测平均值/mm	K_c	评定标度值	混凝土碳化影响程度
左幅:4#箱内左腹板	1.0	70.9	0.01	1	影响不显著
4#箱内底板	1.0	70.0	0.01	1	影响不显著
5#墩柱	1.5	70.1	0.02	1	影响不显著
左幅:7#箱内右腹板	1.0	69.8	0.01	1	影响不显著
7#箱内底板	1.0	70.2	0.01	1	影响不显著
7#墩柱	1.5	69.5	0.02	1	影响不显著
左幅:12#箱内左腹板	1.0	70.5	0.01	1	影响不显著
12#箱内底板	1.0	70.5	0.01	1	影响不显著
13#墩柱	1.5	69.9	0.02	1	影响不显著
左幅:15#箱内右腹板	1.0	70.6	0.01	1	影响不显著
15#箱内底板	1.0	69.6	0.01	1	影响不显著
15#墩柱	1.5	70.3	0.02	1	影响不显著

续表6.38

构件编号	混凝土碳化深度实测平均值/mm	混凝土保护层厚度实测平均值/mm	K_c	评定标度值	混凝土碳化影响程度
左幅:17#箱内左腹板	1.0	70.7	0.01	1	影响不显著
17#箱内底板	1.0	70.5	0.01	1	影响不显著
18#墩柱	1.5	70.2	0.02	1	影响不显著
右幅:6#箱内左腹板	1.0	69.8	0.01	1	影响不显著
6#箱内底板	1.0	69.8	0.01	1	影响不显著
6#墩柱	1.5	70.2	0.02	1	影响不显著
右幅:9#箱内右腹板	1.0	70.9	0.01	1	影响不显著
9#箱内底板	1.0	70.0	0.01	1	影响不显著
10#墩柱	1.5	70.1	0.02	1	影响不显著
右幅:15#箱内右腹板	1.0	69.8	0.01	1	影响不显著
15#箱内底板	1.0	70.2	0.01	1	影响不显著
16#墩柱	1.5	69.5	0.02	1	影响不显著
右幅:17#箱内左腹板	1.0	70.5	0.01	1	影响不显著
17#箱内底板	1.0	70.5	0.01	1	影响不显著
17#墩柱	1.5	69.9	0.02	1	影响不显著
右幅:20#箱内右腹板	1.0	70.6	0.01	1	影响不显著
20#箱内底板	1.0	69.6	0.01	1	影响不显著
20#墩柱	1.5	70.3	0.02	1	影响不显著

3. 混凝土保护层厚度检测结果

混凝土保护层为钢筋提供了良好的保护,必要的保护层能够推迟环境中的水气、有害离子等扩散到钢筋表面的时间以及因砼碳化使钢筋失去碱性保护的时间,因此,混凝土保护层厚度及其分布均匀性是影响结构钢筋耐久性的一个重要因素。此次采用抽检的方式,利用 ZBL-R630 混凝土钢筋检测仪对箱梁腹板、底板、墩柱进行测试保护层厚度,保护层厚度检测结果见表 6.39。

表 6.39 混凝土保护层厚度检测结果

检查部位	保护层厚度/mm					特征值 D_{ne}	D_{ne}/D_{nd}	评定标度	混凝土耐久性影响程度
	设计值 D_{nd}	最大值	最小值	平均值	标准差				
左幅:4#箱内左腹板	70	72	69	70.9	1.20	68.9	0.98	1	影响不显著
4#箱内底板	70	72	68	70.0	1.63	67.3	0.96	1	影响不显著
5#墩柱	70	72	68	70.1	1.60	67.5	0.96	1	影响不显著
左幅:7#箱内右腹板	70	72	68	69.8	1.32	67.6	0.97	1	影响不显著
7#箱内底板	70	71	68	70.2	1.32	68.0	0.97	1	影响不显著
7#墩柱	70	72	68	69.5	1.6	67.0	0.96	1	影响不显著
左幅:12#箱内左腹板	70	72	69	70.5	1.18	68.6	0.98	1	影响不显著
12#箱内底板	70	72	68	70.5	1.18	68.6	0.98	1	影响不显著
13#墩柱	70	72	68	69.9	1.20	67.9	0.97	1	影响不显著
左幅:15#箱内右腹板	70	72	68	70.6	1.65	67.9	0.97	1	影响不显著
15#箱内底板	70	71	68	69.6	1.07	67.8	0.97	1	影响不显著
15#墩柱	70	72	68	70.3	1.49	67.8	0.97	1	影响不显著
左幅:17#箱内左腹板	70	72	69	70.7	1.16	68.8	0.98	1	影响不显著
17#箱内底板	70	72	68	70.5	1.78	67.6	0.97	1	影响不显著

续表6.39

检查部位	保护层厚度/mm					特征值 D_{ne}	D_{ne}/D_{nd}	评定标度	混凝土耐久性影响程度
	设计值 D_{nd}	最大值	最小值	平均值	标准差				
18#墩柱	70	72	68	70.2	1.55	67.7	0.97	1	影响不显著
右幅:6#箱内左腹板	70	71	68	69.8	1.32	67.6	0.97	1	影响不显著
6#箱内底板	70	72	68	69.8	1.32	67.6	0.97	1	影响不显著
6#墩柱	70	72	69	70.2	1.03	68.5	0.98	1	影响不显著
右幅:9#箱内右腹板	70	72	68	70.0	1.56	67.4	0.96	1	影响不显著
9#箱内底板	70	71	68	70.0	1.15	68.1	0.97	1	影响不显著
10#墩柱	70	72	68	70.5	1.35	68.3	0.98	1	影响不显著
右幅:15#箱内右腹板	70	72	70	71.0	0.82	69.7	1.00	1	影响不显著
15#箱内底板	70	72	68	69.8	1.75	66.9	0.96	1	影响不显著
16#墩柱	70	72	68	70.0	1.83	67.0	0.96	1	影响不显著
右幅:17#箱内左腹板	70	71	68	69.7	1.16	67.8	0.97	1	影响不显著
17#箱内底板	70	72	69	70.7	1.06	69.0	0.99	1	影响不显著
17#墩柱	70	72	68	70.6	1.26	68.5	0.98	1	影响不显著
右幅:20#箱内右腹板	70	72	68	69.8	1.40	67.5	0.96	1	影响不显著
20#箱内底板	70	72	68	69.5	1.43	67.1	0.96	1	影响不显著

续表6.39

检查部位	保护层厚度/mm					特征值 D_{ne}	D_{ne}/D_{nd}	评定标度	混凝土耐久性影响程度
	设计值 D_{nd}	最大值	最小值	平均值	标准差				
20#墩柱	70	71	69	70.5	0.71	69.3	0.99	1	影响不显著

6.5 基于规范的桥梁结构技术状况评定

6.5.1 部件权重分配

桥梁部件权重分配采用将缺失部件权重值按照既有部件权重在全部既有部件权重中所占比例进行分配的方法,具体分配见表6.40和表6.41。

表6.40 南、北侧孔桥桥梁部件权重分配计算表

部位	类别	部件名称	权重	按比例重新分配后权重	备注
上部结构	1	上部承重构件	0.70	0.70	—
	2	上部一般构件	0.18	0.18	—
	3	支座	0.12	0.12	—
下部结构	4	翼墙、耳墙	0.02	0.03	—
	5	锥坡、护坡	0.01	0.02	—
	6	桥墩	0.30	0.44	—
	7	桥台	0.30	—	无该构件
	8	墩台基础	0.28	0.41	—
	9	河床	0.07	0.10	—
	10	调治构造物	0.02	—	无该构件
桥面系	11	桥面铺装	0.40	0.44	—
	12	伸缩缝装置	0.25	0.28	—
	13	栏杆、护栏	0.10	0.11	—
	14	排水系统	0.10	0.11	—
	15	人行道	0.10	—	无该构件
	16	照明、标志	0.05	0.06	—

表 6.41 主桥部件权重分配计算表

部位	类别	部件名称	权重	按比例重新分配后权重	备注
上部结构	1	斜拉索系统	0.40	0.40	—
	2	主梁	0.25	0.25	—
	3	索塔	0.25	0.25	—
	4	支座	0.10	0.10	—
下部结构	5	翼墙、耳墙	0.02	—	无该构件
	6	锥坡、护坡	0.01	—	无该构件
	7	桥墩	0.30	0.46	—
	8	桥台	0.30	—	无该构件
	9	墩台基础	0.28	0.43	—
	10	河床	0.07	0.11	—
	11	调治构造物	0.02	—	无该构件
桥面系	12	桥面铺装	0.40	0.44	—
	13	伸缩缝装置	0.25	0.28	—
	14	人行道	0.10	—	无该构件
	15	栏杆、护栏	0.10	0.11	—
	16	排水系统	0.10	0.11	—
	17	照明、标志	0.05	0.06	—

6.5.2 桥梁技术状况评分

桥梁各部分评分结果见表 6.42～6.47。

表 6.42 北侧左幅桥梁评分表

部位	部件类别	评价部件	桥梁部件							桥梁分部工程			桥梁总体	
			构件数量	权重标准值	权重修正值	技术状况评分	主要部件技术状况等级	加权得分	技术状况评分	技术状况等级	权重	加权得分	技术状况评分	技术状况等级
上部结构	1	上部承重构件	20	0.7	0.70	97.50	1类	68.25	96.36	1类	0.4	38.55	95.39	1类
	2	上部一般构件	24	0.18	0.18	92.86	2类	16.71						
	3	支座	42	0.12	0.12	95.00	1类	11.40						
	4	翼墙、耳墙	0	0.02	—	—	—	—						
	5	锥坡、护坡	0	0.01	—	—	—	—						
下部结构	6	桥墩	21	0.3	0.46	100.00	1类	46.00	96.56	1类	0.4	38.62		
	7	桥台	0	0.3	—	—	—	—						
	8	墩台基础	21	0.28	0.43	92.00	2类	39.56						
	9	河床	1	0.07	0.11	100.00	1类	11.00						
	10	调治构造物	0	0.02	—	—	—	—						
桥面系	11	桥面铺装	20	0.4	0.44	95.00	2类	39.60	91.10	2类	0.2	18.22		
	12	伸缩缝装置	5	0.25	0.28	80.00	3类	22.40						
	13	人行道	0	0.1	—	—	—	—						
	14	栏杆、护栏	2	0.1	0.11	90.00	2类	9.90						
	15	排水系统	1	0.1	0.11	100.00	1类	11.00						
	16	照明、标志	1	0.05	0.06	100.00	1类	6.00						

第6章 基于模糊评判理论的斜拉桥安全性评估

表6.43 北侧右幅桥梁评分表

部位	部件类别	评价部件	桥梁部件						桥梁分部工程				桥梁总体	
			构件数量	权重标准值	权重修正值	技术状况评分	主要部件技术状况等级	加权得分	技术状况评分	技术状况等级	权重	加权得分	技术状况评分	技术状况等级
上部结构	1	上部承重构件	20	0.7	0.70	96.67	1类	67.67	96.37	1类	0.4	38.55	96.14	1类
	2	上部一般构件	24	0.18	0.18	96.11	1类	17.30						
	3	支座	42	0.12	0.12	95	1类	11.40						
	4	翼墙、耳墙	0	0.02	0.00	—	1类	—						
	5	锥坡、护坡	0	0.01	0.00	—	1类	—						
下部结构	6	桥墩	21	0.3	0.46	96	1类	44.16	96.01	1类	0.4	38.4		
	7	桥台	0	0.3	0.00	—	—	—						
	8	墩台基础	21	0.28	0.43	95	1类	40.85						
	9	河床	1	0.07	0.11	100	1类	11.00						
	10	调治构造物	0	0.02	0.00	—	1类	—						
桥面系	11	桥面铺装	20	0.4	0.44	100	1类	44.00	95.95	1类	0.2	19.19		
	12	伸缩缝装置	5	0.25	0.28	87.5	3类	24.50						
	13	人行道	0	0.1	0.00	—	1类	—						
	14	栏杆、护栏	2	0.1	0.11	95	1类	10.45						
	15	排水系统	1	0.1	0.11	100	1类	11.00						
	16	照明、标志	1	0.05	0.06	100	1类	6.00						

表 6.44 主桥左幅桥梁评分表

部位	部件类别	评价部件	构件数量	权重标准值	权重修正值	技术状况评分	主要部件技术状况等级	加权得分	技术状况评分	技术状况等级	权重	加权得分	技术状况评分	技术状况等级
上部结构	1	斜拉索系统	704	0.40	0.40	93.00	1类	37.20	89.14	2类	0.4	35.66	94.41	2类
	2	主梁	5	0.25	0.25	74.75	2类	18.69							
	3	索塔	4	0.25	0.25	95.00	1类	23.75							
	4	支座	12	0.10	0.10	95.00	1类	9.50							
	5	翼墙、耳墙	0	0.02	0.00	—	—	—							
	6	锥坡、护坡	0	0.01	0.00	—	—	—							
下部结构	7	桥墩	8	0.30	0.46	95.00	1类	43.70	97.70	1类	0.4	39.08		
	8	桥台	0	0.30	0.00	—	—	—							
	9	墩台基础	6	0.28	0.43	100.00	1类	43.00							
	10	河床	1	0.07	0.11	100.00	1类	11.00							
	11	调治构造物	0	0.02	0.00	—	—	—							
桥面系	12	桥面铺装	5	0.40	0.44	97.00	1类	42.68	98.35	1类	0.2	19.67		
	13	伸缩缝装置	2	0.25	0.28	100.00	1类	28.00							
	14	人行道	0	0.10	0.00	—	—	—							
	15	栏杆、护栏	2	0.10	0.11	97.00	1类	10.67							
	16	排水系统	1	0.10	0.11	100.00	1类	11.00							
	17	照明、标志	1	0.05	0.06	100.00	1类	6.00							

第 6 章 基于模糊评判理论的斜拉桥安全性评估

表 6.45 主桥右幅桥梁评分表

部位	部件类别	评价部件	构件数量	权重标准值	权重修正值	技术状况评分	主要部件技术状况等级	加权得分	技术状况评分	技术状况等级	权重	加权得分	技术状况评分	技术状况等级
						桥梁部件			桥梁分部工程				桥梁总体	
上部结构	1	斜拉索系统	704	0.40	0.40	100.00	1类	40.00	93.10	2类	0.4	37.24	95.93	1类
	2	主梁	5	0.25	0.25	74.39	2类	18.60						
	3	索塔	4	0.25	0.25	100.00	1类	25.00						
	4	支座	12	0.10	0.10	95	1类	9.50						
	5	翼墙、耳墙	0	0.02	0.00	—	—	—						
	6	锥坡、护坡	0	0.01	0.00	—	—	—						
下部结构	7	桥墩	8	0.30	0.46	95.00	1类	43.70	97.70	1类	0.4	39.08		
	8	桥台	0	0.30	0.00	—	—	—						
	9	墩台基础	6	0.28	0.43	100.00	1类	43.00						
	10	河床	1	0.07	0.11	100.00	1类	11.00						
	11	调治构造物	0	0.02	0.00	—	—	—						
	12	桥面铺装	5	0.40	0.44	100.00	1类	44.00	98.05	1类	0.2	19.61		
	13	伸缩缝装置	2	0.25	0.28	95.00	1类	26.60						
桥面系	14	人行道	0	0.10	0.00	—	—	—						
	15	栏杆、护栏	2	0.10	0.11	95.00	1类	11.00						
	16	排水系统	1	0.10	0.11	100.00	1类	11.00						
	17	照明、标志	1	0.05	0.06	100.00	1类	6.00						

表 6.46 南侧孔桥左幅桥梁评分表

部位	部件类别	评价部件	构件数量	权重标准值	权重修正值	桥梁部件 技术状况评分	桥梁部件 主要部件技术状况等级	桥梁部件 加权得分	桥梁分部工程 技术状况评分	桥梁分部工程 技术状况等级	桥梁分部工程 权重	桥梁分部工程 加权得分	桥梁总体 技术状况评分	桥梁总体 技术状况等级
上部结构	1	上部承重构件	29	0.70	0.70	85.00	2类	59.50	88.13	2类	0.4	35.25	92.58	2类
上部结构	2	上部一般构件	34	0.18	0.18	95.71	1类	17.23						
上部结构	3	支座	42	0.12	0.12	95	1类	11.40						
上部结构	4	翼墙、耳墙	—	0.02	—	—	—	—						
上部结构	5	锥坡、护坡	—	0.01	—	—	—	—						
下部结构	6	桥墩	28	0.30	0.46	80	2类	41.40	95.40	1类	0.4	38.16		
下部结构	7	桥台	—	0.30	—	—	—	—						
下部结构	8	墩台基础	29	0.28	0.43	100.00	1类	43.00						
下部结构	9	河床	1	0.07	0.11	100.00	1类	11.00						
下部结构	10	调治构造物	—	0.02	—	—	—	—						
桥面系	11	桥面铺装	29	0.40	0.44	95.00	1类	41.80	95.85	1类	0.2	19.17		
桥面系	12	伸缩缝装置	7	0.25	0.28	95.00	1类	26.60						
桥面系	13	人行道	—	0.10	—	—	—	—						
桥面系	14	栏杆、护栏	2	0.10	0.11	95.00	1类	10.45						
桥面系	15	排水系统	1	0.10	0.11	100.00	1类	11.00						
桥面系	16	照明、标志	1	0.05	0.06	100.00	1类	6.00						

表 6.47 南侧孔桥右幅桥梁评分表

部位	部件类别		桥梁部件						桥梁分部工程			桥梁总体	
		评价部件	构件数量	权重标准值	权重修正值	技术状况评分	主要部件技术状况等级	加权得分	技术状况评分	技术状况等级	权重	加权得分	技术状况评分	技术状况等级
上部结构	1	上部承重构件	29	0.70	0.70	93.75	2类	65.63	94.13	2类	0.4	37.65		1类
	2	上部一般构件	34	0.18	0.18	95.00	1类	17.10					95.90	
	3	支座	42	0.12	0.12	95.00	1类	11.40						
	4	翼墙、耳墙	—	0.02	—	—	—	—						
	5	锥坡、护坡	—	0.01	—	—	—	—						
下部结构	6	桥墩	28	0.30	0.46	95.00	1类	43.70	97.70	1类	0.4	39.08		
	7	桥台	—	0.30	—	—	—	—						
	8	墩台基础	29	0.28	0.43	100.00	1类	43.00						
	9	河床	1	0.07	0.11	100.00	1类	11.00						
	10	调治构造物	—	0.02	—	—	—	—						
桥面系	11	桥面铺装	29	0.40	0.44	95.00	1类	41.80	95.85	1类	0.2	19.17		
	12	伸缩缝装置	7	0.25	0.28	95.00	1类	26.60						
	13	人行道	—	0.10	—	—	—	—						
	14	栏杆、护栏	2	0.10	0.11	95.00	1类	10.45						
	15	排水系统	1	0.10	0.11	100.00	1类	11.00						
	16	照明、标志	1	0.05	0.06	100.00	1类	6.00						

6.6 基于层次分析法的桥梁结构技术状况模糊评定

6.6.1 利用层次分析法计算南、北侧孔桥部件权重

规范赋予了桥梁各部件的权重系数,因不同桥梁的部件有所不同,对缺失部件的权重值为零,因需对照既有部件的权重进行重新分配,现有将缺失部件的权重按比例分配给既有部件的方法不能充分反映各部件的相对重要程度,通过构建各部件的相对重要性矩阵重新分配部件权重。

1. 下部结构部件权重分配

南、北侧孔桥下部结构缺失桥台和调治构造物,因此规范中翼墙、耳墙、锥坡、护坡,桥台和调治构造物的权重需要分配到其他部件上,参考规范给出的权重建立桥墩、墩台基础、河床等桥梁部件的相对重要性矩阵,即

$$\boldsymbol{\eta} = \begin{bmatrix} 1 & 1 & 5 \\ 1 & 1 & 4 \\ 0.2 & 0.25 & 1 \end{bmatrix}$$

利用和法得到各检测指标权重

$$\boldsymbol{\mu} = \begin{bmatrix} 0.48 & 0.42 & 0.10 \end{bmatrix}'$$

2. 桥面系权重分配

剔除未检测指标人行道,参考规范给出的指标权重建立桥面铺装,伸缩缝装置,栏杆、护栏,排水系统,照明、标志等部件的相对重要性矩阵,即

$$\boldsymbol{\eta} = \begin{bmatrix} 1 & 1.6 & 4 & 4 & 8 \\ 0.63 & 1 & 2.5 & 2.5 & 5 \\ 0.25 & 0.40 & 1 & 1 & 2 \\ 0.25 & 0.40 & 1 & 1 & 2 \\ 0.13 & 0.20 & 0.5 & 0.5 & 1 \end{bmatrix}$$

利用和法得到各检测指标权重

$$\boldsymbol{\mu} = \begin{bmatrix} 0.44 & 0.28 & 0.11 & 0.11 & 0.06 \end{bmatrix}'$$

南、北侧孔桥桥梁部件权重分配计算表见表 6.48。

表 6.48 南、北侧孔桥桥梁部件权重分配计算表

部位	类别	部件名称	权重	按比例重新分配后权重	备注
上部结构	1	上部承重构件	0.70	0.70	—
	2	上部一般构件	0.18	0.18	—
	3	支座	0.12	0.12	—

续表6.48

部位	类别	部件名称	权重	按比例重新分配后权重	备注
下部结构	4	翼墙、耳墙	0.02	0.03	—
	5	锥坡、护坡	0.01	0.01	—
	6	桥墩	0.30	0.44	—
	7	桥台	0.30	—	无该构件
	8	墩台基础	0.28	0.42	—
	9	河床	0.07	0.10	—
	10	调治构造物	0.02	—	无该构件
桥面系	11	桥面铺装	0.40	0.44	—
	12	伸缩缝装置	0.25	0.28	—
	13	栏杆、护栏	0.10	0.11	—
	14	排水系统	0.10	0.11	—
	15	人行道	—	—	无该构件
	16	照明、标志	0.05	0.06	—

6.6.2 利用层次分析法计算主桥部件权重

1. 下部结构部件权重分配

主桥下部结构缺失翼墙、耳墙,锥坡、护坡,桥台和调治构造物,因此这些部件的权重需要分配到其他部件上,参考规范给出的权重建立桥墩、墩台基础、河床等部件的相对重要性矩阵,即

$$\eta = \begin{bmatrix} 1 & 1 & 5 \\ 1 & 1 & 4 \\ 0.2 & 0.25 & 1 \end{bmatrix}$$

利用和法得到各检测指标权重

$$\mu = \begin{bmatrix} 0.48 & 0.42 & 0.10 \end{bmatrix}'$$

2. 桥面系权重分配

剔除未检测指标人行道,参考规范给出的指标权重建立桥面铺装,伸缩缝装置,栏杆、护栏,排水系统,照明、标志等部件的相对重要性矩阵,即

$$\eta = \begin{bmatrix} 1 & 1.6 & 4 & 4 & 8 \\ 0.63 & 1 & 2.5 & 2.5 & 5 \\ 0.25 & 0.40 & 1 & 1 & 2 \\ 0.25 & 0.40 & 1 & 1 & 2 \\ 0.13 & 0.20 & 0.5 & 0.5 & 1 \end{bmatrix}$$

利用和法得到各检测指标权重

$$\mu = [0.44 \quad 0.28 \quad 0.11 \quad 0.11 \quad 0.06]'$$

主桥部件权重分配计算表见表 6.49。

表 6.49 主桥部件权重分配计算表

部位	类别	部件名称	权重	按比例重新分配后权重	备注
上部结构	1	斜拉索系统	0.40	0.40	—
	2	主梁	0.25	0.25	—
	3	索塔	0.25	0.25	—
	4	支座	0.10	0.10	—
下部结构	5	翼墙、耳墙	0.02	—	无该构件
	6	锥坡、护坡	0.01	—	无该构件
	7	桥墩	0.30	0.48	—
	8	桥台	0.30	—	无该构件
	9	墩台基础	0.28	0.42	—
	10	河床	0.07	0.10	—
	11	调治构造物	0.02	—	无该构件
桥面系	12	桥面铺装	0.40	0.44	—
	13	伸缩缝装置	0.25	0.28	—
	14	人行道	0.10	—	无该构件
	15	栏杆、护栏	0.10	0.11	—
	16	排水系统	0.10	0.11	—
	17	照明、标志	0.05	0.06	—

6.6.3 基于模糊理论的桥梁技术状况评分

模糊评价结果见表 6.50~6.55。

第6章 基于模糊评判理论的斜拉桥安全性评估

表6.50 北侧左幅桥梁评分表

部位	部件类别		评价部件	桥梁部件					桥梁分部工程			桥梁总体	
				构件数量	权重标准值	权重修正值	技术状况评分	主要部件技术状况等级	加权得分	技术状况评分	技术状况等级	权重	加权得分	技术状况评分	技术状况等级
上部结构	1	上部承重构件	20	0.7	0.70	97.50	1类	68.25	96.36	1类	0.4	38.55	95.42	1类
	2	上部一般构件	24	0.18	0.18	92.86	2类	16.71						
	3	支座	42	0.12	0.12	95.00	1类	11.40						
	4	翼墙、耳墙	0	0.02	—	—	—	—						
	5	锥坡、护坡	0	0.01	—	—	—	—						
下部结构	6	桥墩	21	0.3	0.48	100.00	1类	48.00	96.64	1类	0.4	38.66		
	7	桥台	0	0.3	—	—	—	—						
	8	墩台基础	21	0.28	0.42	92.00	2类	38.64						
	9	河床	1	0.07	0.10	100.00	1类	10.00						
	10	调治构造物	0	0.02	—	—	—	—						
桥面系	11	桥面铺装	20	0.4	0.44	95.00	2类	41.80	91.10	2类	0.2	18.22		
	12	伸缩缝装置	5	0.25	0.28	80.00	3类	22.40						
	13	人行道	0	0.1	—	—	—	—						
	14	栏杆、护栏	2	0.1	0.11	90.00	2类	9.90						
	15	排水系统	1	0.1	0.11	100.00	1类	11.00						
	16	照明、标志	1	0.05	0.06	100.00	1类	6.00						

表 6.51 北侧右幅桥梁评分表

部位	部件类别	评价部件	构件数量	权重标准值	权重修正值	技术状况评分	主要部件技术状况等级	加权得分	技术状况评分	技术状况等级	权重	加权得分	技术状况评分	技术状况等级
上部结构	1	上部承重构件	20	0.7	0.70	96.67	1类	67.67	96.37	1类	0.4	38.55	96.13	1类
	2	上部一般构件	24	0.18	0.18	96.11	1类	17.30						
	3	支座	42	0.12	0.12	95	1类	11.40						
	4	翼墙、耳墙	0	0.02	—	—	1类	—						
	5	锥坡、护坡	0	0.01	—	—	1类	—						
下部结构	6	桥墩	21	0.3	0.48	96	1类	46.08	95.98	1类	0.4	38.39		
	7	桥台	0	0.3	—	—	1类	—						
	8	墩台基础	21	0.28	0.42	95	1类	39.90						
	9	河床	1	0.07	0.10	100	3类	10.00						
	10	调治构造物	0	0.02	—	—	1类	—						
桥面系	11	桥面铺装	20	0.4	0.44	100	1类	44.00	95.95	1类	0.2	19.19		
	12	伸缩缝装置	5	0.25	0.28	87.5	1类	24.50						
	13	人行道	0	0.1	—	—	1类	—						
	14	栏杆、护栏	2	0.1	0.11	95	1类	10.45						
	15	排水系统	1	0.1	0.11	100	1类	11.00						
	16	照明、标志	1	0.05	0.06	100	1类	6.00						

表 6.52 主桥左幅桥梁评分表

部位	部件类别		桥梁部件						桥梁分部工程			桥梁总体	
		评价部件	构件数量	权重标准值	权重修正值	技术状况评分	主要部件技术状况等级	加权得分	技术状况评分	技术状况等级	权重	加权得分	技术状况评分	技术状况等级
上部结构	1	斜拉索系统	704	0.40	0.40	93.00	1类	37.20	89.14	2类	0.4	35.66	93.78	2类
	2	主梁	5	0.25	0.25	74.75	2类	18.69							
	3	索塔	4	0.25	0.25	95.00	1类	23.75							
	4	支座	12	0.10	0.10	95.00	1类	9.50							
下部结构	5	翼墙、耳墙	0	0.02	—	—	—	—	97.60	1类	0.4	39.04		
	6	锥坡、护坡	0	0.01	—	—	—	—						
	7	桥墩	8	0.30	0.48	95.00	1类	45.60						
	8	桥台	0	0.30	—	—	—	—						
	9	墩台基础	6	0.28	0.42	100.00	1类	42.00						
	10	河床	1	0.07	0.10	100.00	1类	10.00						
	11	调治构造物	0	0.02	—	—	—	—						
桥面系	12	桥面铺装	5	0.40	0.44	97.00	1类	42.68	98.35	1类	0.2	19.07		
	13	伸缩缝装置	2	0.25	0.28	100.00	1类	28.00						
	14	人行道	0	0.10	—	—	—	0.00						
	15	栏杆、护栏	2	0.10	0.11	97.00	1类	10.67						
	16	排水系统	1	0.10	0.11	100.00	1类	11.00						
	17	照明、标志	1	0.05	0.06	100.00	1类	6.00						

表6.53 主桥右幅桥梁评分表

部位	部件类别	评价部件	桥梁部件						桥梁分部工程			桥梁总体	
			构件数量	权重标准值	权重修正值	技术状况评分	主要部件技术状况等级	加权得分	技术状况评分	技术状况等级	权重	加权得分	技术状况评分	技术状况等级
上部结构	1	斜拉索系统	704	0.40	0.40	100.00	1类	40.00	93.10	2类	0.4	37.24	95.89	1类
	2	主梁	5	0.25	0.25	74.39	2类	18.60						
	3	索塔	4	0.25	0.25	100.00	1类	25.00						
	4	支座	12	0.10	0.10	95	1类	9.50						
	5	翼墙、耳墙	0	0.02	—	—	—	—						
	6	锥坡、护坡	0	0.01	—	—	—	—						
下部结构	7	桥墩	8	0.30	0.48	95.00	1类	45.60	97.60	1类	0.4	39.04		
	8	桥台	0	0.30	0.42	100.00	1类	42.00						
	9	墩台基础	6	0.28	0.10	100.00	1类	10.00						
	10	河床	1	0.07	—	—	—	—						
	11	调治构造物	0	0.02	—	—	—	—						
桥面系	12	桥面铺装	5	0.40	0.44	100.00	1类	44.00	98.05	1类	0.2	19.61		
	13	伸缩缝装置	2	0.25	0.28	95.00	1类	26.60						
	14	人行道	0	0.10	—	—	—	—						
	15	栏杆、护栏	2	0.10	0.11	95.00	1类	10.45						
	16	排水系统	1	0.10	0.11	100.00	1类	11.00						
	17	照明、标志	1	0.05	0.06	100.00	1类	6.00						

第6章 基于模糊评判理论的斜拉桥安全性评估

表6.54 南侧孔桥左幅桥梁评分表

部位	部件类别	评价部件	桥梁部件					桥梁分部工程				桥梁总体	
			构件数量	权重标准值	权重修正值	技术状况评分	主要部件技术状况等级	加权得分	技术状况评分	技术状况等级	权重	加权得分	技术状况评分	技术状况等级
上部结构	1	上部承重构件	29	0.70	0.70	85.00	2类	59.50	88.13	2类	0.4	35.25	90.58	2类
	2	上部一般构件	34	0.18	0.18	95.71	1类	17.23						
	3	支座	42	0.12	0.12	95.00	1类	11.40						
	4	翼墙、耳墙	—	0.02	—	—	—	—						
	5	锥坡、护坡	—	0.01	—	—	—	—						
下部结构	6	桥墩	28	0.30	0.48	80.00	2类	38.40	90.40	2类	0.4	36.16		
	7	桥台	—	0.30	—	—	—	—						
	8	墩台基础	29	0.28	0.42	100.00	1类	42.00						
	9	河床	1	0.07	0.10	100.00	1类	10.00						
	10	调治构造物	—	0.02	—	—	—	—						
桥面系	11	桥面铺装	29	0.40	0.44	95.00	1类	41.80	95.85	1类	0.2	19.17		
	12	伸缩缝装置	7	0.25	0.28	95.00	1类	26.60						
	13	人行道	—	0.10	—	—	—	—						
	14	栏杆、护栏	2	0.10	0.11	95.00	1类	10.45						
	15	排水系统	1	0.10	0.11	100.00	1类	11.00						
	16	照明、标志	1	0.05	0.06	100.00	1类	6.00						

表 6.55 南侧孔桥右幅桥梁评分表

部位	部件类别	评价部件	桥梁部件 构件数量	权重标准值	权重修正值	技术状况评分	主要部件技术状况等级	加权得分	桥梁分部工程 技术状况评分	技术状况等级	权重	加权得分	桥梁总体 技术状况评分	技术状况等级
上部结构	1	上部承重构件	29	0.70	0.70	93.75	2类	65.63	94.13	2类	0.4	37.65	95.86	1类
	2	上部一般构件	34	0.18	0.18	95.00	1类	17.10						
	3	支座	42	0.12	0.12	95.00	1类	11.40						
	4	翼墙、耳墙	—	0.02	—	—	—	—						
	5	锥坡、护坡	—	0.01	—	—	—	—						
下部结构	6	桥墩	28	0.30	0.48	95.00	1类	45.60	97.6	1类	0.4	39.04		
	7	桥台	—	0.30	—	—	—	—						
	8	墩台基础	29	0.28	0.42	100.00	1类	42.00						
	9	河床	1	0.07	0.10	100.00	1类	10.00						
	10	调治构造物	—	0.02	—	—	—	—						
桥面系	11	桥面铺装	29	0.40	0.44	95.00	1类	41.80	95.85	1类	0.2	19.17		
	12	伸缩缝装置	7	0.25	0.28	95.00	1类	26.60						
	13	人行道	—	0.10	—	—	—	—						
	14	栏杆、护栏	2	0.10	0.11	95.00	1类	10.45						
	15	排水系统	1	0.10	0.11	100.00	1类	11.00						
	16	照明、标志	1	0.05	0.06	100.00	1类	6.00						

6.7 结 论

6.7.1 基于桥梁检测规范的技术状况评定结果

根据《公路桥梁技术状况评定标准》(JTG/T H21—2011)表 3.5 的规定,该斜拉索桥北侧孔桥左幅技术状况评分为 95.39 分,右幅技术状况评分为 96.14 分,左右幅综合评分为 95.77 分,北侧孔桥技术状况等级综合评定为 1 类。

主桥左幅技术状况评分为 94.41 分,右幅技术状况评分为 95.93 分,左右幅综合评分为 95.17 分,主桥技术状况等级综合评定为 1 类。

南侧孔桥左幅技术状况评分为 92.58 分,右幅技术状况评分为 95.90 分,左右幅综合评分为 94.24 分,该桥技术状况等级评定为 2 类。

该斜拉索桥技术状况综合评分为 95.06 分,综合评定等级为 1 类。

6.7.2 基于层次分析的桥梁状况评定结果

利用层次分析法,通过比较检测指标的相对重要性矩阵,建立指标判断矩阵,对桥梁技术状况进行模糊评定,结论如下:

该斜拉索桥北侧孔桥左幅技术状况评分为 95.42 分,右幅技术状况评分为 96.13 分,左右幅综合评分为 95.78 分,北侧孔桥技术状况等级综合评定为 1 类。

主桥左幅技术状况评分为 93.78 分,右幅技术状况评分为 95.89 分,左右幅综合评分为 94.84 分,主桥技术状况等级综合评定为 2 类。

南侧孔桥左幅技术状况评分为 90.58 分,右幅技术状况评分为 95.86 分,左右幅综合评分为 93.22 分,该桥技术状况等级综合评定为 2 类。

该斜拉索桥技术状况综合评分为 94.61 分,综合评定等级为 2 类。

6.7.3 结论

根据检测数据的差别,本研究利用《公路桥梁技术状况评定标准》(JTG/T H21—2011)和层次分析法分别对桥梁部件的权重进行了重新分配,根据分配的权重分别对桥梁上部结构、下部结构及桥面系进行了技术状况评分。通过综合评分结果可以看出:两种方法对桥梁结构评分结果基本一致,基于层次分析的桥梁状况评定结果偏于保守。

6.8 建 议

根据桥梁技术状况评分,建议对该桥梁进行以下维护、保养。

(1)密切观察裂缝的发展,对超限裂缝及时进行封闭处理,根据裂缝宽度选择不同的方法。

(2)及时修补漏水、渗水位置。

(3)凿除破损部位混凝土,对锈蚀钢筋进行除锈处理并冲洗干净混凝土表面,浇筑新混凝土。

（4）对于已经出现涂层病害的应及时除锈，并涂刷防腐涂装。维护时应该将干裂脱落的泥子敲掉重新抹平，再按评定结果进行维护涂装；修补涂料可采用该桥原涂料配方。

（5）清除混凝土表面水泥浮浆、油污、松散物等，沿裂缝两侧进行清理并打磨，吹干涂抹环氧树脂，并合理控制涂抹厚度，确保处理效果。

（6）对伸缩缝、桥面铺装和止水带等病害进行处理，从而解决伸缩缝渗水问题。

（7）加强桥梁日常观测巡查，及时跟踪掌握病害的产生、发展和变化情况，并采取相应的措施，为桥梁安全营运提供保障。

第7章 结 论

本研究把层次分析法、模糊综合评判理论和相似性分析相结合,针对简支梁桥、箱涵、拱桥、斜拉桥等4类不同桥梁形式进行了桥面系检测、上部结构检测、下部结构检测、桥梁无损检测、混凝土强度检测、混凝土碳化深度检测、钢筋保护层厚度检测、混凝土氯离子含量检测、钢筋锈蚀电位检测、混凝土电阻率检测,并得到了检测数据;针对4类不同结构类型的桥梁,构建了多指标测度矩阵,根据检测数据类别对外观检测和无损检测指标权重进行修正,利用修正的指标权重对外观及无损检测结果进行了评定,得到了各检测标度出现的概率。

通过静载实验,得到控制截面的静态变形及应变,并与数值仿真计算结果进行了相关性比较,对桥梁承载能力进行了评估;通过动载实验,对桥梁结构的整体性能和动态性能进行评估。

结果表明本项目的模糊评估方法能更好、更全面地对各类桥梁进行安全性评估。

参考文献

[1] 陈孝珍,张学军.MGM(1,N)模型在结构载荷－应变关系中的应用[J].机械科学与技术,2005,24(12):1475-1477.

[2] 陈孝珍,张学军,朱宏平.信阳浉河大桥载荷实验研究[J].实验力学,2006,21(2):233-240.

[3] 陈孝珍,张学军,任治章.型钢桁架满应力优化设计研究[J].机械设计与制造,2008(12):24-26.

[4] CHEN X Z, ZHANG X J. Structural damage localization using limited test static data[C]. Shanghai：The 2nd International Conference on Bioinformatics and Biomedical Engineering, 2008.

[5] ZHANG X J, CHEN X Z. Application of the progressive approach method in damage localization[C]. Chengdu：The 8th International Conference on Reliability, Maintainability and Safety, 2009.

[6] CHEN X Z, ZHANG X J. The study on the mechanical characteristics of FRP streng-thened RC beam[C]. Guangzhou：ICMMT, 2010.

[7] CHEN X Z, ZHANG X. Finite element analysis of ahalf-through reinforced concrete tied-arch bridge based on FEM program ANSYS[C]. Hohhot,China：The Second International Conference on Mechanic Automation & Control Engineering, 2011.

[8] CHEN X Z, ZHANG X J, REN Z Z. The study on the full stress optimal design of shape steel truss[C]. Guangzhou：International Conference on Advanced Design and Manufacturing Engineering, 2011.

[9] 陈孝珍.混凝土结构耐久性寿命评估影响因素敏感性分析[J].南阳理工学院学报 2011,3(4):45-46.

[10] 陈孝珍,屈梅.桥梁安全性评估中指标权重系数计算方法研究[J].河南大学学报,2012,41(6):773-776.

[11] 陈孝珍,张学军.基于灰色相关性分析的AHP中群组评判的可信度计算方法研究[J].河南大学学报,2013,43(2):216-220.

[12] 陈孝珍,张学军.不确定型AHP中专家可信度计算方法研究[J].郑州大学学报,2013,34(3):85-89.

[13] 陈孝珍,张学军.改进的遗传算法在型钢桁架结构拟满应力优化设计中的应用研究[J].河南大学学报,2014,44(3):364-369.

[14] CHEN X Z, ZHANG X J. The research on computation of researchers certainty factor of bridge's durability evaluation based on the indeterminate AHP[C]. Haikou：CEABM, 2014.

[15] 陈孝珍,屈梅. 基于未确知测度理论的桥梁结构安全性评估[J]. 河南大学学报, 2015,45(5):626-630.

[16] 陈孝珍,屈梅. 基于模态应变能相关性的结构损伤定位研究. 南阳理工学院学报, 2015,7(4):70-73.

[17] SAATYT L. The analytic hierarchy process[M]. New York:McGraw Hill,1980.

[18] 陈孝珍,王要沛. 桥梁结构耐久性及安全性评估[M]. 哈尔滨:哈尔滨工业大学出版社,2020.

[19] 闫磊,任伟. FRP加固桥梁受弯构件的可靠性分析[J]. 郑州大学学报(工学版),2011(2):83-86.

[20] LIU B X,LI H L. Method of factor weights allocation based on combination of fuzzy and rough set[J]. Control and Decision,2007,12(22):1440-1737.

[21] 刘文龙. 基于不确定型层次分析法桥梁安全性评估研究[D]. 武汉:武汉理工大学,2005.

[22] 刘均利,方志. 基于灰色关联度的在役双曲拱桥耐久性综合评估[J]. 湖南大学学报, 2010,37(9):1-6.

[23] 谢志坚,刘承平. 模糊数学方法及其应用[M]. 3版. 武汉:华中科技大学出版社,2006.

[24] 许树柏. 层次分析法原理[M]. 天津:天津大学出版社,1988.

[25] 秦学志,王雪华,杨德礼. AHP中群组评判的可信度法(Ⅰ)[J]. 系统工程理论与实践,1999(7):89-93.

[26] 赵晖,诸谧琳,宣卫红,等. 江苏某桥梁结构混凝土耐久性现场检测与评估研究[J]. 硅酸盐通报,2013,32(6):1221-1226.

[27] CHEN X Z,ZHU H P,CHEN C Y. Structural damage identification using test static data based on grey system theory[J]. Journal of Zhejiang University(SCIENCE),2005,6A(8):790-796

[28] 张海霞. 基于不确定型层次分析法的混凝土斜拉桥状态评估[D]. 成都:西南交通大学,2005.

[29] LIMT W. Structural damage detection using moda ltest data[J] AIAA Journal, 1991,29(12):2271-2275.

[30] TOPOLEK G,STUBBS N. Nondestructive damage evaluation of a structure from limited modal parameters[J]. Earthquake Engineering and Structural Dynamics, 1995,24(11):1427-1436.

[31] TOPOLEK G,STUBBS N. Nondestructive damage evaluation in complex structures from a minimum of modal parameters:modal analysis[J]. The International Journal of Analytical and Experimental Modal Analysis,1995,10(2):95-103.

[32] KIMH M,BARTKOWICZT J. Damage detection and health monitoring of large space structures[J]. Sound and Vibration,1993,27(6):15-17.

[33] FriSwell M I,PENNY J E T,WILSON D A L. Using vibration data and statistical

measures to locate damage in structures[J]. The International journal of analytical and experimental modalanalysis, 1994, 9(4):239-254.

[34] KRAWCZUK M, PALACZ M. Vibration parameters for damage detection in structures[J]. Journal of Surgical Research, 2002, 249(5): 999-1010.

[35] DOEBLINGS W, FARRARC R, PRIMEM B. A summary review of vibration-based damage identification methods[J]. The Shock and Vibration Digest, 1998(3):95-105.

[36] ZOU Y, TONG L, STEVENG P. Vibration-based model-dependent damage(delamination) identification and health monitoring for composite structures-areview[J]. Journal of Soundand Vibration,2000,230(2):357-378.

[37] SANAYEI M, ONIPEDE O. Damage assessment of structures using static test data[J]. AIAA Journal, 2001, 29(7):1174-1179.

[38] YAM L H, LI Y Y, WONG W O. Sensitivity studies of parameters for damage detection of plate-like structures using static and dynamic approaches[J]. EngineeringStructures, 2002, 24(11):1465-1475.

[39] WANG X, HU N, FUKUNAGA H, et al. Structural damage identification using static test data and changes in frequencies[J]. Engineering Structures, 2001, 23(6): 610-621.

[40] HJELMSTADK D, SHIN S. Damage detection and assessment of structures from static response[J]. Journal of Engineering Mechanics, 1997, 123(6): 568-576.

[41] BANAN M R, BANAN M R, HJELMSTAD K D. Parameter estimation of structures from static response, I: Computational aspects[J]. Journal of Structural Engineering, 2015, 120(11):3243-3258.

[42] BANANM R, HJELMSTADK D. Parameterestimationofstructuresfromstaticresponse, II: numericalsimulationstudies [J]. JournalofStructuralEngineering,1994,120(11):3259-3283.

[43] 崔飞,袁万城,史家钧.基于静态应变及位移测量的结构安全性评估法[J].同济大学学报,2000,28(1):5-8.

[44] 崔飞,袁万城,史家钧.基于静载试验进行桥梁结构安全性评估[J].桥梁建设,2003,(2):4-7.

[45] 张启伟,范立础.利用动静力测量数据的桥梁结构安全性评估[J].同济大学学报,1998,26(5):528-532

[46] 蔡晶,吴智深,李兆霞.静力载荷作用下结构参数识别及状态评估的统计分析[J].工程力学,2004,21(6):76-83.

[47] SALAWUO S. Detection of structural damage through changes in frequency: A review[J]. Eng. Struct. ,1997,19(9):718-723.

[48] FABRIZIO V, DANILO C. Damage detection in beam structures based on frequency measurements[J]. Journal of Engineering Mechanics, 2000, 126(7):761-768.

[49] XIA Y, HAO H. Statistical damage identification of structures with frequency [J]. Journal of Sound and Vibration, 2003, 263(4):853-870.

[50] CAWLEY P, ADAMSR D. The location of defects in structures from measurements of natural frequencies[J]. Journal of Strain Analysis, 1979, 14(2): 47-49.

[51] JUNEJA V, HAFTKAR T, CUDNEY H H. Damage detection and damage detect ability: Analysis and experiments[J]. Journal of Aerospace Engineering, 1997, 10(4):135-142.

[52] FARRAR C R, BAKER W E, BELL T M, et al. Dynamic characterization and damage detection in the I-40 bridge over the Rio Grande[R]. Los Alamos National Laboratory Report, 1995.

[53] STUBBS N, OSEGUEDA R. Global nondestructive damage evaluation in solids [J]. Modal Analysis, 1990, 5(2):67-69.

[54] HEARN G, TESTAR B. Modal analysis for damage detection in structures[J]. Structural Engineering, 1991, 117(10):3045-3063.

[55] 谢峻, 韩大建. 一种改进的基于频率测量的结构安全性评估方法[J]. 工程力学, 2004, 21(1):21-25.

[56] 张东利, 李霆, 孙锡龙. 利用固有频率特征量诊断混凝土结构损伤位置[J]. 测试技术学报, 2003, 17(3):265-269.

[57] 刘文峰, 柳春图, 应怀樵. 通过频率改变率进行损伤定位的方法研究[J]. 振动与冲击, 2004, 23(2):28-30.

[58] 郭国会, 易伟建. 基于频率进行简支梁损伤评估的数值研究[J]. 重庆建筑大学学报, 2001, 23(2):17-21.

[59] PARLOO E, GUILLAUME P, VAN M O. Damage assessment using mode shape sensitivities[J]. Mechanical Systems and Signal Processing, 2003, 17(3):499-518.

[60] LAMH F, KOJ M, WONG C W. Localization of damaged structural connections based on experimental modal and sensitivity analysis[J]. Journal of Sound and Vibration, 1998, 210(1):91-115.

[61] HU N, WANG X, FUKUNAGA H, et al. Damage assessment of structures using modal test data[J]. International Journa lof Solids and Structures, 2001, 38(18):3111-3126.

[62] RYTTER A. Vibrational based inspection of civil engineering structures[D]. Alborg: University of Alborg, 1993.

[63] WAHAB M M A, ROECK G D. Damage detection in bridges using modal curvatures: application to a real damage scenario[J]. Journal of Soundand Vibration, 1999, 226(2):217-235.

[64] PANDYA K, BISWAS M, SAMMANM M. Damage detection from changes in curvature mode shapes[J]. Journal of Sound and Vibration, 1991, 145(2):321-332.

[65] YUEN M M F. A numerical study of the eigen parameters of a damaged cantilever

[J]. Journal of Sound and Vibration,1985,103(3):301-310.

[66] 朱四荣,李卓球.多处损伤结构的损伤诊断[J].武汉理工大学学报,2002,24(7):21-23.

[67] 禹丹江,陈淮.桥梁损伤检测的曲率模态方法探讨[J].郑州大学学报,2002,23(3):104-106.

[68] 郑明刚.曲率模态在桥梁状态监测中的应用[J].振动与冲击,2000,20(2):81-83.

[69] 张开鹏,吴代华,李卓球.基于有限元法的结构损伤同伦延拓识别法[J].武汉理工大学学报,2004,26(10):31-35.

[70] PANDEYA K. Damage detection in structures using changes in flexibility[J]. Journal of Sound and Vibraton, 1994, 169(1): 3-17.

[71] PANKEYA K, BISWAS M. Experimental verification offlexibility difference method for locating damage in structures[J]. Journal of Sound and Vibration, 1995,184(2):311-328.

[72] LIG Q, HAO K C, LU Y, et al. A flexibility approach for damage identification of cantilever-type structures with bending and shear deformation[J]. Computers and Structures,1999,73(6):565-572.

[73] DUAN Z D, YANG R, OU J P, et al. Damage localization in ambient vibration by constructing proportiona lflexibility matrix[J]. Journal of Sound and Vibration, 2005,284(2):455-466.

[74] 綦宝晖,邬瑞锋,蔡贤辉,等.一种桁架结构安全性评估的柔度阵法[J].计算力学学报,2001,18(1):45-47.

[75] 孙国,顾元宪.连续梁结构安全性评估的改进柔度阵方法[J].工程力学,2003,20(4):50-55.

[76] 胡宇宏.结构损伤诊断的动柔度方法[J].湖南大学学报,2002,29(3):75-76.

[77] CORNWELL P, DOEBLING S W, FARRAR C R. Application of the strain energy damage detection method to plate-like structures[J]. Journal of Soundand Vibration, 1999, 224(2):359-374.

[78] SHI Z Y, LAW S S, ZHANG L M. Structural damage localization from modal strain energy change[J]. Journal of Sound and Vibration, 1998, 218(5):825-844.

[79] SHI Z Y, LAW S S. Improved damage quantification from elemental modal strain energy change[J]. Journal of Engineering Mechanics,2002,128(5):521-529.

[80] STUBBS N, KIM J T, FARRARC R. Field verification of a nondestructive damage localization and sensitivity estimator algorithm[C]. Nashville:The13th International Modal Analysis Conference,1995.

[81] 史治宇,罗绍湘,张令弥.结构破损定位的单元模态应变能变化率法[J].振动工程学报,1998,11(3):356-360.

[82] 史治宇,张令弥,吕令毅.基于模态应变能诊断结构破损的修正方法[J].东南大学学报(自然科学版):2000,30(3):84-87.

[83] 任淑芳,郭国会.连续梁桥损伤诊断的单元模态能量比法研究[J].昆明理工大学学报,2000,25(6):110-115.

[84] 袁明,贺国京.基于模态应变能的结构损伤检测方法研究[J].铁道学报,2002,24(2):95.2.95.

[85] LEE U, SHI N J. A frequency response function-based structural damage identification method[J]. Computers and Structures, 2002, 80(2):117-132.

[86] THYAGARAJANS K, SCHULZM J, PAIP F. Detecting structural damage using frequency response functions[J]. Journal of Sound and Vibration, 1998, 210(1):165-170.

[87] SAMPAIOR P C, MALAN M M, SILVAJ M M. Damage detection using the frequency response function curvature methods[J]. Journal of Sound and Vibration, 1999, 226(5):1029-1042.

[88] PARK N G, PARK Y S. Damage detection using spatially incomplete frequency response functions[J]. Mechanical Systems and Signal Processing, 2003, 17(3):519-532.

[89] MARK J S. Detecting structural damage using transmittance function[C]. Florida: the 15th IMAC, 1997.

[90] 郑明刚,刘天雄,陈兆能.基于频响函数的结构损伤检测[J].机械科学与技术,2001,20(3):479-480.

[91] CHEN J C, GARBA J A. On-orbit damage assessment for large space structures[J]. AIAA Journal, 1988, 26(9):1119-1126.

[92] KOSMATKA J B, RICLES J M. Damage detection in structures by modal vibration characterization[J]. Journal of Structural Engineering, 1999, 125(12):1384-1392.

[93] RICLES J M, KOSMATKA J B. Damage detection in elastic structures using vibratory residual forces and weighted sensitivity[J]. AIAA Journal, 1992, 30(9):2310-2316.

[94] 周先雁,沈蒲生,易伟建.混凝土平面杆系结构破损评估理论及试验研究[J].湖南大学学报,1995,22(4):104-109.

[95] 刘济科,杨秋伟.基于残余力向量的结构安全性评估两步法[J].中山大学学报,2004,43(4):1-5.

[96] 王中要,郭秀文,王珂,等.用残余力向量进行连续梁损伤诊断[J].昆明理工大学学报,2000,25(5):64-67.

[97] LU Q L, REN G, ZHAO Y. Multiple damage location with flexibility curvature and relative frequency change for beam structures[J]. Journal of Sound and Vibration, 2002, 253(5):1101-1114.

[98] 唐小兵,沈成武,陈定方.结构安全性评估的柔度曲率法[J].武汉理工大学学报,2001,23(8):18-20.

[99] HOLLAND J H. Outline for a logical theory of adaptive systems[J]. Journal of the ACM, 1962, 9(3):297-314.

[100] FRISWELL M I, PENNY J E T, GARVEY S D. A combined genetic andeigensensitivity algorithm for the location of damage in structures[J]. Computers & Structures, 1998, 69(5):547-556.

[101] CHOU J, GHABOUSSI J. Genetic algorithm in structural damage detection[J]. Computers and Structures, 2001, 79(14):1335-1351.

[102] MARES C, SURACE C. An Application of genetic algorithm to identify damage inelastic structures[J]. Journal of Sound and Vibration, 1996, 185(2):195-215.

[103] RAOM A, SRINIVAS J, MURTHYB S N. Damage detection in vibrating bodies using genetic algorithms[J]. Computers and Structures, 2004, 82(12):963-968.

[104] HAO H, XIA Y. Vibration-based damage detection of structures by genetic algorithm[J]. Journal of Computing in Civil Engineering, 2002(16):225-228.

[105] 易伟建,刘霞. 基于遗传算法的结构损伤诊断研究[J]. 工程力学,2001,18(2):64-71.

[106] 李国强,郝坤超,陆烨. 框架结构安全性评估的两步法[J]. 同济大学学报,1998,26(5):483-487.

[107] 张永水,王技. 拱桥的健康检测与模糊综合评价理论研究[J]. 公路交通科技,2005,22(8):78-81.

[108] CHEN X Z, ZHU H P, CHEN C Y. Structural damage identification using test static data based on the grey system theory[J]. Journal of Zhejiang University (Science),2005,6A(8):790-796

[109] 邓聚龙. 灰色系统基本方法[M]. 武汉:华中工学院出版社,1987.

[110] CHANG T C, LIN S J. Grey relation analysis of carbon dioxide emissions from industrial production and energy uses in Taiwan[J]. Journal of Environmental Management, 1999,56(4):247-257.

[111] LIANG R H. Application of grey relation analysis to hydro electric generation scheduling[J]. International Journal of Electrical Power and Energy Systems, 1999,21(5):357-365.

[112] FU C Y, ZHENG J S, ZHAO J M, et al. Application of grey relational analysis for corrosion failure of oiltubes[J]. Corrosion Science,2001,43(5):881-889.

[113] XIA Y Y. Grey system prediction model of land slide and its application[J]. Chinese Science Abstracts :Series B,1995,14(3):75.

[114] WANG S X, LIN C R. The analysis of seismic data structure and oil and gas prediction[J]. Applied Geophysics,2004,1(2):15-17.

[115] WANG Y F. Predicting stock price using fuzzy grey prediction system[J]. Expert Systems with Applications, 2002, 22(1):33-38.

[116] HU W B, HU A B, YANG C Z. Building thermal process analysis with grey sys-

tem method[J]. Building and Environment,2002,37(6):599-605.

[117] HUANG Y P, HUANG C H. Real-valued genetic algorithms for fuzzy grey prediction system[J]. Fuzzy Sets and Systems, 1997, 87(3): 265-276.

[118] 吕锋,刘翔,刘泉.七种灰色系统关联度的比较研究[J].武汉工业大学学报,2000, 22(2):41-43.

[119] 陈孝珍,朱宏平,陈传尧.灰色相关性分析结构静力损伤识别中的应用[J].力学与实践,2005,27(3):60-65.

[120] 玄光男,程润伟.遗传算法与工程应用[M].于歆杰,周根贵,译.北京:清华大学出版社,2005.

[121] 陈守煜.系统模糊决策理论与应用[M].大连:大连理工大学出版社,1995.

[122] MARSEGUERRA M, ZIO E, CADINI F. Genetic algorithm optimization of a model-free fuzzy control system[J]. Annals of Nuclear Energy, 2005, 32(7): 712-728.

[123] ISHIGAMI H, FUKUDA T, SHIBATA T,et al. Structure optimization of fuzzy neural network by genetic algorithm[J]. Fuzzy Sets and Systems, 1995, 71(3): 257-264.

[124] 廖平,喻寿益.基于归一化实数编码遗传算法的圆锥度误差计算[J].仪器仪表学报,2004,25(3):395-398.

[125] WONG S V, HAMOUDA A M S. Optimization of fuzzy rules design using genetic algorithm[J]. Advances in Engineering Software,2000,31(4):251-262.

[126] HSU C C,YAMADA S I, FUJIKAWA H,et al. A fuzzy self-tuning parallel genetic algorithm for optimization[J]. Computers and Industrial Engineering,1996, 30(4):883-893.

[127] 郭彤,李爱群,韩大章.基于灵敏度分析与优化设计原理的大跨桥梁动力模型修正[J].桥梁建设,2004(6):20-23.

[128] BERMAN A, NAGY E J. Improvement of a large analytical model using test data[J]. AIAA Journal, 1983, 21(8):1168-1173.

[129] CAESAR B, PETER J. Direct updating of dynamic mathematical models from modal testing data[J]. AIAA Journal,1987,25(11):1494-1499.

[130] ABDEL M M. Effect of modal curvatures on damage detection using model updating[J]. Mechanical Systems and Signal Processing, 2001, 15(2): 439-445.

[131] HEMEZF M, FARHAT C. Structural damage detection via a finite element model updating method ology[J]. The International Journal of Analytical and Experimental Modal Analysis,1995,10(3):155-166.

[132] IMREGUN M, VISSERW J, EWINSD J. Finite element model updating using frequency response function data, I:theory and initial investigation[J]. Mechanical Systems and Signal Processing,1995,9(2):187-202.

[133] IMREGUN M, VISSER W J, EWINS D J. Finite element model updating using

frequency response function data, II: Theory and initial investigation[J]. Mechanical Systems and Signal Processing, 1995, 9(2): 203-213.

[134] 朱宏平,徐斌,黄玉盈.结构动力模型修正方法的比较研究及评估[J].力学进展, 2002,32(4):513-525.

[135] SHEINMAN I. Damage detection and updating of stiffness and mass matrices using mode data[J]. Computers and Structures, 1996, 59(1): 149-156.

[136] UMODAK S V, KUNDRA T K, Nakra B C. Use of an updated finite element model for dynamic design[J]. Mechanical Systems and Signal Processing, 2002, 16(2): 303-322.

[137] CASA J R. Full scale dynamic testing of the Alamillo cable-stayed bridge in Sevilla(Spain)[J]. Earthquake Engineering and Structural Dynamics, 1995, 24(1): 35-51.

[138] BROWN J M W, LEE J, CHEONG B. Dynamic performance of a curved cable-stayed bridge[J]. Engineering Structure, 1999, 21(11): 1015-1027.

[139] ZHAO Z, HALDAR A. Bridge fatigue damage evaluation and updating using nondestructive inspections[J]. International Journal of Fatigue, 1997, 19(8): 664-672.

[140] WASHER G A. Developments for the nondestructive evaluation of highway bridges in the USA[J]. NDT&EInternational, 1998, 31(4): 245-249.

[141] TSIATAS G, PALMQUIST S M. Fatigue evaluation of highway bridges[J]. Probabilistic Engineering Mechanics, 1999, 14(1): 189-194

[142] 孙宗光,高赞明,倪一清,等.斜拉桥桥面结构损伤位置识别的指标比较[J].工程力学,2003,20(1):27-31.

[143] 中华人民共和国住房和城乡建设部,中华人民共和国国家质量监督检验检疫总局.混凝土结构现场检测技术标准[S].北京:中国建筑工业出版社,2013.

[144] 中钢国检.中钢国检公路桥梁定期检查具体检测内容(超详版):https://baijiahao.baidu.com/s?id=1761067144633559956&wfr=spider&for=pc,2023-03-22 19:28.